Reinhold Pallmann

Die Pfahlbauten
und ihre Bewohner

REPRINT – VERLAG
LEIPZIG

Die zum Teil geminderte Druckqualität ist auf den Erhaltungszustand der Originalvorlage zurückzuführen.

Bibliografische Information Der Deutschen Bibliothek
Die Deutsche Bibliothek verzeichnet diese Publikation in der Deutschen Nationalbibliografie; detaillierte bibliografische Daten sind im Internet über http://dnb.ddb.de abrufbar.

Volker Hennig, Goseberg 22-24, 37603 Holzminden
www.reprint-verlag-leipzig.de
ISBN 3-8262-1601-6

Reprintauflage der Originalausgabe von 1866
nach dem Exemplar des Verlagsarchives

Lektorat: Andreas Bäslack, Leipzig
Einbandgestaltung: Jens Röblitz, Leipzig
Gesamtfertigung: Westermann Druck Zwickau GmbH

Die

Pfahlbauten

und ihre

Bewohner.

Eine Darstellung

der

Cultur und des Handels der europäischen Vorzeit

von

Dr. Reinhold Pallmann.
Lehrer am Königl. Wilhelms-Gymnasium zu Berlin.

Greifswald,
Akademische Buchhandlung.
1866.

Vorwort.

Der Verfasser wünscht nichts sehnlicher, als daß diese Schrift nicht unwürdig sein möge, den Namen eines Mannes und Gelehrten wie des Herrn Grafen von Stillfried-Alcantara Excellenz an der Spitze zu tragen.

Wenn der Verfasser sich einerseits dessen auch nicht gewiß ist, eine Frage wie die des vorchristlichen Landhandels nach dem Bernsteinlande aus dem bisher noch unverwertheten Quellenmateriale, d. h. aus den Alterthümern selber, hier erschöpfend behandelt zu haben; so ist er andrerseits der festen Ueberzeugung, daß die Pfahlbautenfrage den Tag der nothwendigen Umgestaltung der Alterthumsforschung einmal herbeiführen muß. Es wird nun zwar mancher Leser nach den ersten Abschnitten kopfschüttelnd fragen: „die Pfahlbauten sollen Handelsstationen massaliotisch-celtischer Kaufleute und Voyageurs für den Verkehr nach dem Bernsteinlande sein?" Und doch ist es so, doch sind die Pfahlbauten weit jünger, als die alterthumssüchtige Forschung sie bisher fast durchweg machte! Mit dem Vorrücken der Germanen von der Mainlinie bis zum Fuße der Alpen und zum Bodensee und mit dem Auftreten Cäsars in Gallien erreichen sie nach einer Dauer von vielleicht nur 500 Jahren ihr Ende.

Einzelnes über Methodik der Alterthumskunde durfte der Verfasser am Schlusse nur andeuten, weil es seine Absicht war, nicht bloß für den Fachgelehrten, sondern auch für den Freund der Culturgeschichte überhaupt zu schreiben. Hoffentlich gelingt es ihm bald, für die schon vorbereitete methodologische Abhandlung durch eine Reise nach den Alterthumsmuseen von Kopenhagen, Mainz und Zürich entscheidenderes Material zu gewinnen. Auch bemerkt er für den Leser, besonders hinsichtlich der Anmerkungen und wegen des öfteren „hier“ u. s. w., daß das Manuscript in Greifswald vollendet wurde, und daß dieses „hier“ u. s. w. sich auf Greifswald, nicht auf Berlin als jetzigen Wohnort, bezieht.

Eine Arbeit auf dem Gebiete der Alterthümer von mir könnte den Historiker vielleicht befremden, sie wird aber wohl dadurch erklärlich, daß bei der Bearbeitung der Alterthümer zur altdeutschen Geschichte die Pfahlbauten wegen ihrer Räthselhaftigkeit von mir in den Kreis der Untersuchung gezogen wurden. Ich kam dann im Laufe der Zeit zu der Einsicht, daß die Pfahlbauten einen bedeutsamen historischen Hintergrund hätten. Diese Schrift ist daher nicht die Frucht einer Laune des Augenblickes, sondern sie steht in organischem Zusammenhange mit Vorstudien zu einer altdeutschen Geschichte, deren Ausarbeitung jetzt leider in weite Ferne gerückt ist.

Schließlich sage ich allen Denjenigen, die mich bei der Vollendung dieser Schrift unterstützt haben, meinen herzlichsten Dank. Leider fehlte mir eine Hülfe bei der Revision des Druckes, und ich muß den Leser trotz aller Mühe, die ich mir gegeben habe, für einzelne sinnentstellende Versehen auf das Druckfehlerverzeichniß aufmerksam machen.

Berlin, am Himmelfahrtstage des Jahres 1866.

Reinhold Pallmann.

Inhalt.

Einleitung.

Die Frage nach der Bedeutung und nach den Bewohnern der Pfahlbauten führt auf ein ebenso dunkles wie interessantes Gebiet, und der Handel und Wandel der europäischen Vorzeit erhält bei ihrer Beantwortung ein überraschendes Licht.

Da man verschiedene Völker als die Erbauer der schweizerischen Seeansiedlungen angesehen hat, so mußte, wenn die folgende Darstellung einen naturgemäßen Gang nehmen sollte, zuerst auf die Völkerracen der europäischen Vorzeit, welche nördlich von den Griechen und Römern saßen, ein Blick geworfen und auch die Cultur der Völkerstämme, denen man die Pfahlbauten gemeiniglich zuschreibt, in das Auge gefaßt werden. Wenn man zugleich die deutlicheren Reste der ehemals untergegangenen großen Racen in Europa beachtet, dann gewährt die historisch-ethnographische Völkertafel des gegenwärtigen Europa ein buntes mosaikartiges Bild, ähnlich einer geologischen Karte des Erdbodens, den sie bewohnten. Wie mancher süddeutsche Mann hat celtisches Blut in seinen Adern und celtische Schädelbildung statt einer germanischen; wie mancher norddeutsche hinwieder slavischen Zusatz. Was von den Männern, gilt natürlich auch von den Frauen. Vielleicht sind die Französinnen vorwiegend noch jetzt deshalb so anmuthig, weil sie mit den schönen, wenngleich leichtfertigen celtischen Frauen in Verwandtschaft stehen. —

Von dieser ethnographischen Grundlage aus konnte die Entdeckung der mysteriösen Pfahlbauten in der Schweiz beschrieben, das denselben Charakteristsche, die Pfahlhütte und das Pfahldorf anschaulich gemacht werden. Die Eigenthümlichkeit der schweizerischen und überhaupt der auf ehemals celtischem Boden bloßgelegten Seewohnungen mußte sich in ihrem eigentlichen Kerne durch die darauf folgende Skizze der außerschweizerischen, auch der außereuropäischen, von selbst herausschälen.

Das Alter der Pfahlbauten zu prüfen, war eine mühsame und dabei trockene Aufgabe. Es gilt nämlich hier, zu zeigen, daß die Geologie einer in Ostschweden 64 Fuß tief unter der Erde gefundenen Fischerhütte immerhin ein Alter von 70,000 Jahren geben oder daß sie ein Menschengerippe im Missisippi-Delta immerhin 57,000 Jahre oder einen Backstein im Nil-Delta 30,000 Jahre alt sein lassen mag; daß aber solche Berechnungen der Geologen für die Alterthümer, welche historischen Werth beanspruchen, nicht maßgebend sein können. Das Alter der Fundschicht ist überhaupt nicht immer gleich dem Alter des in der Fundschicht gefundenen Gegenstandes.

Noch weniger war ein den meisten Alterthumsforschern leider zu geläufiges Schema, welches das Alter der Ausgrabungsgegenstände nach dem Material, nach Stein, Bronze und Eisen, bemißt, haltbar oder gar bei der Beurtheilung der Funde unter den Pfahlhütten anwendbar. Die zum Theil auf diesem Stein-, Bronze- und Eisen-Schema beruhenden gang und gäben Ansichten über das Alter der Pfahlbauten erwiesen sich vor den gemachten Funden keineswegs als stichhaltig und befanden sich mit der höchst eigenthümlichen Vertheilung einzelner Fundarten nicht im Einklange. Auf vorgeschrittene Cultur zeigten nicht nur allerhand einzelne Gegenstände, unter denen sogar die Reste eines von Weiberhand fleißig gebrauchten Strickwerkzeuges hervorzutreten scheinen, hin, sondern auch das massenhafte Auftreten gewisser handwerksmäßig gefertigter, zum Theil noch unvollendeter Geräthe, welche ein wichtiger Gegenstand des Handels nach dem Norden sein mußten. Bei nüchterner Betrachtung sprechen die Reste auf dem ehemaligen Seeboden fast wie ein Buch zu uns, und vorsichtige fahrende Handwerker und Kaufleute erstehen da vor unseren Augen, wo die Forschung bisher fast durchweg ein feiges, erbärmliches Volk suchte.

Um ein solches Bild der Pfahlbauten zu begründen, mußte der Handel der Vorzeit nach dem Norden und die Maschinerie des phönizischen Welthandels in das Auge gefaßt und eine Darstellung besonders des Landhandels der Vorzeit gegeben werden. Die letztere war um so mehr nothwendig, als ein klares Bild des alten Landhandels nach dem Norden noch nicht gegeben und besonders die Frage nach der Art und nach den Personen, durch welche dieser Handel vermittelt wurde, kaum als nebensächlich in das Auge gefaßt worden ist. Der germanische Urwald, welchen die Römer schildern, und der amerikanische Pelzhandel der Gegenwart gehören in dieser Hinsicht ebenso sehr in den Kreis unsrer Betrachtung als sie durch Raum und Zeit geschieden sind. Wenn die Spuren von einzelnen Werkstätten antiker Kaufleute in den Barbarenländern durch die Alterthümer, welche in ihnen gefunden wurden, sogar durch Wagen mit Gewichten und durch Probirsteine illustrirt werden und unter Berücksichtigung anderer Verhältnisse auf Punkte der alten Landstraßen nach dem Norden hinweisen, so ist das mit den schweizerischen Pfahlbauten noch mehr der Fall. Sie treten sogar als der Hauptknotenpunkt in einer schon vermutheten, bisher aber nicht nachweisbar gewordenen Straße gallischer Celten hervor und weisen sogar auch auf Marseille hin. Wann sie zerstört und weshalb sie nach Cäsar's Zeit nicht wieder aufgesucht wurden, ließ sich im Anschluß an die schriftlichen Berichte und aus den seit Cäsar nicht unwesentlich veränderten Handelsbeziehungen sehr deutlich erklären. —

Trotzdem, daß die Mehrzahl tüchtiger Fachforscher an einem Landhandel nach dem Norden nicht zweifelt, scheint doch die Möglichkeit des Handels nach dem Norden überhaupt von Nichtfachforschern und in Kreisen von Historikern bestritten zu werden, wenn man noch ganz neuerdings z. B. von G. Waitz (Deutsche Verfassungsgeschichte. Erster Band. Zweite Auflage. Kiel 1865. S. 20) folgende Bemerkung liest: „Ich kann nicht die Meinung theilen, daß alle besser gearbeiteten Erz- oder Bronze- und Goldsachen, die der Schoß der Erde in Deutschland und Skandinavien bewahrt hat, von außen her eingeführt sind: der Sinn und das Vermögen sie zu kaufen — denn Kriegsbeute kann es doch nicht alles sein — setzt auch nicht viel weniger Bildung voraus als die Fähigkeit sie zu fertigen oder doch nachzubilden." Schon auf allgemeinem vergleichendem Wege kann man dieser Combination den Boden wegnehmen, wenn man frägt: ist in der ältesten Zeit nicht vorwiegend Tauschhandel anzunehmen, und haben etwa die Indianer, weil sie das Feuergewehr kennen, deshalb die Bildung derjenigen, welche ihnen diese Feuergewehre verkaufen, oder gar den Sinn, diese Feuergewehre nachzubilden?

In vielen Gebieten des Wissens wird durch die Anwendung der vergleichenden Methode immer mehr die Beobachtung gemacht, daß die Bewohner der Erde, obschon sie durch Zeit und Raum weit getrennt sind, durch das gleiche Bedürfniß oft zu ganz gleichen Erfindungen gelangen. Man findet z. B. steinerne Handmühlen in den Gräbern vorgermanischer Zeit Mecklenburgs, man findet eben solche noch in Amerika (Venezuela) und in der Walachei. Das muß allerdings darauf aufmerksam machen, nicht immer ohnd Weiteres Institute und Kunsterzeugnisse eines Volkes von den ähnlichen eines anderen abzuleiten. Auch auf volkswirthschaftlichem Gebiete bewahrheitet sich dieser Grundsatz. Der Wechsel z. B., dessen Entstehen man bisher aus dem Handel der Italiener des Mittelalters ableitete, findet sich schon in gewisser Form bei den Chinesen; ja, das Ledergeld der Carthager könnte vielleicht auch auf den Grundgedanken des Wechsels zurückgeführt werden. Dazu kommt, daß nach den neuesten Untersuchungen der deutsche Wechsel wesentlich selbstständig entstanden, nicht vom italienischen direct abzuleiten ist.

Dennoch berechtigt das nicht zu der Annahme, daß besser gearbeitete Kunstprodukte, welche im europäischen Norden gefunden wurden, nicht durch Handel hierher gelangt seien. Kunstproducte, welche einen gewissen Grad des Luxus voraussetzen lassen, haben mit Erzeugnissen des Bedürfnisses im gewöhnlichen Leben wenig gemein. Weit eher darf man Bedenken hegen, die ähnlichen Begräbnißhügel jedesmal demselben Volke zuzuschreiben, weil das Bestreben, dem Verstorbenen ein sichtbares Andenken zu erhalten, ein so allgemein menschliches ist und weil der Variationen in der Art, dies sichtbare Andenken dauernd aufzurichten, bei den vielen Völkern, die in Europa auf einander folgten, so wenige möglich sind. An der Frage nach den Erbauern der Hünenbetten (Dolmen), welche, in freilich sehr beachtenswerthen Abweichungen, sowohl in der Bretagne als in Nord-Afrika sehr zahlreich auftreten, erprobt sich dieser Gesichtspunkt, denn wenn eine, so ist die Frage über diese Gräberart noch eine offene.

Unter den angedeuteten Gesichtspunkten ist es andrerseits gewiß ein verkehrtes Verfahren, Gegenstände, die bei den Eskimos und Hottentotten ebenso ursprünglich entstanden sein können, wie z. B. bei den Römern, mit einander zu vergleichen oder es auch nur hervorzuheben, daß in den Hünenbetten von Algier ähnliches rohes halbgebranntes und ungebranntes Töpfergeschirr, wie dasjenige der Pfahlbauten ist, sich vorfindet. Es liegt darin um so weniger ein Moment der Vergleichung, als die Pfahlbauten keine Gräber, wie die Hünenbetten sind. Es liegt aber ein solches überhaupt nicht darin, weil z. B. die Hottentotten von Hause aus sehr leicht dazu kommen können, sich ähnliche Töpfe zu formen, wie sie die classischen Völker auf unterer Entwicklungsstufe und noch später formten. Wo dagegen ein handelspolitischer und volkswirthschaftlicher Hintergrund zu den allgemein menschlichen Verhältnissen der Vorzeit hinzutritt, da ist eine Vergleichung gradezu geboten, da ist das Gegentheil ein Mangel und ein Fehler der Forschung. Daß die Römer von einer Handelsverbindung der antiken Welt mit dem Norden so wenig erzählen, hat seinen guten Grund schon in der Einseitigkeit, mit welcher sie alles den Barbaren Angehörige ansahen. Das tritt nicht nur bei ihren Berichten, welche als Quellen zur altdeutschen Geschichte dienen,*) hervor; sondern auf allen Gebieten, auch sogar hinsichtlich der Naturschönheiten Deutschlands, ist eine unsägliche Verachtung des Germanischen bei ihnen nachweisbar. Alexander von Humboldt**) macht in dieser Hinsicht folgende treffende Bemerkung: „Von dem ewigen Schnee der Alpen, wenn sie sich am Abend oder am frühen Morgen röthen, von der Schönheit des blauen Gletschereises, von der großartigen Natur der schweizerischen Landschaft ist keine Schilderung aus dem Alterthum auf uns gekommen; und doch gingen ununterbrochen Staatsmänner, Heerführer, und in ihrem Gefolge Literaten durch Helvetien nach Gallien. Alle diese Reisenden wissen nur über die unfahrbaren schlechten Wege zu klagen, das Romantische der Naturscenen beschäftigte sie nicht. Als Julius Cäsar zu seinen Legionen nach Gallien zurückkehrte, benutzte er die Zeit, um während des Ueberganges über die Alpen eine grammatische Schrift anzufertigen, und der Dichter Silius Italicus beschreibt die Alpengegend als eine schreckenerregende, vegetationslose Einöde, während er mit Liebe alle Felsenschluchten Italiens und die buschigen Ufer des Liris besingt."

In diese Lücke, wie man das Schweigen der schriftlichen Be-

*) Vergl. darüber Pallmann, Geschichte der Völkerwanderung, Bd. II., 1864, S. 34ff. Wahrhaft beklagenswerth hat dies Verhältniß nachgewirkt, als die christliche Religion im römischen Staate zu Macht gelangte, vergl. ebenda Bd. I., S. 13ff.

**) Kosmos, Bd. II., S. 24.

richte nennen könnte, treten die Pfahlbauten füllend ein. Denn grade die interessante Seite der seltsamen schweizerischen Seeansiedlungen liegt fast noch mehr auf dem handelspolitischen und volkswirthschaftlichen Gebiete, als auf dem allgemein culturgeschichtlichen. Wird ja doch der älteste norddeutsche Meßplatz aus vorchristlicher Zeit durch die Untersuchung der Wege des Landhandels in der Nähe von Lübeck nachweisbar.

Wenn man ferner die Blüthezeit der schweizerischen Seeansiedlungen in das Auge faßt, dann werden sogar für die Geschichte der Schifffahrt erklärende Bruchstücke gewonnen. „Eine höhere Fügung, welche jenseits geographischer Verhältnisse liegt, hat, so sagt ein berühmter Kenner*) germanischer Alterthumswissenschaft, die Schifffahrt Europas aus dem Binnenmeere des Nordostens hervorgehen lassen, damit der germanische Stamm auch hierdurch der herrschende eines neuen Weltalters würde. Was immer die romanischen Völker durch Entdeckung, durch Eroberung, durch Handel Großes zur See geleistet haben, sie haben es nur geleistet kraft der germanischen Verwandtschaft, in welche sie mit eingetreten sind, und haben es nur als Zöglinge der Germanen geleistet: Zeugniß dessen sind schon ihre Sprachen, die alles, was zur Seeschifffahrt gehört, die selbst die Himmelsgegenden mit germanischen Worten benennen müssen." Die Pfahlbauten und der mit ihnen zusammenhängende Landhandel geben die Antwort darauf, weshalb die phönizische Seeschifffahrt des Alterthums keine Nachfolge fand, weshalb das Ende überseeischer Schifffahrt bei den Alten so zeitig eintrat.

Wenden wir uns nach diesen einleitenden Bemerkungen, welche in kurzen Strichen den Gang der folgenden Darstellung andeuten sollen, nun zur Sache selber.

---

*) W. Wackernagel in der Zeitschrift für deutsche Alterthumswissenschaft vom Jahre 1853. (Bd. 9, S. 578.)

Erster Abschnitt.

Die Völker der europäischen Vorzeit.

Die Vorzeit derjenigen Völker Europas, mit welchen sich die nordische Alterthumskunde vorzugsweise zu beschäftigen hat, spricht noch in vielen Stimmen zu uns herüber. Diese Stimmen sind theils in dem Nachwirken von Sprache und Sitte und in den Denkmälern zu suchen, welche durch die Ausgrabungen an den Tag treten; theils in dem lebendigen, oft freilich schwer erkennbaren Ueberbleibseln der ehemals herrschenden großen Racen. Die Stimmen der Vorzeit.

Das Interesse an der untergegangenen Culturwelt Europas ist neuerdings auch in dem größeren Publikum durch zahlreiche Entdeckungen auf dem Gebiete der Alterthumskunde, namentlich aber durch die Aufdeckung der Pfahlbauten sehr belebt worden. Die Anlage der mysteriösen Seewohnungen, welche bekanntlich in der Schweiz besonders häufig auftreten, hat verschiedene Erklärungen gefunden und man schwankt noch jetzt darüber, welchem Urvolke sie zuzuschreiben seien, ob den Ligurern oder Iberern oder einem noch älteren Stamme, oder den späteren Celten. Es möchte deshalb für geboten erscheinen, vor einer Behandlung der Pfahlbauten eine Skizze von denjenigen Völkern, welche in Europa ehemals zur Bedeutung gelangt sind und mit den Pfahlbauten in Verbindung stehen könnten, zu geben.[1] Einestheils wird der Blick dadurch von vornherein geklärt werden, anderntheils kann eine solche, auf den neuesten gesicherten Forschungen beruhende Skizze auch dem gelehrten Leser kaum unwillkommen sein, weil der widersprechenden Ansichten auf dem Gebiete der Ethnographie des alten Europa gar zu viele sind. Auch bietet sich dabei die sehr willkommene Gelegenheit, schon vor der Behandlung der Pfahlbauten die Begräbnißarten der älteren Völker Europas kurz andeuten zu können. —

Die Völkerreste der Vorzeit.

Die große Völkerstraße nördlich vom schwarzen Meere, auf welcher wahrscheinlich Celten und Germanen von Asien her in Europa einzogen, zeigt mehr als irgend ein andrer Landstrich die Reste älterer Völker unter jüngeren oder läßt doch ein Einwirken derselben auf später auftretende Unterjocher erkennen. Zuweilen sind so enge Vermischungen eingetreten, daß der Blick der Forschung dadurch sehr getrübt worden ist, dann besonders, wenn vorzugsweise etymologische Untersuchungen, die am meisten irre führen und zu Spielereien ausarten, hier Licht schaffen sollten. Die neuere Ethnographie zieht nun aber nicht blos die Namen, sondern auch die Cultur und die besonderen Sitten bei der Beurtheilung der Völker zu Rathe; sie berücksichtigt ferner mit Recht auch die Heimat derselben und den Boden, welchen sie ehemals inne hatten. Dieser letztere Gesichtspunkt, durch den die Bodenstructur sogar für die Erklärung der Lebensdauer eines Volkes von Bedeutung werden kann, läßt sich mit den Worten eines scharfsinnigen neueren Ethnographen[2] am besten so charakterisiren: „Fester am Boden haften ackerbautreibende Stämme in sonst zugänglichen Landschaften: ihr Schicksal kann in wenigen Schlachten entschieden, ihre politische Selbständigkeit vernichtet werden; aber sie erhalten sich meist als niederes Volk unter den Siegern, verschmelzen sich mit ihnen, oder tauchen auch wol, sobald die Zwingherrschaft gebrochen wird, nach Jahrhunderten der Vergessenheit wieder in der Geschichte auf. So kamen nach dem Sturz der gallischen Herrschaft in Oberitalien die uralten Bewohner der lombardischen Ebene, Umbrer und Tyrrhener wieder zum Vorschein. In noch viel höherem Grade zeigen aber schwer zugängliche Wälder und wilde Gebirge eine constante Bevölkerung, d. h. Gegenden, die nur durch langwierige Guerilla-Kriege bezwungen werden können. Waldbewohner weichen meist sehr allmählich der langsam vorschreitenden Cultur, die ihre dunkeln Schlupfwinkel lichtet; und Bergvölker überdauern oft alle Wechselfälle der Geschichte." Noch kürzer drückt sich A. v. Humboldt darüber aus, wenn er sagt: die Völker tragen die Livree der von ihnen bewohnten Gegenden.

Ethnographischer Gesichtspunct.

Dieser Gesichtspunkt enthält für uns nicht nur die allgemeine Lehre, daß in der historischen Entwicklung nichts ganz spurlos untergeht; er hat auch eine besondere Beziehung auf die Erklärung der schweizerischen Pfahlbauten, indem er uns gegen die häufig wiederkehrende Voraussetzung, nach welcher Völkerstürme die Schweiz, diese rings von mächtigen Bergmassen geschützte Landschaft, öfters durchbraust haben sollen, von Hause aus mit Mißtrauen erfüllt.

Zu der beabsichtigten Skizze nun uns wendend, betrachten wir zunächst den nördlichen Theil Griechenlands. Die Thracier.

Derselbe war im Osten von thracischen, im Westen von illyrischen Stämmen bewohnt. Die Dacier, zu den ersteren gehörig, besetzten später auch den östlichen Theil des heutigen Ungarn, welcher nach der Eroberung durch Trajan (106 n. Chr.) von ihnen her den Namen Dacien erhielt. Ihre Vorläufer an der unteren Donau waren ebenfalls Thracier, nämlich die Geten, welche hier unter ihrem Könige Boerebistes zu Cäsars Zeit ein mächtiges Reich gründeten. Diese Geten sind von vielen neueren Forschern, besonders nach Jakob Grimms Vorgange, fälschlich zu den Vorfahren der berühmten Gothen, eines echt germanischen Stammes, gemacht worden. Andere kleinere thracische Völkerschaften sind nicht nennenswerth; sie haben sich mit Resten der vorigen bis durch die Zeit der slavischen Völkerwanderung hindurch, welche hier auf die sogenannte germanische folgte, zu beiden Seiten der südlichen Carpathen erhalten. In den Rumänen der Walachei wenigstens ist der Grundstock altthracisch.

Diese Rumänen (oder Romanen, wie sie eigentlich heißen müßten) nannten sich, ihres thracischen Ursprunges vergessend, nach den Römern Rumunje (Romani). Sie wurden von den Byzantinern auch Wlachen (Βλάχοι, daher der Name der Walachei) genannt und sind keineswegs reine Slaven, sondern eine Mischung, weniger von Celten, wie neuerdings von Einigen behauptet wird, als von Daciern mit sarmatischen Stämmen, welche letzteren vor den Germanen bis 250 n. Chr. hier mächtig waren: erst später wurden slavische Elemente über diese Mischbevölkerung herrschend. Das Latein, welches hier wie überall in Europa in der späteren Kaiserzeit das Organ war, durch welches die Grundbevölkerung mit den vordringenden barbarischen Völkern verkehrte, hat eine noch jetzt deutlich erkennbare Einwirkung auf die Sprache der Rumänen ausgeübt; vielleicht wurde die Kenntniß desselben und des Idioms der benachbarten Barbaren, die in der Völkerwanderung oft nachweisbar ist, die Ursache, daß die Grundbevölkerung hier in der Ebne nicht verschwand, sondern stark kenntlich blieb. Die Rumänen oder Walachen.

Was die Sarmaten betrifft, so erhielt ihr Name bei den Die Sarmaten.

Römern den Werth einer Collectivbezeichnung für die Barbaren nördlich von der Donau und trat an die Stelle des von den Griechen ebenso allgemein gefaßten Scythen-Namens. Die Sarmaten waren ein Reitervolk und zu Herodots Zeit östlich vom Don als Nachbaren der alten Scythen, welche nach neueren Forschungen zur mongolischen Race gehörten, seßhaft. Einige halten sie für die Vorläufer der Slaven. Jedoch nicht ganz mit Recht, da, wenn Slaven später gemischt mit Sarmatenresten auftreten, dies keine rückwirkende Kraft auf die ethnographische Bestimmung der reinen Sarmaten haben kann. Man setzt die Sarmaten nach neueren Forschern am richtigsten wohl zu der großen sogenannten arischen Völkerfamilie, welcher z. B. das Zendvolk (in dem auf den Lehren des Propheten Zoroaster gegründeten Priesterstaate in Tibet), ferner die Meder und Perser angehörten. Die Racen-Angehörigkeit aller einzelnen Sarmatenstämme aber zu bestimmen, muß dem größten Scharfsinn eine Unmöglichkeit bleiben, weil sprachliche Reste nicht erhalten sind und die erhaltenen wenigen Personennamen, die übrigens meist mit persischen eine überraschende Aehnlichkeit zeigen, an sich hier nichts für Slaventhum u. s. w. entscheiden können; auch sind die Namen einzelner Führer, die oft vielleicht einer anderen Race angehörten, durch die griechisch-römische Tradition meist etwas entstellt.

Die Illyrier.

Die den „Pelasgern" nahe stehenden Illyrier im westlichen Nordgriechenland werden nach älteren Hypothesen noch häufig zu einem thracischen Stamme gemacht; sie haben sich aber vielmehr selbständig neben den Thraciern, wenn auch immerhin von gemeinsamer sogenannter pelasgischer*) Grundlage aus, entwickelt. Zu ihnen gehörten die alten Dalmatier und Istrier, die Veneter im jetzigen Venetien, die neuerdings wiederum von Einigen zu Slaven gemacht werden, ferner die Apulier in Unter-Italien und die Pannonier, die ehemals im westlichen Theile des heutigen Ungarn, welcher von ihnen den Namen Pannonien erhielt, seßhaft waren. Die Albanesen der Gegenwart, welche sich selbst bekanntlich Skipetaren nennen, sind ebenfalls illyrischer Abstammung. Sie haben ihren Ursprung am reinsten vor der Vermischung mit den Slaven, welche (von den Serben ganz ab-

*) Die „Pelasger" sind mehr ein Schema der Forschung für die Urverwandtschaft der älteren Bewohner Griechenlands und Italiens, als ein sicher nachweisbares Volk.

gesehen) bei den Dalmatiern besonders stark hervortritt, bewahrt und das illyrische Element weit über die alten Grenzen hinaus verbreitet: bis Thessalien, Aetolien, Böotien, Attika und über die benachbarten Inseln hin. Die übrigen illyrischen Stämme sind unter den Slaven fast spurlos aufgegangen. Bekanntlich haben ja auch die Griechen einen sehr starken slavischen Beisatz erhalten, seitdem die Slaven nach Theodorich des Großen und der Ostgothen Abzuge (488 n. Chr.) an der unteren Donau die Stelle der Germanen als Bedränger des oströmischen Kaiserreichs einnahmen.

Italien.

Die älteste einheimische Bevölkerung Italiens war eine verschiedene; die Alten selbst sind über sie nicht im Klaren gewesen. Es scheint, daß die von der Natur so reich gesegnete Halbinsel schon in der frühesten Zeit fremde Völker zur Uebersiedlung angelockt hat. Ohne Grund werden die Ausoner von Vielen für die eigentlichen Ureinwohner gehalten und den Aborigines,[3] welche wahrscheinlich umbrischen Ursprunges waren, gleichgestellt. Sie, die Osker oder Opiker und die Umbrer aus denen die Stammväter der Römer, die Latiner, hervorgegangen sein sollen — ferner die ihnen verwandten Volsker, Aequer und Sabiner (auch Samniten oder Sabeller genannt) werden als die einheimische historisch nachweisbare älteste Bevölkerung Italiens angesehen. Zu ihnen treten zeitig die Ligurer am Golf von Genua, bis zur Rhone hin. Dieselben mögen zwar mit den griechischen Pelasgern im Zusammenhange stehen, müssen aber trotzdem wegen ihrer zeitigen Uebersiedlung noch zu der ältesten Einwohnerschaft der Halbinsel gezählt und wohl zu dem ligyschen oder zu dem iberischen Stamme gestellt werden. Die illyrischen Veneter, zu unterscheiden von den celtischen Venetern in Gallien (Armorika) und von den slavischen Venedi, deren Name in dem der jetzigen Wenden fortklingt, hatten das heutige Venetien inne. Sie waren wohlhabend, weil ihr Land in der Zeit des blühenden Bernsteinhandels der Hauptstapelplatz für den Vertrieb nach dem Süden war. Dieser Handel zog sich seit alten Zeiten von der Ostsee zu Lande nach Venetien hin, und Aquileja schwang sich hier zum Mittelpunkte desselben empor. Schon in der classischen Zeit war der Bernstein in Venetien keine Kostbarkeit mehr, denn Schnüre von Bernsteincorallen wurden selbst von den Frauen der Landleute als Halsschmuck getragen. — Die Etrusker, das für uns wichtigste Volk Italiens, mit dem wir uns weiter unten

Die Ligurer. Die Veneter. Die Etrusker.

ausführlicher beschäftigen werden, sind in mancher Beziehung, besonders hinsichtlich ihrer Herkunft und ihrer Verbreitung in den Alpen, noch ein halbes Räthsel. Neuerdings sucht ein berühmter französischer Gelehrter, Noël des Vergers*) die Ansicht zu vertheidigen, daß die etruskische Kunst, sowie die Glaubenssatzungen und Riten dieses Volkes den unverkennbaren Charakter asiatischen und speciell lydischen Ursprunges an sich tragen, ein Resultat, welches mit den Zeugnissen des schon so oft verkannten und schließlich doch zu Recht kommenden Herodot übereinstimmt. Heyne und Niebuhr ließen ehemals die Etrusker mit Livius von Rätien nach Italien kommen; Wilhelm v. Humboldt hielt sie für Iberer; Ottfried Müller sah Pelasger in ihnen. Andre machten sie zu Oskern oder gar zu Stammverwandten der Germanen. Die Ansicht des Noël des Vergers hat von allen die meiste Wahrscheinlichkeit; nächst ihr die von W. v. Humboldt. Wenn nun hinsichtlich der Herkunft der Etrusker noch Unsicherheit ist, so stimmen doch darin alle Forschungen überein, daß sie als Culturvolk für das nördliche Italien und die Alpenvölker ungefähr das wurden, was die Phönizier vor ihnen für den größten Theil der Völker vom Mittelmeer gewesen waren.

Die Iberer. Spanien und der südwestliche Theil Galliens bis zur Rhone, an welche von Osten her die Ligurer angrenzten, war in der ältesten Zeit von Iberern, einem Stamme, der wie der finnische wahrscheinlich nicht zur kaukasischen Race gehörte, bewohnt. Man hat die Kantabrer an der Nordküste Spaniens von den Iberern vielfach getrennt und zu einem Volke eigener Herkunft gestempelt; aber mit Unrecht. Die Kantabrer warer Iberer und zwar nach den Berichten der Alten der roheste Stamm derselben. Ihre Die Basken. Reste sind zu beiden Seiten der Pyrenäen in den jetzigen Basken, welche schon Plinius als Vascones kennt, erhalten. Die Basken sind jetzt noch ungefähr 600,000 Seelen stark. Sie nennen sich selbst Eskualdunac, und ihre Sprache Escuara oder Euxara; bei den Franzosen heißen sie bekanntlich Gascogner und sind wegen ihres drolligen Wesens berüchtigt. Ihre Sprache, von welcher einige Reste[4] durch die mündliche Tradition gerettet und erst spät in der christlichen Zeit schriftlich fixirt wurden, hat sich dennoch bis zur Gegenwart ziemlich rein erhalten. Sie ist der Philologie

---

*) In der Schrift L'Étrurie et les Étrusques. Paris, 1862 bis 1864. 2 Bde. 8vo. und 1 Bd. fol. (Planches).

vor W. v. Humboldt ein Räthsel geblieben; erst die vergleichende Sprachforschung, welche das Auge über das Griechische und Lateinische hinaus zu den andern verwandten Sprachen richtete, nahm seltsamen Vermuthungen hier den Boden.

Die Celtiberer.

Der südliche Theil der Iberer hat sich zeitig mit den von Osten her vordringenden Celten gemischt und daher den Namen Celtiberer erhalten. Die Vermischung beider Racen war noch vor der Eroberung Spaniens durch die Römer vor sich gegangen; schon zur Zeit Herodots saßen Celten in Spanien. Spuren dieser südlichen Iberer haben sich durch die gothische und arabische Zeit hindurch nicht erhalten. Wohl aber gewinnen die Iberer überhaupt als die wahrscheinlichen Erbauer der Hünenbetten für die Alterthumskunde eine Bedeutung.

Die Erbauer der Hünenbetten.

Ehe die Iberer nämlich auf Spanien und das südliche Gallien beschränkt waren, scheinen sie nach Norden hin weiter, als man gewöhnlich annimmt, verbreitet gewesen zu sein. Man hat zwar oft und lange den Celten als ihren gleichzeitigen Nachbaren an der Ost- und Nordsee die sogenannten Hünengräber oder Hünenbetten zugeschrieben, obgleich die letzteren sich z. B. auch auf der Nordküste der pyrenäischen Halbinsel bis Portugal hin vorfinden. Celten saßen hier jedenfalls nicht überall. Wenn man nun erwägt, daß die Celten, wie die Sprachvergleichung lehrt,[5] schon vor ihrer Einwanderung in Europa Erz und Eisen gekannt haben müssen; wenn man ferner erwägt, daß die Hünengräber nur Geräthe aus Thon und Stein (und zuweilen noch etwas Kupfer) enthalten, dann werden die Celten als Erbauer der Hünenbetten wohl etwas zweifelhaft, und wir müssen uns nach einem anderen, womöglich auch älterem Volke umsehen. Man hat nun die Finnen, welche wir sogleich kennen lernen werden, mit den Hünenbetten in Verbindung gebracht. Bei den Finnen ist aber eine Ausdehnung über den ganzen Westtheil Europas und, was noch dazu kommt, über die Nordküste von Afrika hin, nicht denkbar; es wäre auch kaum abzusehen, weshalb grade ganz Norwegen und Schweden, bis zu dessen südlichen Küsten die Finnen sich ehemals sehr wahrscheinlich ausgebreitet haben, (außer Schonen freilich) ohne Hünengräber sind. Die Iberer vielmehr scheinen die Erbauer der großen Steinbetten gewesen zu sein. Sie haben nämlich nicht nur Spanien und Südgallien, sondern bei dem natürlichen Zuge der Völker von Osten nach Westen — d. h. wenn wir nur an Nord-Europa denken — vorher wahrscheinlich auch Nordfrankreich, Britannien, Norddeutschland, Dänemark und Schonen inne gehabt.[6] Schon Tacitus bemerkte, wie die braunen Gesichter der Siluren in Cornwallis und Wales, ihre meist krausen Haare und die Lage gegen Spanien hin es glaublich machen, daß vor Alters Iberer nach England hinüber geschifft seien. — Daß die Landschaft Schonen, welche jetzt zum skandinavischen Festlande gehört, Hünenbetten aufweist, das übrige Skandinavien aber nicht, ist nach neueren Untersuchungen kaum noch auffallend. Sie gehörte nämlich in der vorgeschichtlichen Zeit nicht zum Festlande, sondern war, wie Seeland, eine Insel.[7] Der schwer erklärbare Umstand, warum, wenn die Finnen Schweden bewohnten, sie trotzdem nicht auch Schonen inne hatten — eine Frage, welche die Gegner der eben dargelegten Ansicht immer aufwerfen könnten — fällt demnach weg und es wird wohl verständlich, daß ein Volk, welches wie die Iberer, von Süden her kam, von dem jetzigen Schweden nur Schonen besetzte und nur in Schonen sein Andenken mit den Hünenbetten zurückließ.

In Deutschland nach dem Süden hin reichten die Iberer nicht über die Mainlinie hinaus; es sind auch südlich von Thüringen keine Spuren von Hünengräbern zu entdecken.

Die Beschaffenheit der Hünenbetten.

Die Finnen mögen vor den Iberern die dänischen Inseln vielleicht besetzt gehalten haben und man kann ihnen vielleicht die sogenannten Muscheldämme (Kjökkenmoddinger) zuschreiben, denn diese weisen, wie wir bei der Besprechung des Alters der Pfahlbauten sehen werden, auf ein ganz rohes, unstätes Volk von Fischern und Jägern hin. Diejenigen aber, welche die Hünenbetten errichteten, standen, obgleich in diesen Gräbern nur Steinwerkzeuge gefunden wurden, doch auf einer ungleich höheren Stufe der Kultur, als jene. Abgesehen von der sauberen Bearbeitung der hier gefundenen Steinwerkzeuge, ist es immer ein Zeichen vorgeschrittener Bildung, an Todte durch besondere künstliche Denkmale zu erinnern. Und es ist Thatsache, daß die Errichtung der Hünenbetten mit besonderer Kunst und Geschicklichkeit geschehen ist.

Bekanntlich bestehen die Hünengräber, abgesehen von den Abweichungen, im Allgemeinen aus langen Steinen, welche im Viereck oder rund über der Erde aufgestellt und mit einer oder mehreren Steinplatten bedeckt sind. Es giebt Decksteine, welche 367 Centner Gewicht haben! Nach innen, wo sie die Grabkammer bilden, sind die Steine behauen. Thönerne Urnen mit einfachen gradlinien Verzierungen enthalten die Reste der verbrannten Leiche; zuweilen finden sich auch Leichen unverbrannt beigesetzt. „Bezeichnend für die zahlreichen Hünengräber dieser Art ist, daß sie über der Erde unter freiem Himmel liegen. Die Sonne scheint auf die Decke des Todtenbettes, Wind und Regen schlagen noch an die Wände, der Abgeschiedene wohnt noch unter dem Himmelszelte und ist ein Nachbar des Lebenden. Das offenbart eine freie und schöne Denkart und zeugt für eine nicht unbedeutende Bildung jenes dunklen Volkes."

Ich bemerke dazu schließlich noch, daß die Iberer sich durch einen ovalen Langkopf ausgezeichnet haben,[8] welcher von dem der kaukasischen Race abweicht. In Hünengräbern sind solche Schädel thatsächlich gefunden worden.

Ehe ich auf die Finnen, welche das nordöstliche Europa inne hatten, und noch jetzt außerhalb Finnlands in den Lappen und in den Magyaren die größten Contraste der Racen-Entwicklung aufweisen, eingehe, wende ich mich zu den wichtigeren Celten.

Die Celten.

Die Celten gehörten mit den Griechen, Römern, Germanen, Slaven und anderen Stämmen zu der kaukasischen Race und brachten, als sie in grauer Vorzeit[9] das westliche Europa besetzten, schon die Bezeichnung des Metalles mit ihrer Sprache mit — eine Bemerkung, wie sie für Sprachvergleichung für die ethnographische Forschung nicht wichtiger machen konnte. Sie haben frühzeitig die Iberer aus Nord-Deutschland und Gallien verdrängt, wandten sich auch bald nach dem Süden gegen die thracischen, illyrischen und ligurischen Stämme, die sie an verschiedenen Stellen hart bekämpften. Im Südwesten gelang ihnen nicht nur die Eroberung Galliens bis zum Meere; sondern sie überstiegen auch die Alpen und schoben sich zwischen die Ligurer und Veneter wie ein Keil ein, als sie sich in Oberitalien, welches von ihnen her durch die Römer den Namen Gallia cisalpina erhielt, dauernd festsetzten. Den Gesammt-Namen Celten erhielt das Volk erst durch die griechischen Massalioten, welche den Namen, der nach Strabo ursprünglich nur einem Zweige des großen Volkes in der Nähe von Massilia (Marseille) angehörte, bei den Hellenen in Schwung brachten. Es sei schon hier bemerkt, daß Aehnliches bei der Namengebung fast durchweg zu bemerken ist. Die „Griechen", welche sich selbst mit dem allgemeinen Namen Hellenen benannten, erhielten jenen Namen durch die Römer, wahrscheinlich von dem kleinen Stamme der Græci (Γραικοί) bei Dodona in Epirus; die Germanen den ihrigen ebenfalls von einigen Stämmen her, die schon vor Cäsars Zeit den Rhein überschritten hatten, und zwar nicht durch die Römer, sondern durch die Celten, mit denen sie eher als mit den Römern in Berührung kamen.[10] — Das die Celten in Gallien den Namen Gallier erhielten und daß dieser eine fast ebenso allgemeine Bedeutung wie der Celtenname bekam, ist bekannt; ebenso, daß die Form Galater — ein Name, den noch in späterer Zeit der bekannte kleinasiatische Stamm hatte, an welchen der Apostel Paulus den bekannten Brief richtete — eine spätere Form aus dem älteren Celtennamen ist. Die Celten, welche Großbritannien besetzten, sind als Briten bekannt. Auch Irland (Hibernia) kam in die Gewalt Celten; die Sprache der irischen Celten soll aber von den übrigen celtischen Dialecten, nämlich von dem gallischen, belgischen und britischen, bedeutend abweichen.

Celten in Griechenland und Rom.

Die Celten haben mehrmals in die Geschichte der classischen Völker eingegriffen.

Gleichzeitig mit der Einnahme Roms durch Brennus im Jahre 389 v. Chr. setzten sich die celtischen Sordisker von den Alpenlandschaften aus gegen die illyrischen und pannonischen Länder in Bewegung und machten seitdem häufiger Einfälle in Thracien. Von pannonischen Celten gingen auch die Streifzüge gegen Griechenland aus. Der vom Jahre 279, welcher gegen Delphi gerichtet war, dessen Tempel nur mit Mühe — man fabelte, daß Apollo selbst den strafenden Arm für sein Heiligthum ausgestreckt habe — der Eroberung und Plünderung entging, ist am meisten berüchtigt.

Seit 404 v. Chr. lagen die norditalischen Celten im Kampfe mit den Etruskern; 389 eroberten und verbrannten sie Rom. Sie erlangten aber trotz aller vereinzelten Erfolge kein bedeutendes Gewicht, und konnten schon vor dem zweiten punischen Kriege als gebändigt angesehen werden, hätte Hannibal nicht noch einmal ihr Nationalgefühl gegen Rom wachzurufen verstanden.

Die Cultur der gallischen Celten.

Die Celten waren ein bildungsfähiges Volk. Weil sie zu den Pfahlbauten in besonderer Beziehung zu stehen scheinen, darf ich wohl schon hier einen Blick auf ihre Cultur in Gallien werfen. Ich thue es nicht deshalb, weil über die gallischen Celten die reichsten Quellen fließen, sondern weil grade vielleicht sie und nicht die Helvetier (die Celten der Schweiz) es sind, welche die schweizerischen Pfahlbauten aller Wahrscheinlichkeit nach bewohnt haben. —

Der celtischen Race[11] fehlte jene Tiefe des Gemüthes, jene Solidität des Charakters und der Institutionen, besonders der Ehe[12] und des Familienlebens, welche immer die Bedingung dauernder Cultur sind. Eine unstäte Beweglichkeit zeichnet sie allenthalben aus, ebenso sehr Empfänglichkeit für sinnliche Eindrücke. Die Trunksucht war eine Leidenschaft, welcher sie sehr stark fröhnten. Die Massalioten wußten „diesen verderblichen Hang trefflich auszubeuten; große Ladungen Wein drangen theils auf Fahrzeugen theils auf Saumthieren bis nach Belgien hinauf und von allen Seiten strömten die Eingeborenen hinzu, um leichtfertig gegen mühsam erworbene Metalle, Felle, Getreide das geliebte Naß einzutauschen.“ Dagegen hatten die Celten aber auch glänzende Eigenschaften. Große Gelehrigkeit zu jeder technischen Kunstfertigkeit und ein erfinderischer Geist zeichnen sie in hohem Grade aus. Sie sind die Erfinder einer gewissen Art des Telegraphirens gewesen, wenn wir aus Cäsar (de belli gallico VII, 3) erfahren, das man wichtige Nachrichten mit großer Schnelligkeit dadurch im Lande verbreitete, indem man sie sich in gewissen Abständen zurief. Ihre Geschicklichkeit im Bergbau und als Minirer wußten sie sogar gegen Cäsar bei Belagerungen mit Erfolg anzuwenden. Im späteren Alterthum übertrafen sie alle Völker in der Bearbeitung des Eisens; das Schwert, welches die celtischen Noriker (im jetzigen Erzherzogthum Oestreich) fertigten, gehörte zu den ausgezeichnetsten Waffen. Dabei ist jedoch zu bemerken, daß sie aus sich selbst diese Berühmtheit schwerlich verdient haben können. Wenn sie auch in der Mischung und Verbindung der Metalle glücklich waren, so scheinen sie doch, wo es auf künstlerische Geräthe und Verzierungen ankam, von Mustern der Industrie der Cultur-Völker d. h. der phönizischen Carthager, Griechen (in Massilia) oder Etrusker abhängig gewesen zu sein.*) — Gerühmt wird auch ihre Fertigkeit in kunstreichen Glasarbeiten von der größten Mannigfaltigkeit in Form, Farbe und Verzierung. Auch in der Prägung der Münzen

---

*) Diese Bemerkung, welche später mehr ausgeführt werden wird, ist (nach Weinhold, S. 200) der etwas zu günstigen Schilderung Contzens berichtigend beizufügen.

zeichneten sie sich aus; auf einer Art derselben, den Asterisken, bildeten sie die strahlende Sonne, von einem Ringe umgeben, und den Mond ab; ein anderes beliebtes Zeichen auf ihren Münzen ist ein Rad mit vier Speichen: ich hebe das besonders hervor, weil uralte Denkmäler der Ausgrabungen im Norden ähnliche charakteristische Verzierungen aufweisen. Ferner sind als Erzeugnisse der celtischen Industrie noch Kleidungsstücke, Polster und Matratzen, Seife zum Färben der Haare, Haarsiebe und andere Sachen, welche theils das Bedürfniß des täglichen Lebens, theils der verfeinerte Genuß erforderte, zu erwähnen.

Die Wohnungen der Celten.

Die Celten waren wie die Germanen dem städtischen Zusammenleben abgeneigt; ein ausgebildetes Adels- und Vasallenwesen, ähnlich wie es später leider auch die Deutschen als nothwendige Folge der letzten merowingischen Zeiten erhielten, begünstigte diese Abneigung. Im Frieden bewohnten sie gern offne Dörfer, deren Häuser zwar geräumig, aber von einfacher Bauart waren: starke durch Flechtwerk verbundene Pfähle trugen das kuppelförmige, aus Eichenschindeln und Rohr bestehende Dach. Alterthumsfunde an verschiedenen Stellen der Schweiz haben überraschenden Aufschluß über die celtischen Wohnungen gegeben. Ja, es hätte sich der Umfang, die Eintheilung, kurz die ganze Anordnung eines celtischen Hauses mit Genauigkeit bestimmen lassen, wäre nicht an der wichtigen Stelle (am Ebersberge, unweit Schaffhausen) die alte Baustelle durch einen Erdrutsch in Unordnung gekommen. Das aber geht aus den Untersuchungen der schweizer Gelehrten mit Gewißheit hervor, „daß in Uebereinstimmung mit dem Zeugnisse der Alten die Wohnungen der Celten aus Holz errichtet waren. Die Anlage derselben war kreisförmig; die Wände bestanden aus Pfählen und Flechtwerk, deren Zwischenräume mit Letten (Lehm) ausgefüllt wurden; der Boden war ebenfalls mit Letten belegt. Die Anwendung von Stein, Kalkmörtel oder Backsteinen war bei dieser Bauweise völlig ausgeschlossen.“ [13]

Diese Bauart finden wir — ich bemerke es schon hier — in den Pfahlbauten wieder. Was die celtischen Festungen betrifft, so dienten sie, wie sowohl schriftliche als auch urkundliche Quellen erweisen, nur zu vorübergehendem Aufenthalt.[14]

Daß die Pfahlbauten auch im Winter, wie sich zeigen wird, bewohnt bewesen sind, darf als ein Umstand von sehr erheblicher Wichtigkeit gelten; überhaupt ist die Beobachtung, daß wir häusliche, auf längere Dauer berechnete Einrichtungen in den Pfahlbauten finden, durchaus gegen die Annahme, die Pfahlbauten seien solche Verschanzungen, wie sie die Celten besonders gern in Sümpfen anzulegen liebten. Außerdem liebten*) die Celten es auch sehr, ihre Wohnungen malerisch im dichten Walde oder am Ufer eines Flusses der Kühle wegen zu erbauen; das waren ihnen auch im Kriege gute Zufluchtsorte, weil sie in der Gefahr das Entkommen sehr erleichterten. Im Kriege zog man aber im Allgemeinen den Schutz in Sümpfen und Wäldern dem hinter den Mauern vor. — Inselwohnungen waren der gewöhnliche Aufenthaltsort der Druidinnen.[16] Diejenigen dieser Priesterinnen, welche vermählt waren, durften ihren Gatten nur zu bestimmten Zeiten einen Besuch abstatten: „in der Abenddämmerung verließen sie alsdann ihr Eiland auf leichter Barke und brachten die Nacht in eigens dazu gebauten Hütten zu; sobald aber die Sonne ihre ersten Strahlen entsandte, entrissen sie sich dem Arme des Gatten und eilten in ihre Einsamkeit zurück". Ich habe diese Züge hervorgehoben, weil sie für die celtischen Wohnungen charakteristisch sind.[16] Es war nicht bloß das Verlangen nach Schutz, weshalb sie die Uferwohnungen liebten, sondern auch ein gewisser Hang zur Einsamkeit und Zurückgezogenheit. Nirgends ist man ja einsamer, als vom Wasser umgeben.

Die Celten in Deutschland.

Zur Zeit ihrer größten räumlichen Ausdehnung hatten die Celten in Deutschland den Süden bis zur Mainlinie, und Böhmen bis zu den Sudeten inne. Sie mögen auch die nördlichen Abhänge des Lausitzer Gebirges besetzt gehalten haben. Obgleich hier nach ihnen Germanen und dann Slaven herrschten, scheint ihr Andenken noch in dem Namen[17] des „Venssteines" (d. h. Feenstein), einer künstlichen Höhle in der Oberlausitz unweit der böhmischen Grenze, und in dem „Druistein" (d. h. Druidenstein) derselben Gegend nachzuklingen. Man darf die Namen dieser Denkmäler nicht ohne Grund auf die celtischen Priester und auf einen ehemals hier herrschenden Opferkult der Celten zurückführen. Auch im südwestlichen Deutschland ist der Name „Perl" (die Perlen oder Perlsucht) für gewisse Fehler am Rindvieh nicht germanisch, sondern höchst wahrscheinlich von der ehemals hier herrschenden celtischen Race den Germanen überkommen; das Wort ist noch jetzt für ähnliche Fehler in Wales

*) Cæsar de b. gall. VI, 30.

gebräuchlich.[18] Vielleicht muß auch der Gebrauch des Todtenschuhes, welchen man noch jetzt z. B. in der Grafschaft Henneberg im Schwunge findet, eher auf celtischen, als auf germanischen Ursprung zurückgeführt werden. Auch das ist zu beachten, das nicht nur der Name des Rhein, sondern auch der des Main[19] und viele Ortsbezeichnungen im südwestlichen Deutschland celtisch sind.

Kurz vor Cäsars Erscheinen in Gallien waren die celtischen Stämme aus ihren Sitzen in den Landschaften zwischen Donau, Main und Rhein von den Germanen verdrängt worden und hatten sich hinter die schützenden Berge der Schweiz, welche von einem ihrer Stämme den Namen Helvetia erhielt, zurückgezogen.

Um dieselbe Zeit oder noch früher wurden die böhmischen Bojer — ich nenne sie so zur Unterscheidung von den norditalischen Bojern — von Germanen in ihren böhmischen Sitzen bedrängt und wichen nach und nach über die Donau zurück. Marbod, der bekannte Römerfreund und Gegner des Arminus, schlug einige Jahrzehnte später in ihrem Lande seine Herrschaft auf. Im Jahre 58 v. Chr. suchten sie mit den Helvetiern sich bessere Wohnsitze in Gallien zu erkämpfen. Cäsar schlug bei dieser Gelegenheit seine erste Schlacht auf gallischem Boden gegen sie und zwar bekanntlich mit Erfolg.

Die Reste der Celten in Europa.

Somit war bis in das erste Jahrhundert v. Chr. ganz Mittel- und West-Europa von den Celten besetzt. Denn ich brauche es wohl kaum zu erwähnen, daß die Rätier, die oft und lange für Etrusker gehaltenen Nachbarn der Noriker und Helvetier, ebenfalls Celten waren, freilich mit den Bestandtheilen der früher seßhaften Bevölkerung, deren Angehörigkeit nicht mehr sicher nachweisbar ist, stark gemischt.

Die Irländer, Schotten und Waliser.

Reste der celtischen Race sind die Irländer der Gegenwart. Als Scoti wurden die alten Bewohner von Hibernia (Irland) den Römern in Britannien gefährliche Nachbarn; später setzten sie nach dem caledonischen Hochlande (Schottland) über und übertrugen ihren Namen auf ihr neues Land, welches nun Schottland genannt wurde. Als Gesammtname der neuen Völker Schottlands kommt dann der Name Picten, welcher mit dem der Briten wahrscheinlich identisch ist, vor. — In England selber stammen die jetzigen Bewohner von Wales, die Gälen, von den alten Celten ab. Sie wichen aus der Ebene in das unzugängliche westliche Gebirge zurück, als die Angeln und Sachsen nach

449 n. Chr. unter Hengist und Horsa Britannien eroberten, und bewahrten die Reinheit ihrer Nationalität bis in die Gegenwart mit Erfolg. Trotzdem zeigen einzelne Bestimmungen ihrer Gesetzbücher besonders in Dingen, welche die Ehe und das geschlechtliche Leben betreffen, eine Raffinirtheit, durch welche die politische Unfähigkeit und Bedeutungslosigkeit dieser Race sehr erklärlich wird. Auch die Irländer geben ja noch bis in die neueste Zeit durch ihr Privatleben den Beweis, daß sie von den Unarten ihrer Racen-Eigenthümlichkeit nur wenig abgelegt und sich von den Vorzügen der sie beherrschenden germanisch-romanischen Engländer wenig angeeignet haben. — Celtische Briten wichen 449 auch nach Frankreich und gaben der Halbinsel auf welcher sie sich niederließen ihren Namen, den sie als Bretagne noch heute führt. Die Spuren dieser britischen Einwanderung in der Bretagne sind bisher noch nicht verwischt worden; noch jetzt ist die einheimische Sprache der Bretonen so wenig französisch und so stark celtisch, daß sie dem gebildeten Franzosen gradezu unverständlich bleibt. — Von den celtischen Galliern haben sich zwar keine Reste rein erhalten, es ist aber für den Sprachgelehrten eine bekannte Thatsache, daß in den gebirgigen Landschaften Galliens zur Römerzeit, unter den Kaisern vorwiegend das einheimische Celtische, nicht das herrschende Lateinische die Volkssprache war. Das tritt noch heute zuweilen in so deutlicher Nachwirkung hervor, daß sich das Französisch der ehemals reineren celtischen Gegenden — und das waren besonders die gebirgigen — von dem, welches in den stark romanisirten gesprochen wird, unterscheiden läßt.

Die Bretonen.

Die Gallier.

Ich wende mich, um die Skizze der jetzt in Europa lebenden und nachwirkenden Völker, die uns interessiren, zu vollenden, schließlich noch zu dem finnischen, germanischen, lettisch-ästuischen und slavischen Stämmen.

Die Finnen-Tschuden.

Die finnischen Völker breiteten sich ehemals nördlich von den alten Scythen, welche zur mongolischen Race gehörten, im heutigen Rußland aus; den Namen Tschuden, welchen sie oft führen, erhielten sie von den Slaven, die später ja auch die ihnen benachbarten Germanen Tschuden, d. h. Fremde, nannten. Zeitig mögen, wie wir schon oben bemerkten, Finnen in Skandinavien gesessen haben. Die Lappen, welche noch jetzt im nördlichen Norwegen und auf der Halbinsel Kola wohnen, sind Finnen, die auf der untersten Stufe der Bildung stehen geblieben sind. Bei

Die Lappen.

Die Finnen in Finnland. weitem entwickelter zeigen sich die Bewohner des heutigen Finnland, die eine ausgebildete poetische Literatur und in dem „Kalewala“ sogar ein großes National-Epos besitzen. Am meisten vorgerückt nach Westen und dadurch auch in der Bildung gehoben sind von den Finnen die Magyaren, der herrschende Stamm im heutigen Ungarn. Der bekannteste Stamm der Finnen endlich sind die Hunnen, welche zwischen 370 und 374 die Gothen aus den Pontuslandschaften vertrieben und durch ihr Auftreten und durch die Folgen desselben den Untergang des römischen Reiches in West-Europa herbeiführten, eine politische Entwicklung, die man bisher fälschlich mit dem Namen der eigentlichen Völkerwanderung bezeichnete. Die Hunnen sanken, als sie unter der Herrschaft mit Attila zur größten Machtentfaltung gelangt waren, sehr bald und treten erst später mit türkischen Elementen gemischt als Chazaren an der unteren Donau wieder auf. Diese Chazaren waren ein eigenthümliches Mischvolk: Juden, Christen und Muhamedaner lebten hier friedlich beisammen; Richter und Beamte wurden aus allen drei Religionen gewählt, und eine Zeit lang bis um 950 bekamen sogar Könige jüdischer Herkunft die Zügel der Regierung in die Hände.

(Marginalia: Die Magyaren. — Die Hunnen.)

Kehren wir jedoch von dieser Abschweifung zu unserer Sache wieder zurück.

Die Germanen und Slaven. Die Germanen sind als Nachfolger der Celten in Europa eingerückt. Wie sie nach Mittel-Europa kamen, ist deshalb vielleicht zweifelhaft, weil Viele, indem sie sagenhaften Mittheilungen folgen, meinen, die Germanen seien von Skandinavien aus nach Deutschland gekommen. Diese Annahme hat nur die Sage für und die Wahrscheinlichkeit gegen sich. Im vierten Jahrhunderte v. Chr. saßen germanische Völker jedenfalls schon am Nordrande der Ostsee. Wen sie hier verdrängten, ist nicht klar nachweisbar; die Celten mögen auch hier ihre Vorgänger gewesen sein. — Die Germanen hatten bis zum Hunnen-Einfall um das Jahr 372 n. Chr. alles Land zwischen dem Rhein im Westen, der Nordsee, der Elbe, Oder, den Sudeten, Carpathen und dem Don im Norden und Osten, endlich der Donau im Süden inne. Ich sage abweichend von der gewöhnlichen Annahme: Elbe, resp. Oder und nicht Weichsel und Ostsee, weil sich aus schriftlichen Quellen, auch aus Münz- und Alterthumsfunden mit Evidenz nachweisen läßt, daß die Germanen schon seit 170 und nicht erst seit 400 n. Chr. aus den Landschaften zwischen Elbe und Oder vor den andringenden Slaven, die im Jahre 512 n. Chr. sich schon bis zur Altmark hin ausgedehnt hatten, wichen. Dadurch erklärt sich die Ursache einiger bekannten Thatsachen jener Zeit und treten andere, die ganz übersehen waren, hervor. Der Zug der Gothen zum Pontus, das Vorrücken von Burgunden- und Vandalentheilen nach dem Rhein und gleichzeitig gegen Osten, ferner das Entstehen der sogenannten neuen Völkerbündnisse, das Aufhören des römischen Handels nach dem Innern Deutschlands und Anderes hängt damit eng zusammen. Es ist nicht grade zu behaupten, daß alle abziehenden Völker durch Niederlagen, die sie von den Slaven erhielten, zum Weichen gebracht wurden; auch der allgemeinere Gesichtspunct ist zu beachten, daß die römischen Grenzen für die kriegs- und beutelustigen Germanen Anziehungskraft genug üben mußten, um sie schon bei geringfügiger Bedrohung zum Abzuge aus ihren unwirthbaren Ländern zu vermögen.

Reste des Germanischen im Osten und Westen.

Zurück blieben allenthalben Reste der alten deutschen Bevölkerung; sogar das Slaventhum hat die Erinnerung an dieselben nicht völlig ausgelöscht, obschon es gegen fremde Nationalitäten am feindseligsten auftrat. Man gewinnt dieses Ergebniß nicht aus den germanischen Gräbern und Opferaltären, welche wir in den von den Slaven überflutheten Ländern heute noch finden, sondern aus der feineren lebendigen Fortpflanzung in Sprache und Sitte. Es werden z. B. die Namen der Flüsse Elster, Spree, Neisse, Queis u. s. w. gewöhnlich zwar für slavisch gehalten, sie sind aber wahrscheinlich germanischen Ursprunges. Noch bedeutsamer erinnert der Name Ottenheim bei Löbau in der Oberlausitz an den Odin (Wodan) unserer heidnischen Vorfahren. Aehnlich ragt alte gothische Zeit in die Gegenwart Spaniens hinein, wenn noch jetzt specifisch gothischer Ritus in eine Kapelle Toledo's nachweisbar ist.[20] Es fällt unter diesen Verhältnissen kaum auf, wenn in Mecklenburg der Name eines Punctes „Wensdorf" neuerdings durch die Entdeckung eines benachbarten slavischen Kirchhofes (Wenden-Kirchhofes) illustrirt wurde.[21]

Die Kegelgräber der Germanen.

Andere Reste der germanischen Zeit liegen in den alten Gräbern vor. Diese Gräber sind die sogenannten Hügel- oder Kegelgräber, Erdaufschüttungen mit daraufliegendem Geröll in Gestalt eines Kegels oder Kugelabschnittes von einer Höhe, die zwischen 1 und 50 Fuß, und einer Breite, die zwischen $2\frac{1}{2}$ und

70 Fuß und darüber schwankt. Sie zeigen sowohl Bestattung unverbrannter als verbrannter Leichen innerhalb des Hügels. Früher setzte man sie deshalb in verschiedene Perioden. Weinhold schreibt diese Gräber, von denen einige Arten nicht selten bei einander in Gruppen vorkommen, mit ihren verschiedenen Bestattungsweisen sowohl den Celten als den Germanen zu und meint, daß die Bestattung der unverbrannten Leichen und der Leichenbrand zur selben Zeit neben einander herging, die Verbrennung aber weit häufiger geschah, ferner daß die brandlose Bestattung die ältere Sitte ist, welche, wie in Rom, bei manchen Sippschaften oder bei den Anhängern bestimmter Cultusformen fortdauerte, während die Menge ihre Todten verbrannte; daß in einzelnen Fällen die Herren verbrannt, die Knechte ohne Brand beerdigt seien, darauf deute besonders der Hügel von Maden in Hessen hin. Die Zeit trennt nach ihm die beiden Bestattungsweisen nicht. Man findet in den Gräbern Sachen von Stein neben Eisen, Stein und Schmuck von Thon, ohne Metall; Gold und Bronze ohne Eisen und Silber ꝛc.; metallne Sachen jedoch vorwiegend neben den nichtmetallnen.

Die Wenden-Kirchhöfe.

Die Gräber der Slaven wurden nicht vereinzelt errichtet, sondern werden in der Regel nahe bei einander gefunden. Nicht allzu tief unter der Erde wurden die Leichen-Urnen mit den verbrannten Knochen und mit Schmucksachen, von einem Kranze von Steinen umgeben, beigesetzt. In den Urnen, die meist eine dunkle Farbe[22] (hellbraun bis zu schwarz) haben, findet man Schmucksachen vorwiegend aus Metall, und zwar aus Bronze und Eisen. Man nennt die Vereinigung mehrerer solcher Gräber „Wendenkirchhof". Sie finden sich häufig an den Abhängen flacher Hügel, auch auf den Hügeln selbst, und weisen auf benachbarte Wendendörfer aus der heidnischen Zeit hin. Leicht sind sie von außen nicht erkennbar. Denn wenn die Slaven den Begräbnißplatz äußerlich auch erhöhten, so hat das der Lauf der Zeiten doch meist weggewischt.

Die ästuisch-lettischen Völker.

Kaum viel später als die Wenden rückten ästuisch-lettische Völker vom heutigen Litthauen aus in die Landschaften an der Weichselmündung ein. Die alten Preußen, welche von den deutschen Ordensrittern mit dem Schwerte bekehrt wurden, waren als Aestuer (die Esthen haben noch diesen Namen, der eigentlich Aestuer lauten muß) die Vorposten dieser Völkerfamilie, deren Sprache die Mitte zwischen der slavischen und deutschen hält und in vielen Wortformen dem Sanskrit sehr nahe steht. Ich erwähne diese Völker nur, um die Lücken von der Weichsel bis Finnland hin auszufüllen.

Damit wäre die ethnographische Skizze abgeschlossen, denn die jüngeren germanischen und slavischen Völker nehmen bei dieser Uebersicht unser Interesse weniger in Anspruch.

Die Völker, welche um 200 v. Chr. an der Ostsee saßen, werden für uns von besonderer Bedeutung sein. Es waren, ich bemerke es hier schon, Germanen in Südskandinavien, auf den dänischen Inseln und am Südrande der Ostsee bis zur Weichsel, dann im Osten wahrscheinlich lettische und im Norden, in Skandinavien und in Finnland, finnische Völker. Daß in noch früherer grauer Zeit vorwiegend finnische Völker diese nördlichen Gegenden besetzt hielten, ist lediglich eine Vermuthung; daß Celtenreste um diese Zeit noch an der Ostsee seßhaft gewesen seien, ist möglich, aber nicht nachweisbar. Die Völker an der Ostsee.

Bis zu diesen Völkern nun muß an einzelnen Puncten der Küste schon in der Vorzeit ein höher cultivirtes Volk zeitweise vorgedrungen sein. Wahrscheinlich sind es die Phönicier, Carthager, die Etrusker und nach unserer Meinung auch Massalioten aus Südfrankreich und gallische Celten, welche mit den Pfahlbauten im engsten Zusammenhange stehen, gewesen. Die Culturvölker an der Ostsee.

Die Spuren eines höher cultivirten Volkes treten nicht nur in den monumentalen Denkmälern und deren Technik hervor; sie haben sich sogar in der lebendigen Tradition, wenngleich unverstanden, erhalten. Eine Sage z. B., welche sich an einen Hügel beim Dorfe Peccatel in Mecklenburg knüpft, enthält die dunkle Kunde ehemaliger phönizischer Cultur. Als nämlich im Jahre 1843 bei Peccatel ein kleiner Hügel, in dem man Alterthümer suchte, geöffnet wurde, erzählten die Arbeitsleute, daß ein größerer Hügel in der Nähe nach dem allgemeinen Glauben von Unterirdischen bewohnt sei, welche in ihm zuweilen T a f e l hielten und dann sowohl K e s s e l und Messer, als andres Tischgeräth aus den andern benachbarten Hügeln entliehen. Man öffnete im Jahre 1845 nun auch den größeren Hügel. Als die Arbeitsleute in der Tiefe desselben beim Graben auf die „Tafel", welche einen Opferaltar darstellte, und auf einen Kessel (der vielleicht ebenfalls zum Opfern bestimmt war) stießen, konnten sie aus Furcht vor der Rache der Unterirdischen, deren Ruhe sie nun gestört hätten, kaum zur Fortsetzung ihrer Arbeit vermocht werden. Nilsson hat diesen Fund in einem vortrefflichen Buche[23] durch Vergleichung mit anderen ähnlichen auf phönizischen Ursprung zurückgeführt; der Etrusker hier zu gedenken, vergaß er. Das Andenken an die unheimlichen phönizischen oder etruskischen Menschenopfer hat sich im Norden Europas jedenfalls also über zwei Jahrtausende hindurch lebendig erhalten. — In einem anderen Falle scheint in dem „Ballerstein" bei Falköping in Schweden sogar der Name des phönizischen Baalscultus bewahrt worden zu sein.[24] Beachtenswerth ist es ferner, daß, während der Phöniker-Name im Libanon längst verschollen ist, das Volk in rätischen Gegenden seiner rührigen Alpenzwerge noch heute, an die Phöniker erinnernd, „Fanken", Fenken", nennt, und ihnen rothe Mäntel und Spitzmützen zuschreibt. Mit „Funk" wird ein Lustiger, Ränkevoller; mit „Wildfang" ein Unbändiger bezeichnet. Die zwergigen Fenes-Leute im schlesischen Gebirge sind dieselben Wesen und ein Beiname Odins war „Fang", so daß der soeben erwähnte Vensstein vielleicht auch anderen Ursprunges ist. Der Name „Hankerl, Gangerl" in der Pfalz, in Böhmen und Kärnthen ist wahrscheinlich nur eine Abart von „Fang"; der Oberpfälzer nennt den Teufel „Fankerl". —

Die Alterthümer der Vorzeit.

So können Sprache, Sitte und Mythologie Wegweiser in das lebendige Thun und Treiben der Völker aus längst vergangener Zeit werden. Der nachdenkende Leser darf nun mit Recht fragen, ob auch die zahllosen körperlichen Denkmäler, ob die ausgegrabenen Alterthümer bisher ähnliche Wegweiser geworden sind. Man hat zahllose Urnen aus Thon, Waffen aus Stein, Bronze und Eisen, Schmucksachen und Geräthe mannigfaltigster Art und hohen Alters aus der Erde an das Licht des Tages gefördert. Aber noch heute sind sie, die Funde der vielbesprochenen Pfahlbauten nicht ausgenommen, meist ebenso stumm, wie die Erde aus der sie genommen wurden, wenn wir fragen, welchen Zeiten und welchen Völkern gehörten sie an? Ja, so schnell viele Forscher auch die Antwort bei der Hand haben, wenn man fragt, wozu haben einzelne Stücke gedient; so unsicher ist man über viele gewisse Gegenstände auch noch in dieser Beziehung.

Ob iberisch oder finnisch, ob germanisch, celtisch oder slavisch? — Diese Frage ist es, welche beantwortet werden muß. Sie wird sich mit völliger Sicherheit für alle Alterthümer vielleicht nie lösen lassen; sie wenigstens lösen zu wollen und die Wege dazu zu suchen, muß aber die Aufgabe der Forschung sein. Es frägt sich sehr, ob die gegenwärtige Forschung auf einem guten Wege dazu ist. Nicht einmal die Pfahlbauten, welche eine so bedeutsame Ausbeute an Fundgegenständen aller Art gewährten, haben eine läuternde Kraft gehabt und regenerirend auf wichtige Gebiete der Alterthumskunde gewirkt; sie sind vielmehr durch eine wenig methodische Art der Forschung und durch vorgefaßte Meinungen durchaus verdunkelt worden. Darin liegt indirect ein schlagender Beweis dafür, daß die Alterthumsforschung selber bei Entdeckung der Pfahlbauten noch nicht zu jener Consolidirung der wissenschaftlichen Grundlage gekommen war, von welcher aus neue überraschende Entdeckungen immer mit Erfolg verwerthet werden können.

Ich will nun im Folgenden nicht die kritische Frage nach allen Seiten hin beantworten, sondern mich auf die Pfahlbauten beschränken und eine Darstellung von ihnen geben. Es wird sich dabei erweisen, daß es an der Hand vorsichtiger Betrachtung noch möglich ist, zu einem wünschenswerthen Resultate über sie zu gelangen.

Zweiter Abschnitt.

Die Entdeckung der Pfahlbauten in der Schweiz.

Im Januar des Jahres 1854 fiel der Züricher See und seine Gewässer wichen weiter, als es seit 1674 je beobachtet worden war, vom Ufer zurück, auch der schlammige, mit Geröll untermischte Grund trat auf große Strecken hervor. Die Anwohner des Sees benutzten die günstige Gelegenheit. Sie suchten einen Theil des bloßgelegten Schlammbodens dem See abzugewinnen und sicherten ihn durch Mauern vor dem Wasser, welches aller Wahrscheinlichkeit nach wiederkehren mußte. Bei einem solchen Bau in der Nähe von Obermeilen trafen die Arbeiter unter dem gelblichen oberen Schlamme von 1—2 Fuß Dicke (Figur 4) auf eine schwarze torfartige 2½ Fuß tiefe Schicht, die sogenannte Culturschicht, aus der sie während des Grabens Gegenstände von Stein, Knochen und Horn (welche Spuren menschlicher Arbeit zeigten), auch Haselnüsse, vermodertes Gras und Laub zu Tage förderten. Es traten auch Pfähle[25] hervor, deren oberes Ende zuweilen 8—12 Zoll dick war. Dieselben erregten besondere Aufmerksamkeit, weil sie reihenweise und fast regelmäßig neben einander standen.

Die Entdeckung der Pfahlbauten bei Meilen im Züricher See.

Als man nun achtsamer wurde, kamen immer mehr Fundgegenstände zum Vorschein. Der Vorstand der antiquarischen Gesellschaft zu Zürich wurde glücklicherweise rechtzeitig von den neuen Entdeckungen benachrichtigt, und der Dr. Ferdinand Keller begab sich als Präsident der Gesellschaft an Ort und Stelle der seltsamen Ausgrabungen. Derselbe entwickelte nun eine rühmenswerthe Thätigkeit. Er bemerkte auch sogleich die wichtige Eigenthümlichkeit der Entdeckung und gewann die Ueberzeugung, daß die innerhalb der Pfahlreihen gefundenen Gegenstände nicht zufällig, durch Scheitern von Kähnen, durch Hineinwerfen u. s. w. in den See gekommen sein könnten, sondern daß man hier Abfälle aus Menschenwohnungen, die ehemals im See standen, vor sich habe. Darin lag der Hebel zu weiteren Nachforschungen, darin das eigentlich Bedeutsame der Entdeckung. Auch der Umstand war für die wissenschaftliche Forschung von besonderer Wichtigkeit, daß die Fundgegenstände vielfache Aehnlichkeit mit Sachen zeigten, die anderswo, auch im nordlichen Europa, z. B. auf den dänischen Inseln, ausgegraben worden waren.

Frühere Entdeckungen von Pfahlbauten.

Gleich nach dem Bekanntwerden der Pfahlbauten zu Meilen stellte man in der Schweiz allenthalben Nachsuchungen nach ähnlichen Bauten an und hielt Nachfrage bei Fischern und Schiffern an den Seeufern. Der Erfolg war überraschend. Schon im Jahre 1806 war nach bestimmten Versicherungen im Sempacher See ein Pfahlwerk, zusammen etwa 40 Pfähle von 12 Fuß Länge und 1 Fuß Dicke, bloßgelegt worden. Auch im Züricher See hatte man schon im Winter von 1829 zu 1830 beim Reinigen einer Landungsstelle zu Obermeilen, und im Winter von 1843 zu 1844 beim Austiefen einer Habe (Einfahrt) bei Männedorf Gegenstände, welche deutliche Spuren menschlicher Arbeit an sich trugen, aus der Schlammschicht zu Tage gefördert; das Vorkommen von Pfählen war damals aber nicht weiter beachtet worden. Ganz deutlich hatte man ferner schon seit langer Zeit bei Nidau im Bieler See Pfähle gesehen, sie aber nicht für besonders wichtig gehalten, weil in der Nähe Reste einer römischen Ansiedlung zu Tage traten, und man die Pfähle und das sie Umgebende für römischen Ursprunges hielt, obgleich schon seit 1851 hier auffallender Weise Alterthümer gefunden worden waren, welche nicht gut von den Römern herrühren konnten.

Auch aus Irland kam bald die Kunde von künstlichen Pfahlwerkinseln (Crannoges und Pallisadeninseln genannt) die man schon 1836 entdeckt hatte. Aus dem Norden Englands liefen ebenfalls Berichte über Pfahlbauten ein. Desgleichen traten in Savoyen Spuren von Pfahlbauten (Habitations lacustres oder Pilotages) zu Tage. Auch in Deutschland auf der nördlichen Seite des Bodensee's.

An diese bis 1858 mit Pfahlbauten-Resten hervortretenden Länder reihten sich seitdem Ober-Italien, Baiern, Oestreich, Mecklenburg, Schleswig, Laaland, auch Frankreich und ganz neuerdings Preußen an.

Doch zurück zu den Pfahlbauten der Schweiz.

Der Pfahlbau bei Meilen.

Die Pfähle des bei Meilen*) entdeckten Pfahlbaues bestanden aus Eichen-, Buchen-, Birken- und Tannenholz und hatten eine Dicke von durchschnittlich 4—6 Zoll; wie die Jahrringe in den Querschnitten es deutlich zeigen, sind es meist Drittel und Viertel gespaltener Stämme, selten ganze Stämme. Ihre Enden sind, um das Einrammen zu erleichtern, entweder durch Behauen oder durch das bequemere Mittel des Anbrennens zugespitzt worden; das Behauen geschah hier nicht (wohl aber anderswo) durch metallene, sondern durch Steinbeile, wie das übereinstimmende Urtheil technischer Kenner aussagte und angestellte Proben auch erwiesen. Der Schnitt, welchen ein Steinbeil hervorbringt, läßt sich nämlich von dem eines Metallbeiles deshalb scharf unterscheiden, weil das Steinbeil bei seiner gewölbten Form eine concave Schnittfläche, das Metallbeil hingegen eine ebene Schnittfläche hervorbringt. Die Untersuchungen über die Anfertigung der Geräthschaften im Pfahlbau ergaben übrigens dasselbe Resultat: nirgends die Einwirkung eines scharf eingreifenden metallenen Schneide-Werkzeuges! Die Länge der Pfähle war nicht genau festzustellen und je nach der Natur des Bodens eine verschiedene, da sie im Seeboden an der einen Stelle leichter, an einer andern schwerer die genügende Festigkeit erhielten. Einige waren nur 8 Fuß lang, das Ende andrer wurde aber bei einer Tiefe von 12 Fuß noch nicht bloßgelegt. Die Pfähle standen durchschnittlich 1—1½ Fuß von einander, und die durch sie gebildeten Reihen liefen parallel mit dem Ufer und in ziemlich graden Linien sowohl den See entlang als seeeinwärts. Das Holz war natürlich so weich, daß der Spaten der Arbeiter es wie die weiche Erde durchstach. Eine Regelmäßigkeit in der Anordnung der Pfähle konnte man bei Meilen noch nicht wahrnehmen; auch auf die Bearbeitung der Köpfe, welche ehemals unzweifelhaft über die Oberfläche des Sees hervorragten und den Boden der Hütte trugen, wurde nicht geachtet.

Die bei Meilen gefundenen Steincelt's.

In der Fundschicht zwischen den Pfählen traten Steinbeile und Steinmeißel in auffallend großer Zahl zu Tage; in den wenigen Quadratklaftern des bei Meilen durchgewühlten Bodens allein mehrere Hundert. Diese sogenannten Celt's hatten die

---

*) Ich folge hier dem 1. Bericht **Kellers** über die Pfahlbauten, der als Quelle zu betrachten ist.

Form eines gewöhnlichen Keils und glichen, wenn sie sich an der Schneide ausbreitheteten, mehr einem Beile als einem Meißel. Sie werden bekanntlich zahlreich in allen Gegenden von Nord-west-Europa gefunden und sind sich überall ähnlich. Die Länge der in den Pfahlbauten gefundenen betrug zwischen 1—7 Zoll; das Material kann zum größten Theil nicht in der Schweiz heimisch gewesen sein und muß aus den Gebirgen von Südfrankreich, zum Theil sogar (wie die Celt's von Nephrit, der in Europa nicht vorkommt) aus Asien stammen. Dies ist ohne Zweifel eine für die Beurtheilung der Pfahl-bau-Bewohner höchst wichtige Bemerkung, weil sie ein entscheidendes Moment gegen rohe Urmenschen der Steinzeit ist; weil der Mensch auf niederer Entwicklungsstufe das Material aus seiner Nähe verarbeitet; weil man ferner mehr auf einen Industrie-Zweig, als auf Verfertigung für den Hausbedarf schließen darf. Ferner ist es wichtig, daß die Pfahlbauten selber als der Ort der Bearbeitung eines Theils dieser Steinbeile anzusehen sind. Es kamen nämlich bei Meilen einige Exemplare zu Tage, „deren Ausarbeitung nur angefangen, aber nicht vollendet worden war. Ferner wurden eine Menge Spitter gefunden, die als Abfall beim Zurechthauen oder Sägen des Materials leicht zu erkennen sind. Endlich besitzen wir eine Anzahl von Steinplatten die zum Schleifen dieser Werkzeuge gedient haben." Man bemerkt an denselben tiefe Furchen und Geleise, welche sich durch das Hin- und Herführen der zu schleifenden und zu schärfenden Beile bildeten. Es wird daher von Keller auch mit Sicherheit angenommen, daß das Zurichten und Vollenden derjenigen Keile, welche aus Steinarten der Schweiz stammen, zur handwerklichen Thätigkeit der Bewohner der See-Ansiedlung zu Meilen gehörte. Wir haben also, ich bemerke es schon hier, sogar in der ersten entdeckten Pfahl-Ansiedlung, die zur Steinzeit gehören soll, deutliche Spuren handwerklicher Thätigkeit, die für mehr als den bloßen Hausgebrauch rege war, vor uns! Die Pfahlbauten sind eben, wie wir zeigen werden, Stationen fahrender massaliotischer und gallisch-celtischer Kaufleute und Handwerker gewesen, die ihre Waaren nach dem Norden vertrieben. An ein Volk der Pfahlbauten ist nicht zu denken. —

Die technische Bedeutung des Steincelts.

Ueber die Handhabung der soeben erwähnten, bisher fast räthselhaften meißelförmigen Werkzeuge giebt die Entdeckung der Pfahlbauten einen guten Aufschluß. Alle zu Meilen gefundenen

Beile und Meißel scheinen ursprünglich in Stücken von Hirschgeweihen befestigt gewesen zu sein, da eine beträchtliche Zahl noch mit dieser Fassung gefunden ist (Figur 5 und 6). Das Hirschgeweihe mit dem Keil wurde an einem längeren Holzschafte oder in einer Keule befestigt (Figur 7) und zwar, je nach dem Zwecke des Gebrauches, in verschiedener Weise. Holzschafte sind ganz erhalten, hier jedoch nicht gefunden worden, wohl aber im Untersee (Bodensee). Zuweilen sind die Keile, wenn sie als Meißel dienen sollten, in ein längeres Stück Horn eingesetzt, zuweilen sogar an beiden Enden des betreffenden Stückes, bilden dann also Doppelmeißel (Figur 8).

Die Ansichten über den Celt.

Diesem Steinkeil steht der Bronzekeil, der im nördlichen wie im südlichen Europa vielfach gefunden wird, durch die Form sehr nahe. Unzweifelhaft war er zu demselben Gebrauche wie der Steinkeil bestimmt.

Beide Arten Keile sind ein schwieriger Gegenstand für die Forschung gewesen; man betrachtete sie bald als Kriegswaffe, bald als Hausgeräth, bald als Opfer-Instrument, bald als Symbol.[26] Das Volk in Nord-Deutschland nennt die steinernen meist Donnerkeile (Thorhämmer) und glaubt, daß der Blitz sie mit sich führe und in die Baumstämme und den Erdboden, wo man sie findet, hineinschlüge. Sie sollen bei schweren Geburten, wenn man sie der Gebärenden in die Hand giebt, sehr heilsam sein, auch bei Kühen, wenn die Euter schwellen und die Milch ausgeht, durch Berührung des kranken Gliedes damit; endlich ist der Besitzer eines solchen Steines gesichert gegen das Einschlagen des Blitzes.[27]

Die Gelehrten sind diesen Fabeleien nicht ganz fern geblieben. „Der höchste Gott Thor, sagen einige Gelehrte,[28] führte den Hammer; und seine Diener und Priester führten denselben wahrscheinlich ebenfalls. Daher wohl die große Menge der steinernen, namentlich in Deutschland gefundenen hammer- und beilartigen gebohrten Keile, die zu ernstem Gebrauch kaum tauglich sein dürften.“ Viele Gelehrten sahen diese sögenannten Thorhämmer, die regelmäßig in den Hünenbetten gefunden werden und in ihrer Gestalt keineswegs gleichmäßig sind, um so mehr als ein Symbol der Priester an, als dieselben oft ein kreuzartiges Zeichen, das Zeichen des Thor (vergl. Figur 9), eingehauen zeigen.

Daß das alles nicht ganz richtig ist, und daß die eigentlichen

Celts, auch die gebohrten (d. h. die Thorhämmer) weder eine rein symbolische Bedeutung hatten noch einer rein religiösen Bestimmung dienten, zeigt sich an den Pfahlbauten-Funden unwiderleglich. Sie hatten vielmehr, wie aus ihrer Einfassung hervorgeht, einen practischen Zweck und dienten sowohl als Geräth wie als Waffe. Der Celt oder Meißel von Bronze und von Eisen (Figur 10 ein breiter, Figur 11 ein schmaler) hat sich aus dem Steinkeil entwickelt; die angebliche Framea aber (eine eigenthümliche Waffe der Germanen, von welcher Tacitus in der Germania c. 6 redet) ist ein diesem letzteren nachgebildetes Bronzebeil (Figur 12 ein größeres, Figur 13 ein kleineres); alle diese Meißel und Beile haben Schaftlöcher. Durch die Pfahlbauten-Funde ist die Streitfrage endlich zum Abschlusse reif geworden.[29]

Thor und das Zeichen des Kreuzes

Das Kreuz seinerseits ist allerdings das Zeichen des Thor, wie folgender Vorfall, der in den nordischen Sagen erzählt wird, es erweist. Bei den höchsten Festen der heidnischen Germanen des Nordens, welche dreimal im Jahre gefeiert wurden, fanden auch die öffentlichen Opfer-Versammlungen statt, und jeder freie Landbewohner mußte sie besuchen und zugleich Speisen und Bier, deren er, so lange die Opferzeit dauerte, für sich bedurfte, mitbringen. Der König besorgte die Anordnung des Opfers, saß während der Mahlzeit auf einem Hochsitze und mußte den Becher, aus dem man zu Ehren der Götter trank, und alle Opferspeisen weihen. Diese Weihe scheint durch ein symbolisches Zeichen geschehen zu sein. Als nämlich Sigurd Jarl einst den Becher dem Odin geweiht hatte und ihn dem Könige Hakon, der heimlich ein Christ war, zutrank, machte dieser das Zeichen des Kreuzes. Seine argwöhnischen Genossen bemerken das, er aber sagte: es sei das Zeichen des Hammers gewesen, das er gemacht habe, um Thor den Becher darzubringen.

Es wird aber gewiß nicht anzunehmen sein, daß die vielen Celts, welche ohne das Zeichen des Thor gefunden worden sind, einer symbolischen Bestimmung gedient haben. —

Feuersteingeräth.

Andere Geräthe, welche zu Meilen gefunden wurden, bestanden aus Feuerstein in der Form von Lanzenspitzen oder Sägen von 4—5 Zoll, von Spähnen, 3 Linien breit und $1\frac{1}{2}$ Zoll lang, welche in Stücke Eichenholz eingesetzt und mit Erdpech befestigt waren und ohne Zweifel als kleine Sägen dienten, ferner in der Form von Messern und andern Schneide-Instrumenten. Die Funde dieser Art waren aber selten. Auch von diesen kleinen

Geräthen wird die Bemerkung gemacht, daß „eine Menge Splitter ganz das Aussehen von Abfall hat, der bei der Verfertigung der Geräthschaften entstanden sein muß“. Das ist wieder beachtenswerth, ebenso wie der Umstand, daß der in der Schweiz gefundene Feuerstein eingeführt sein muß, da er nicht einheimisch ist.

Anderes Steingeräth.

Als eine andre Art Steingeräth sind Feuerheerdplatten aus Sandstein, sichtlich durch Feuer roth gebrannt, stellenweise auch mit Ruß bedeckt, hervorzuheben; ferner Kornquetscher (Figur 14) und die dazu gehörigen Mahlsteine (Figur 15) mit kreisförmiger Höhlung, in welche die Quetscher passen; Schleifsteine aus Sandstein; 2 Pfrieme 6‴ breit und von verschiedener Länge.

Andere Fundgegenstände.

Geräth aus Knochen, Hirschhorn, Eber- und Bärenzähnen, welches zu verschiedenem Gebrauch diente, wurde ebenfalls gefunden. Auch Reste von Wildschwein- und Hirschgerippen, ferner das Horn eines Steinbocks, der Kopf eines Fuchses, der Schädel eines Menschen und Theile mehrerer Menschengerippe. Der einzige Gegenstand aus Metall war eine bronzene aus dünnem Draht gefertigte Handgelenkspange (im Jahre 1858 fand man dazu noch ein gut erhaltenes Bronzebeil[30]); aus Bernstein fand sich eine Perle vor, welche den in den Gräbern oft vorkommenden ähnlich ist und vielleicht zu einem Korallen-Halsbande gehörte. Zahlreicher traten Reste von Geräthschaften aus Thon auf, und zwar Scherben von Töpfen, welche 2—6 Maaß gehalten haben müssen; der größere Theil derselben erscheint als ein Muster roher Thonarbeit. Auch einige beim Weben gebrauchte Wirtel aus Thon (Figur 16) sind zu erwähnen.

Wenn wir nun noch bemerken, daß eine Holzkeule, dazu eine Menge angebrannter Holzstücke, auch Haselnüsse, welche durchweg aufgeknackt sind, also als Nahrung gedient haben müssen, in sehr großer Menge gefunden wurden, dann haben wir die Zahl der Gegenstände, die aus der Fundschicht der Pfahlansiedlung bei Meilen zu Tage traten, erschöpft.

Die Pfahlansiedlung auf dem Steinberge bei Nidau.

Nicht weniger ergiebig wurde seit dem Frühjahr 1854 die im Bieler See bei Nidau entdeckte Ansiedlung, welche sich durch einen eigenthümlichen Unterbau noch besonders auszeichnet.

Eine Untiefe dieses Sees, welche eine Ausdehnung von $2\frac{1}{3}$—3 Morgen Landes hat und gewöhnlich mit 7—8 Fuß Wasser bedeckt ist (während das Seebecken einen mittleren Wasserstand von 18—20 Fuß hat), trägt seit alter Zeit den Namen Steinberg. Aus diesem Steinberge, der hier nicht durch die Natur entstand, sondern absichtlich durch Menschenhände aufgebaut wurde, ragen Pfähle empor, von denen leider ein großer Theil verfault, ein andrer früher durch die Fischer ausgezogen worden ist. Ihre Anordnung ist daher nicht mehr zu erkennen, und sie boten dem Auge im Jahre 1854 nur noch ein Gewirre von schwarzen Puncten. Es sind meist ganze Stämme, selten Spalttheile, 3—10 Zoll dick, unten durch Anbrennen zugespitzt und 2—3 Fuß tief in den Steinberg hineingetrieben. Viele Stämme lagen horizontal, augenscheinlich nicht durch Zufall, sondern durch die Thätigkeit der Menschenhand so geordnet. Römische in der Nähe gefundene Dachziegel waren nach der zu Meilen gemachten Entdeckung nicht mehr bestimmend und hielten vom Nachforschen nicht ab; man ging vielmehr sofort an die Untersuchung des deutlich als Pfahlwerk sich documentirenden Steinberges und wurde besonders durch schönes Bronzegeräth, welches durch einen Kalküberzug vor dem Zahn der Zeit geschützt worden war, reich belohnt.

Fundgegenstände aus Stein.

Das in dem Schlamm über und zwischen den Steinen gefundene Steingeräth bestand aus durchbohrten Steinen zum Senken von Fischernetzen, auch aus undurchbohrten (5—6 Pfund schweren) Kieseln, die mit einem eisernen Reifen umgeben waren (Figur 17) und unzweifelhaft demselben Zwecke dienten; aus Reib- und Schleifsteinen; aus Mahlsteinen und Kornquetschern; aus räthselhaften scheibenförmigen sogenannten Schleudersteinen.

Bronzesachen.

Zahlreicher als bei Meilen war das Geräth aus Bronze, und zwar wurden gefunden: halbmondförmige Sicheln, durchschnittlich $4\frac{1}{2}$ Zoll lang und in der Mitte $1\frac{1}{4}$—$1\frac{1}{2}$ Zoll breit, durch Guß gefertigt, jedoch „nicht zwei Exemplare mit derselben Gußform“: eine höchst beachtenswerthe Erscheinung! Bronze-Beile von $4\frac{1}{2}$—$5\frac{1}{2}$ Zoll Länge (vergl. Figur 12 u. 13). Das Oehr an der einen Seite hatte den Zweck, das Beil an der Handhabe besser zu befestigen und besonders bei starken Schlägen das Zurückgehen des Beiles in den Schaft zu verhindern: da, wo dieses Oehr nicht vorhanden ist, zeigt sich ein Einschnitt, in den ein Nagel paßte, offenbar zu demselben Zwecke. Auch bei diesen Beilen wurde die Bemerkung gemacht, „daß man nicht zwei aus derselben Gußform hervorgegangene Exemplare antrifft, ein Umstand, welcher auf die Menge von Gußstätten und die große Verbreitung dieser Geräthschaften hindeutet“! Noch auf-

3*

fallender erscheint mir der Umstand, „daß mehrere der hier gefundenen Beile nie geschäftet gewesen, folglich nie gebraucht worden" sind! — Außer diesen Funden sind zu nennen: Messer (Figur 18) und Lanzenspitzen (Figur 19), beides vorzügliche Producte „celtischer" Erzarbeit; Meißel, ein Hammer, Arm- und Ohrringe, Nadeln und eine Menge Ringe von unbekannter Bestimmung.

Thongeschirr.

Das Geschirr aus Thon zeichnet sich durch Fülle und durch Mannigfaltigkeit der Gestalt aus und ist durchgängig aus freier Hand und ohne Anwendung der Töpferscheibe gearbeitet. Die größten Töpfe haben an der Mündung 3 Fuß Durchmesser, und die Kunstfertigkeit und Ausdauer, mit der solche gewaltigen und doch sehr dünnschaligen Gefäße hergestellt wurden, setzt in Erstaunen. Der Durchmesser der Gefäße am Fuße ist übrigens so gering, daß sie meist auf ebenem Boden nicht stehen können; einige haben auch einen spiegelglatten schwarzen Ueberzug aus Graphitmasse, welcher nicht abfärbt. An einem Thongeschirr — ähnliche Töpfe wurden auch anderswo z. B. am Ebersberge[31] gefunden — sind in den parallelen Strichverzierungen, die das Gefäß wie Reife umgeben, in schief aufsteigender Linie Löcher angebracht, die durch die Wand des Gefäßes durchgehen (Figur 20). In der Schweiz ist die Bestimmung dieser Löcher nicht erklärbar gewesen, es hat sich aber durch Vergleichung herausgestellt, „daß ähnliche Gefäße noch gegenwärtig, wiewohl von größerer Dimension, in den Jurathälern gefertigt werden. Man bedient sich ihrer, um die gerinnbaren Theile der Milch, den Käsestoff, von den übrigen, welche durch die Löcher abfließen, zu scheiden". Das ist wiederum im hohen Grade wichtig, wenn ich zur Orientirung des Lesers hier nochmals bemerke, daß die Pfahlbauten-Bewohner und ihre Industrie aus Gallien stammen, daß wir es auf den Pfahlbauten nicht mit einem Urvolke, nicht mit eigentlichen Einwohnern der Schweiz, sondern mit reisenden Handwerkern und Kaufleuten massaliotischer und celtischer Abkunft zu thun haben.

Reste von der Wandbekleidung.

Neben Senksteinen und Wirteln, und neben Thonringen, deren Bestimmung nicht sogleich zu enträthseln war, sind tafelförmige Flechtwerk-Klumpen von 1—3 Zoll Dicke hervorhebenswerth. Diese Klumpen sind auf der einen Seite glatt und zeigen auf der anderen Eindrücke von Ruthengeflecht. Es sind nach Keller Bruchstücke der einstigen Bekleidung der Wände des Pfahlhauses, welche, ursprünglich nicht gebrannt, erst bei der Einäscherung der Pfahlansiedlungen ganz fest wurden.

Aus Eisen bestanden einige an Stangen befestigte, 6 Zoll lange Spitzen. Auch die Reifen der Senksteine, die wir schon oben erwähnten, waren eisern. Eisen.

Aus Holz, und zwar aus Eichenholz gefertigt, kamen zwei Keulen, $17\frac{1}{2}$ Zoll und 3 Fuß lang, welche der bei Meilen gefundenen gleichen, zu Tage. Auch ein Boot, aus einem einzigen Stamme gezimmert. Solche Boote, Einbäume genannt, wurden übrigens noch bis in die neueste Zeit auf fast allen kleineren Schweizerseen gebraucht. Holz.

Ein Steinberg mit Pfahlbauten, ähnlich dem Nidauer, wurde in demselben See beim Dorfe Möringen gefunden. Schon seit 1851 waren hier Funde gehoben worden, ohne daß die Pfähle auffielen; dieselben ragten freilich nur 1 Fuß aus dem schlammigen Seeboden hervor. Das viele Holz, welches angebrannt war, deutete darauf hin, daß die Ansiedlung meist durch Brand zerstört worden sei, eine Beobachtung, die sich bei sehr vielen Pfahlbauten machen läßt. Unter den Fundgegenständen, welche denen des Nidauer Steinberges durchaus ähnlich sind, verdienen ein gut erhaltenes eisernes Schwert und drei Kähne (Einbäume) besonders hervorgehoben zu werden; Töpfe, Schüsseln und Trinkbecher aus Thon waren aber am zahlreichsten vertreten. Andere Pfahlbauten im Bieler See.

Aus dem kleinen Pfahlwerk oberhalb Lattringen, welches sich auf einer kreisförmigen Erhöhung befindet, wurde das Horn eines Rehes und Töpferwaare aufgefischt; aus einem anderen (übrigens nicht auf einer künstlichen Erhöhung befindlichen) dicht vor dem Hafen von Lattringen, das eine Ausdehnung von 3—4 Morgen Landes hatte, machte man nur wenig Funde, weil der Boden zu sehr verschlemmt war, doch kamen Bronzegegenstände (ein Celt und einige Spiralringe) und Töpferwaaren zu Tage.

Der Pfahlbau bei Sutz, welcher dem Nidauer ähnlich ist, wird dadurch besonders interessant, daß das Holzwerk hier wie bei Möringen Spuren der Verkohlung zeigt. Das wenige Thongeschirr war ebenfalls mit Kohlen angefüllt; an einem Bronzecelt fand sich sogar die eine Hälfte des Schaftes, die noch zwischen den umgebogenen Lappen stack, in verkohltem Zustande. Dies alles, dazu das Aussehen der Fundstücke und der schwärzliche modrige Boden, läßt die Zerstörung des Pfahlbaues durch

Brand als ganz sicher erscheinen. Neben Bronze- und Eisensachen wurde hier auch ein sonst unerklärbarer Gegenstand aus Feuerstein gefunden, der einzige aus diesem Material im Bieler See.

Ein bei der Petersinsel an's Licht geförderter Einbaum, ungefähr 50 Fuß lang und 3½—4 Fuß breit, also aus einem gewaltigen Eichenstamme gefertigt, ist dadurch merkwürdig, daß er mit Steinen angefüllt und neben einem Haufen Steine eingebettet war. Derselbe scheint den thatsächlichen Beweis zu liefern, daß, auch wenn er durch übermäßige Belastung gesunken sein sollte, die Pfahlbauer Steine an den für sie zur Niederlassung gewählten Stellen ausgestreut haben. Der Zweck, den sie dabei hatten, war unzweifelhaft der, durch Erhöhung resp. Belastung des Bodens den Pfählen, die vor dieser Aufschüttung schon in den Seeboden eingetrieben waren, einen noch festeren Halt zu geben.

Pfähle wurden auch unterhalb Hageneck und bei der Kleinen Insel, auch Kanincheninsel genannt, bemerkt, Nachsuchungen jedoch nicht angestellt. —

Bedeutsame Verschiedenheit der Fundgegenstände im Bieler und Züricher See.

Das waren die ersten bedeutenden Entdeckungen im Züricher und im Bieler See. Daß allen diesen Pfahlbauten derselbe Gedanke, nämlich „Isolirung der Wohnstätten und Sicherstellung des Lebens und Eigenthums" zu Grunde liege, wurde auf den ersten Augenblick mit Sicherheit erkannt. Auffallend aber blieb schon den Entdeckern ein Unterschied bei der Vergleichung des Fundbestandes im Züricher und im Bieler See. „Das Geräthe nämlich, welches in beiden zu Tage kam, ist zwar seiner Bestimmung nach dasselbe und deutet auf die gleichen Lebensverhältnisse und Beschäftigungen der Ansiedler hin; eine wesentliche Verschiedenheit besteht aber darin, daß die Schneide- und Steinwerkzeuge, ferner die Waffen am einen Orte aus Stein und Knochen, am andern aus Erz verfertigt erscheinen."[32] Damit heben wir wiederum eine Thatsache hervor, deren Bedeutung nicht zu unterschätzen ist, wenn man bedenkt, daß nach dem schon besprochenen Material an ein Urvolk, an Wilde gar nicht zu denken ist, daß wir es mit Industrie und Handwerk zu thun haben. Vorerst wenigstens scheint die Frage, ob wir im Bieler See nicht Bronzearbeiter, im Züricher nicht Steinarbeiter vor uns haben könnten, bei unbefangener Auffassung des Ganzen weit berechtigter als jede andre. Dazu kommt, daß wir Fälle noch schlagenderer Natur, welche auf eine Theilung der Arbeit sogar in derselben Pfahlansiedlung (so daß also auf der einen Hütte nur Thonwaaren, auf der andern nur Steinwerkzeuge gefertigt wurden) hindeuten, bald mehrere finden werden. —

Zu den im Jahre 1851 gemachten Funden im Bieler See kamen bis zum Jahre 1858*) noch der Pfahlbau bei Graseren, von geringem Umfange, „wohl nur von wenigen Familien bewohnt", aber wichtig dadurch, daß er Geräth aus Eisen (einen Dolch, dessen Griff mit Silberfäden verziert war, Messer, Sicheln u. a.) neben Steinwerkzeugen (Kornquetscher, Mahlsteine und Schleudersteine) aufweist. Dasselbe ist mit dem bei Vingelz der Fall. Daß hier ebenfalls Bronze fehlt, scheint nicht unbedeutsam zu sein. Weitere Entdeckungen bis 1858. Im Bieler See.

Ich wende mich nun zum Neuenburger See, der bis 1858 schon eine bedeutende Ausbeute gab, hebe hier aber nur diejenigen Pfahlbauten hervor, welche besonders charakteristisch sind, denn zu wissen**), wo überall ein paar Steinsachen und Töpfe oder römische Dachziegel und Geschirre gefunden wurden — was thatsächlich öfter die einzigen Funde sind — scheint für eine Charakteristik der Pfahlbauten, die wir im Auge haben, gleichgültig zu sein. Im Neuenburger See.

Unter diesem Gesichtspunkte sind die großen Pfahlansiedlungen bei Champmartin und Chabrey, die trotz ihrer bedeutenden Ausdehnung nur thönerne oder steinerne Spinnwirtel enthielten, beachtenswerth; die von Cortaillod dadurch, daß sie viele und mannigfaltige Gegenstände von Stein, Thon, Bronze und Eisen nebeneinander, vorwiegend jedoch Bronzesachen, enthielten. Die kleine Andsiedlung von Auvernier wieder als Fundort zahlreicher Töpfe: sogar vier in einander stehende weite Töpfe wurden herausgehoben; andere Sachen sind hier bis 1858 nicht gefunden worden. Der ziemlich große Pfahlbau von Tène endlich zeigte wieder „eine Menge Geräthschaften aus Eisen, nämlich Schwerter mit eisernen Scheiden, Lanzen und Pfeilspitzen, Sensen, Beile, Messer, Scheeren, Ringe, Kleiderhafte." Ferner einige

*) Kellers zweiter Bericht in den Mittheilungen der antiquarischen Gesellschaft zu Zürich ist hier mein Führer in der Feststellung des Thatsächlichen.

**) Durch die Beilage, welche ein alphabetisches Verzeichniß der Schweizer Seen mit Pfahlbauten enthält, habe ich einem etwanigen Verlangen des Lesers entgegenzukommen gesucht.

kleinere Gegenstände aus Bronze, eine zerbrochene Flasche aus blauem Glase, mehrere Töpfchen und einige römische Sachen.

Im Genfersee. Die bis 1858 im Genfersee an 24 verschiedenen Stellen entdeckten Pfahlbauten zeichnen sich durch nichts Besonderes aus. Deshalb seien sie nur im Allgemeinen erwähnt.

Im Moosseedorfsee. Größeres Interesse beanspruchen die Ansiedlungen im Moosseedorfsee unweit Bern: hier wurden auch zum ersten Male Thierreste als von Hausthieren (Hund, Rind, Ziege und Schaf, vielleicht auch Katze) herrührend mit Bestimmtheit nachgewiesen. Der westliche Pfahlbau in diesem See, der ganz genau durchforscht werden konnte, lag nahe am Ufer und bildete ein längliches Viereck von ungefähr 55 Fuß Breite und 70 Fuß Länge. Die Pfähle bestanden aus 5—7 Zoll dicken ganzen oder gespaltenen, zum Theil ungeschälten Stämmen der schon öfter genannten einheimischen Holzarten; eine Brücke, aus Querhölzern in der Art eines Knütteldammes gebildet, verband die Ansiedlung mit dem Ufer. Auch hier war der Oberbau durch Feuer zerstört, wie die verkohlten Holzreste erwiesen. Daß die zwischen den Pfählen gefundenen Geräthe nicht im Schlamme des ehemaligen Seebodens, sondern in der auf ihm ruhenden, später gewachsenen Torfschicht lagerten, ist deshalb hervorhebenswerth, weil daraus hervorgeht, daß sie noch während des Bestehens der Wohnungen in den wachsenden Torf gefallen sein müssen.

Die hier aufgehobenen Geräthe bestanden durchweg aus Stein, Knochen u. s. w., kein einziges aus Metall. Das ist bekanntlich der Grund, weshalb solche Anlagen in die sogenannte Steinzeit, d. h. in eine Zeit, wo ein Volk noch auf der untersten Stufe der Cultur steht, versetzt werden. Das Steinmaterial, welches zu Messern, Sägen, Lanzen und Pfeilspitzen verarbeitet wurde, rührte nun aber auch hier theilweise aus Frankreich und vom Jura her. „Die Sägen sind wie die zu Meilen und Wangen (im Untersee) gefundenen in Holz eingesetzt und mit Asphalt befestigt." Die Thongeschirre sind ebenfalls aus der anderswo in anderen Ansiedlungen verwendeten, mit Quarzkörnern gemengten Masse gefertigt. Ich hebe das Alles absichtlich hervor, um zu bemerken, daß, wenn so viele Gegenstände, die einer Verbesserung fähig sind, hier in einer „Steinansiedlung" ganz eben so gearbeitet erscheinen, wie in anderen Seen, wo auch Bronze- und Eisen-Sachen gefunden wurden, wo also eine weit höhere Entwickelung der Bevölkerung vorhanden sein soll; wenn ferner

Material aus ferneren Gegenden und nicht das einheimische verarbeitet wurde; daß dann das Nichtvorkommen von Metall gleichgültig ist und weder zu einer Zeitbestimmung noch zur Statuirung einer Urbevölkerung benutzt werden darf.

Im Inkwyler See.

Der unweit Solothurn und südlich von der Stadt[33] Wangen gelegene Inkwyler See enthielt ein 50 Fuß breites kreisrundes Inselchen, welches künstlich angelegt war und über das sich ein auf eichenen Pfählen ruhender, aus Querhölzern bestehender Rost, welcher die Hütten trug, hinzog. Die gefundenen Geräthe sind die bekannten aus Stein, Thon rc.; auch einige Fischangeln aus Bronze, dazu Eisengeräth, letzteres vielleicht aus römischer Zeit herstammend, traten zu Tage.

Robenhausen und Wangen.

Von ganz besonderer Wichtigkeit wurden seit 1858 die im Pfäffiker See auf ehemaligem Seeboden im Torfmoor bei Robenhausen und die im Boden- (mit dem Ueberlinger- und Unter-) See entdeckten Pfahlbauten, zumal beim Dorfe Wangen, weil sie sehr viel Eigenthümliches enthielten. Im Pfäffiker-See wurden zuerst Seile, Stricke und Schnüre aus Bast von Sträuchern und aus Hanf oder Flachs, im Unter-See bei Wangen zuerst Gerstenähren nebst Resten anderer Gretreidearten und Gewebe von Flachs gefunden. Wir werden auf die weittragende Bedeutsamkeit grade dieser Ansiedlungen für die Pfahlbautenfrage erst weiter unten eingehen.

Dritter Abschnitt.

Die Beschaffenheit der Pfahlansiedlungen in der Schweiz.

Nachdem ich im vorhergehenden Abschnitte die Geschichte der Pfahlbautenentdeckungen bis zum Jahre 1858 geführt und den Leser über das Eigenthümliche und Wichtige der ganzen Entdeckung zu orientiren gesucht habe, wende ich mich zur Charakteristik[34] der Pfahlbauwohnungen selber und werde aus dem gegebenen Material eine kurze Skizze der Pfahlhütte und des Pfahldorfes zu entwerfen suchen; Zuthaten der Phantasie vermeide ich, denn es ist besser, die Fragmente eines richtigen, originalen Bildes, als ein volles aber unächtes zu gewinnen. Mit Wahrscheinlichkeiten will ich mich auch so wenig wie möglich abgeben.

Die Pfahlhütte.

Die Hütte, welche ehemals auf den Pfählen stand, ist als solche nirgends erhalten, wohl aber einzelne von ihren Bestandtheile und einzelne Vorrichtungen in ihr. Der Fußboden, welcher in einigen Bauten fast unversehrt entdeckt ist, giebt einen besonders wünschenswerthen Aufschluß.

Es dehnte sich die Hütte meist in der Richtung von Osten nach Westen aus, zuweilen in einer Länge von 27 Fuß bei einer Breite von 15 Fuß. Sie bildete demnach ein längliches Rechteck und war hier nicht von runder Form, wie man es anfangs annahm.

In anderen Fällen wurde wiederum der Kreis als die Grundform des Baues beobachtet. Das stimmt übrigens sehr wohl zu Strabo, welcher von den belgischen Galliern erzählt, daß sie ihre Hütten kuppelförmig und mit hohen Dächern bauten. Die Wände, das ist sicher, bestanden aus senkrecht gestellten und mit Ruthen durchflochtenen Stangen; eben so sicher ist es, daß die Innen- und Außenseite dieses Flechtwerkes zur Abhaltung von Wind und Regen mit einer 2—3 Zoll dicken Lehmschicht dicht gemacht war.[35] Verschiedene Funde von Lehmklumpen, die augenscheinlich zur Wandbekleidung gehörten, führen darauf hin. In einzelnen Fällen scheinen die Eckpfähle des Pfahlrostes über den Fußboden bis auf Manneshöhe emporgestiegen zu sein, um das Dach zu tragen. Es ist ja an sich schon sehr wahrscheinlich, daß das Dach in den Wohnhäusern nicht direct auf dem Fußboden ruhte; in den Vorrathshäusern dagegen mag es immerhin gleich vom Fußboden aus begonnen haben. Ob die Wohnhütten in Abtheilungen getheilt waren, ist aus den gemachten Funden nicht mehr nachweisbar.

Das Dach, welches durch die höher emporragenden Eckpfähle unzweifelhaft einen festeren Halt bekommen und durch seine Erhöhung dem Einwohner das Aufrechtstehen gestatten sollte, war mit Stroh, Binsen, Baumrinde oder Reisern gedeckt, wie die sehr zahlreichen Funde in den Pfahlbauten bei Wangen im Bodensee und bei Robenhausen im Pfäffiker-See erweisen.[36] Daß übrigens die Gallier ihre Hütten besonders gern mit Schilf gedeckt haben müssen, ergeben sogar noch die erhaltenen celtischen Ortsnamen.[37] Jene Funde von Dachüberresten befanden sich meist im verkohlten Zustande; man hat daraus und aus anderen Ursachen mit Recht darauf geschlossen, daß die Hütten, zu denen jene Dächer gehörten, durch Feuersbrunst untergegangen sein müssen. Daß das Dach je nach der viereckigen oder runden Grundform der Hütte sich gerichtet haben muß, braucht wohl kaum erwähnt zu werden. Das Dach.

Der Fußboden der Hütten bestand aus quer über die Pfähle aneinander gelegten Brettern oder Bohlen. Diese Bretter und Bohlen mögen nun nicht immer ganz fest an einander gefügt gewesen sein. Man könnte das letztere wenigstens annehmen, besonders deshalb, um die unter den Pfahlhütten gefundenen Abfälle zu erklären. Mir ist es aber nicht recht wahrscheinlich. Viel eher mögen die Räume zwischen den Hütten und Vorrathshäusern (oder den Ställen, sofern solche existirten) der Natur der Sache nach einen weniger sorgfältig verdichteten Boden gehabt haben; hier mögen die Abfälle in den See gekommen und durch die Bewegung des Wassers unter die Wohnhütten geschoben worden sein. Der Grund ist der, daß es gar nicht wahrscheinlich aussieht, daß man in dem B o d e n der Hütten höchst unbequeme Spalten ließ, wenn man die W ä n d e, die weit Der Fußboden.

schwerer zu verdichten waren, dicht zu machen verstand. Man hat nun auch wirklich bemerkt, daß die Zwischenräume mit Lehm und Schilfgras sorgfältig verstopft waren und daß ein aus Lehm bestehender Estrich über die Bretter und Balken ausgebreitet lag, wie z. B. bei Niederwyl und bei Robenhausen und noch deutlicher bei Wauwyl.[34]

Die Lagerstätte.

In der Wohnhütte befand sich wahrscheinlich auch die Lagerstätte. Ob gefundene Moos-Reste als Theile derselben anzunehmen sind,[39] ist zweifelhaft: die Pfahlbaubewohner hatten als Viehzüchter, Ackerbauer und geschickte Weber ja weit bessere Mittel, sich eine weiche und warme Lagerstätte zu bereiten.

Der Feuerheerd.

Feuerheerdplatten aus Sandstein, welche augenscheinlich längere Zeit dem Feuer ausgesetzt und roth gebrannt, stellenweise auch noch mit Ruß bedeckt waren, fand man gleich in dem zuerst entdeckten Pfahlbau bei Meilen. Um diesen Feuerheerd, der, wie der Bau zu Niederwyl es zeigt, in der Ecke der Wohnung stand, mögen an kalten Abenden die Frauen ihre Stricknadeln von Horn, welche wir weiter unten kennen lerner werden, so fleißig in Bewegung gesetzt haben, daß dieselben durch den Gebrauch von den Fäden nach und nach Einschnitte erhielten.

Die Pfahlwohnung als solche.

Ein bestimmter Plan in der Eintheilung des künstlich hergestellten ausgedehnten Wohnbodens, eine vielleicht das Eigenthum der „Familien" bezeichnende parcellenartige Abgrenzung der verschiedenen Stücke läßt sich in den Pfahlbauten von Wauwyl erkennen. Hier hat sich auch — was bei keinem anderen Seedorf vorgekommen — der Boden, auf welchem die Ansiedler wirthschafteten, mit Ueberresten der eigentlichen Hütten unter der schützenden Hülle des Torfes zufällig so erhalten, wie er zur Zeit des Abzuges seiner letzten Bewohner beschaffen war.[40]

Ehe ich die Pfahlhütte verlasse, muß ich noch auf das Titelbild aufmerksam machen, weil dasselbe möglicher Weise das Abbild einer Pfahlwohnung enthalten kann.

Die Hausurnen.

Es treten in den germanischen Gräbern zuweilen Urnen entgegen, welche, weil man sie als eine Nachahmung oder als ein Modell des alten zeltartigen Hauses ansieht, Hausurnen genannt werden. Sie können, so sagt man neuerdings,[41] als zuverlässiges Modell des alten, aus Holz, Stroh und Leinen erbauten Tugurium gelten, dessen Strohdach von giebelförmig zusammengelegten Sparren gestützt wird, welche in hornförmigen

Fortsätzen den First überragen, der seine Bezeichnung Culmen noch aus dem Gebrauche der Strohbedeckung (culmus) herleitet. Die meistens beinahe quadratisch geformte Thür ist an der Vorderseite angebracht und mit einem, durch die nebenstehenden Pfosten geschobenen Querriegel geschlossen, welcher bei den Urnen selbst manchmal noch vorhanden, aber begreiflicherweise hier von außen angebracht, und, wie die Thüre selbst, von unverhältnißmäßiger Größe ist. Es erscheint übrigens als bemerkenswerth, daß diese Hausurnen (vgl. das Abbild einer solchen in Figur 1) wohl nicht ein hohes Alter haben und daß sie sowohl in Mecklenburg, als in Italien (im Albaner Gebirge) gefunden worden sind.

Eine Pfahlhausurne.

Interessanter ist eine andere Urne, die ebenfalls im Albaner Gebirge entdeckt wurde und die für die Nachbildung eines Pfahlhauses angesehen wird. Dies, in Figur 2 des Titelbildes abgebildete, Gefäß stellt ein ganz eigenthümliches Gebäude dar, welches auf einer Art Bühne aufgerichtet ist, die auf vier, durch zwei starke Balken verbundenen Stützen ruht, an deren Vorderseite durch horizontale Einschnitte eine Art von Stufen angedeutet scheinen. Das Gebäude selbst besteht aus 7 kleinen runden thurmartigen Zellen, welche einen Hofraum umschließen, zu dem ein mit Vordach und Schutzgatter versehenes Thor führt. Das Thordach zeigt eine Bedeckung von Flechtwerk. Die übrige Außenseite des Baues ist mit einem eleganten, erhaben aufgesetzten Spiralornamente bedeckt, welches wieder auf das lebhafteste an die Verzierungen der im Norden gefundenen Erzgeräthe erinnert. Leider fehlt der Obertheil oder Deckel des Gefäßes, welcher, ohne Zweifel in übereinstimmendem Sinne gebildet, die Darstellung der Ueberdachung des Gebäudes gab. Die Farbe der Vase ist schiefergrau, die Verzierung dunkler, beinahe schwarz. — Es erscheint mir übrigens als bemerkenswerth, daß Noël des Vergers (Planche XVIII. No. 1) eine schiefergraue Vase abbildet, welche hinsichtlich ihrer äußeren Gestalt eine Aehnlichkeit mit der Pfahlhausurne hat und deren Vorbild gewesen sein kann. Die gewöhnliche Hausurne ist als Nachbildung des germanischen Hauses aus verschiedenen Gründen und nicht ganz mit Unrecht beanstandet worden. Trotzdem ist die Aehnlichkeit doch beachtenswerth. Auf der Antonins-Säule nämlich, welche bekanntlich zum Andenken an den Sieg des Marc Aurel über die Quaden vom Jahre 174 errichtet wurde und die noch heute auf der Piazza Colonna steht, gleichen die abgebildeten Häuser der besiegten Deutschen großen strohbedeckten Bienenkörben und haben keine Fenster, sondern nur unten in der Mitte eine Thüre, fast wie ein Flugloch, so daß ihre Gestalt nach Jacob Grimm's Ansicht der Gestalt der erwähnten Urnen überraschend ähnlich ist.

Das Pfahlrost.

Die Beschaffenheit des gewöhnlichen Pfahlrostes haben wir schon bei dem zu Meilen kennen gelernt; diesem gleichen die meisten übrigen, nur ist je nach der Größe der Ansiedlungen die Zahl der eingetriebenen Pfähle eine sehr verschiedene. Das Pfahldorf bei Wangen im Bodensee zeigte z. B. bis 1858[42] in seinem Roste allein 30—40,000 Pfähle. Dieselben waren so vertheilt, daß sie meist 1 bis mehrere Fuß von einander entfernt waren und auf den Raum einer Quadratruthe mindestens 12, oft aber 17—21 Stück angetroffen wurden. An einigen Stellen fanden sich, wahrscheinlich der festeren Unterstützung des Oberbaues wegen, 3—4 Stück hart beisammen. Die Ansiedlung bildete ein längliches Rechteck, welches sich längs dem Ufer in einer Länge von mehr als 700 Schritt und einer Breite von 120 Schritt hinzog. — Andere Niederlassungen werden auf 100,000 Pfähle und 160,000 □Fuß berechnet. Die Entfernung des Baues vom ehemaligen Ufer ist verschieden gewesen; zuweilen sind es nur wenige, zuweilen über 1000 Schritte; bei einer Ansiedlung des Murtensees sogar 4000 Fuß. Die Tiefe des Sees unter den Pfahlhütten wechselte natürlich demgemäß auch, nämlich zwischen 3 Fuß und 15—20 Fuß. Wie die Holzart, so wechselte die Art der Bearbeitung; bald findet man drittel, bald halbe, bald ganze Pfähle. Zuweilen sind wie bei Robenhausen noch die Köpfe von Eckpfählen der einzelnen Hütten erhalten. Dieselben zeigen Einschnitte, in welche die Querhölzer für den Hüttenboden eingelegt wurden, zuweilen auch Zapfen. Höher emporragende und den Rand der Hütte umgebende Pfähle werden wir noch kennen lernen; wo sie innerhalb des Bodens der Hütte höher emporgehen, haben sie, wie schon bemerkt, zur besonderen Stütze des Daches gedient.

Steinberge.

Damit die Pfähle festeren Halt bekamen, scheinen zuweilen nach Vollendung des Baues noch Steine auf den Grund des Sees zwischen dieselben geworfen zu sein: so wenigstens gewinnt die Entstehung der Steinberge, in welchen die Pfähle stecken, auf natürlichem Wege eine Erklärung. Den Steinberg von

Nidau haben wir schon kennen gelernt; auch bei der Petersinsel im Bieler See nicht weit von Nidau hatte man dasselbe Ziel, wenngleich mit geringerem Aufwande von Steinen, vor Augen. An einzelnen Stellen scheint man mit dem Niederlassen von Steinen auf den Seegrund auch die Absicht gehabt zu haben, der Bildung des Torfes unter den Hütten entgegenzutreten. —

Packwerkbau und andere Bauarten.

Während in dieser Belastung des Bodens zwischen den Pfählen mit Steinen eine wesentliche Abweichung von der gewöhnlichen Bauart wohl nicht zu erkennen ist, tritt eine solche in der Niederlassung von Wauwyl und Niederwyl, wo wir sogenannte Packwerke[43] oder Faschinenanlagen als Unterbau der Ansiedlung wahrnehmen, hervor.

Der Packwerkbau besteht aus horizontal auf einander gelegten Knittelschichten, welche mit Schichten von Lehm oder Kies abwechseln. Dieser Unterbau, der natürlich viel leichter auszuführen war als der gewöhnliche, wird nur in den jetzt zu Torfmooren gewordenen kleinen Sumpfseen bemerkt. Er scheint auch nur in solchen möglich gewesen zu sein, denn in größeren Seen brachten die größeren Wellen eine solche Ansiedlung ja leicht in Gefahr. Zu seiner Befestigung und zum Tragen des Daches und der Wände waren übrigens auch hier senkrechte Pfähle eingetrieben. Der Packwerkbau zu Wauwyl zeichnet sich durch eine eigenthümliche Construction aus. Derselbe war nicht durch senkrecht in den Seegrund getriebene Pfähle, auf denen dann das über dem Wasser schwebende Wohnhaus ruhte, befestigt, sondern bestand aus verticalen, in den Seeboden mehr oder weniger tief eingetriebenen Pfählen und aus horizontal zuweilen auch in schiefen Winkeln dazwischen liegenden Rundhölzern. Diese horizontalen Rundhölzer bildeten Böden, und solcher Böden fand man zuweilen fünf über einander; die Zwischenräume zwischen den Böden waren mit Zweigen und Lehm ausgefüllt. Daß die irländischen Crannoges mit diesen Packwerkbauten Aehnlichkeit haben, dürfen wir schon hier bemerken. Schließlich ist noch hervorzuheben, daß auf den Packwerkbauten die Wohnungen ziemlich regelmäßig nebeneinander standen und nur durch Zwischenräume von höchstens 2 bis 3 Fuß getrennt waren.

Zuweilen scheint die Natur des Ortes noch eine andre Art des Unterbaues — man kann ihn Inselbau nennen — erheischt zu haben. Im Murtensee z. B. fand man neun merkwürdige kleine konische Erhöhungen, auf denen nur für eine Hütte Platz gewesen sein kann und die unzweifelhaft von Menschenhand errichtet waren.[44] Diese Baustellen hatten die größte Aehnlichkeit mit künstlich errichteten Grabhügeln. Auf der Landseite erhoben sie sich nur 2—3 Fuß über den Seeboden, seeeinwärts aber fielen die Hügelchen jäh bis 16 und 18 Fuß ab; einige tauchten bei niedrigem Wasserstande über die Seeoberfläche hervor. Sie bestanden aus Geschiebe und zerschlagenen Steinen und waren an der Basis völlig kreisrund. Man hat auf ihnen keine Spuren weder von Pfahlwerk noch von Alterthümern entdeckt. —

Auf floßartigen Unterbau deuten wieder einzelne Stellen bei Wauwyl hin. Es ist aber zweifelhaft, ob diese Floßbauten schwimmende oder unbewegliche waren.[45]

Stege und Brücken nach dem Ufer.

Interessant ist es, zu sehen, wie die Verbindung mit dem Lande theils erleichtert theils erschwert war.

In den ersten Jahren hielt man die Pfahlbauten für isolirt vom Ufer und machte daraus auch schon Folgerungen, indem man ihre Erbauung dem Bestreben nach größerer Sicherheit der Familie und des Eigenthums zuschrieb.[46] Es blieb dann aber im hohen Grade auffallend, daß die auf dem festen Lande entdeckten Alterthümer auf Bewohner derselben Art, wie die der Seeansiedlung gewesen sein sollen, hinwiesen: die Hütten im Wasser könnten also nur temporäre Bedeutung gehabt haben, und das paßte nicht zu der Annahme einer einheimischen Urbevölkerung, die immer mehr Platz griff. Da stellte sich im Jahre 1858 zuerst bei den Pfahlbauten des Moosseedorfsees die Thatsache heraus, daß sie mit dem Lande auf künstliche Weise verbunden gewesen waren. Und nach und nach zeigte es sich, daß auch andere Pfahlbauten durch Stege oder Knütteldämme eine Verbindung zum Lande zu hatten.

Doch auch nun suchte man sich zu helfen und nahm an, der Zugang zu den Pfahlbauten könne dennoch durch Pallisaden abgesperrt gewesen sein: so mußte schließlich eine reine Vermuthung die erste Vermuthung unterstützen. Pfähle im Ufer selber, die man bei Wangen entdeckt hat, werden zwar als solche Pallisaden ausgegeben, sind aber deshalb noch nicht solche. Und, mögen sie auch gewissermaßen einen Brückenkopf vorstellen: wenn ein feiges Volk auf diesen Pfahlbauten der Sicherheit wegen gewohnt haben soll, so verträgt sich das nicht mit den gefundenen Stegen und Knütteldämmen, welche bei einem ernsthaften feindlichen Angriffe die Eroberung der Seewohnungen erleichtern mußte.

1.

2.

3.

Lith. R. Falk, Berlin.

Unsere schon angedeutete Anschauung von den Bewohnern der Pfahlbauten hingegen stimmt sehr wohl mit den Stegen und mit der Annahme der Absicht auf Sicherheit in den Pfahlansiedlungen. Die fahrenden Kaufleute und Handwerker, welche hier wohnten, mußten bequemen Zugang zum Lande des Verkehrs wegen haben und es doch vorziehen, Hütten im See zu bewohnen. Hier waren sie wenigstens für den Augenblick sicherer als auf dem festen Lande, und nur darauf konnte es ihnen ankommen. Wenn nämlich Zwistigkeiten mit der einheimischen Bevölkerung ausbrachen, dann wurde die Wohnung durch schnelle Entfernung eines Theiles des Steges, vielleicht auch durch das Aufziehen angebrachter Fallbrücken isolirt und so wenigstens auf eine kurze Zeit gesichert, so lange bis der Grimm der Landbevölkerung verraucht oder durch Verhandlungen der gewandten Kaufleute beschwichtigt war. Bei einem dauernden Einbruche eines fremden Volkes boten die Pfahlbauten gar keinen Schutz. In wenigen Tagen konnten sie, zumal wo Bauten nahe am Lande und meist durch Waten erreichen waren, bezwungen oder sicherer ausgehungert werden, und es ist ganz undenkbar, daß ein Volk Jahrtausende lang, durch die Stein- und anderen Perioden hindurch solche Wohnungen und zwar der Sicherheit wegen aufgesucht haben sollte.

Die Stege und Pallisaden sind vielmehr lediglich in unserer Auffassung erklärlich, bei der Anschauung der schweizerischen Pfahlbauforscher lediglich ein Stein des Anstoßes und unerklärlich.

Ob einzelne höher stehende Pfähle einen pallisadenartigen Schutz um die Hütte herum bilden sollten, ist nicht zu entscheiden, erscheint aber möglich. Das Flechtwerk,[47] welches, aus Zweigen bestehend, bei einigen Ansiedlungen um die äußersten Pfähle der Ansiedlung eng und fest geflochten wurde, hat wohl nur den Zweck gehabt, den Andrang und das Aufspritzen der Wellen abzuhalten. Es scheint deshalb auch nicht überall angebracht zu sein, weil wahrscheinlich nicht überall ein solcher Uebelstand zu befürchten war. Pallisaden und Flechtwerk.

Die vielen gefundenen Kähne haben theils zum Fischfange gedient, theils den Verkehr zwischen den Pfahlbauten unter sich und mit dem Lande vermittelt. Ueber ihre Beschaffenheit ist schon oben gesprochen worden.

Die Zahl der Pfähle ist stellenweise, wie schon bemerkt, eine sehr bedeutende gewesen. Für Wangen allein hat man bis jetzt Die Pfahldörfer.

an 50,000 Pfähle herausgerechnet, für andere Dörfer eine Ausdehnung von 120,000 und 160,000 □Fuß, vgl. weitere Angaben hierüber in der Beilage. Zuweilen sind die Pfahldörfer auf ungefähr 300 Hütten zu schätzen, die, wenn Weib und Kinder mitgerechnet werden, nach ungefährer Abschätzung 1000 Einwohner enthalten haben mögen. Daß in Wauwyl eine parcellenartige Abgrenzung auf dem Pfahlrost für die einzelnen „Familien“ stattgefunden haben kann, ist schon oben bemerkt worden; Schlüsse sind daraus jedoch nicht zu machen. Durchweg gleich oder ähnlich sind die Pfahlansiedlungen überhaupt nicht angelegt. An dem einen Orte finden wir die Hütten reihenweise oder doch gedrängter beisammen, an einem andern durch Zwischenräume von einander getrennt, aber, wie die bald in krummer, bald in gerader Linie von einer Pfahlgruppe zur andern laufenden Pfahlreihen anzudeuten scheinen, durch Brücken oder vielmehr Stege mit einander in Verbindung gesetzt.*) Von allen bisher entdeckten Ansiedlungen gewähren die in der neuesten Zeit bei Vicenza in Venetien bloßgelegten Pfahlbauten des Fimon-See's das deutlichste Bild eines Dorfes. Man hat hier den Plan der Pfahlhütten in der Art aufnehmen können, daß man weiß, wie die Wohnungen des ganzen Dorfes vertheilt waren. Dasselbe bestand**) aus einer Reihenfolge von Hütten mit länglich runder Basis, die in regelmäßigen, aber schmalen Abständen unweit von einander lagen. Der Grundbau jeder einzelnen Hütte wird sehr deutlich durch senkrecht eingerammte Pfähle bezeichnet. Keine derselben ist länger als 4½ Meter (ungefähr 18 Fuß), keine breiter als 3½ Meter (ungefähr 14 Fuß). Ein andres bei Vicenza in der Nähe von Pascalone entdecktes Pfahldorf hatte mindestens 30 Hütten, das nicht weit davon entfernte des Fimon-See's noch mehr; die Pfähle waren aus Eichen- und Pappelholz. Dies beiläufig zur Verständigung des Bildes vom Pfahldorfe: die Pfahlbauten von Vicenza sind deshalb den schweizerischen nicht gleichstellt.

Die meisten Stationen zeigt neuerdings der Bodensee sowohl auf der deutschen wie auf der schweizerischen Seite, und darunter sehr große Pfahldörfer, die nur Steingeräth nachweisen.

---

*) Diese Verschiedenheit wurde im Bieler- und Zürichersee beobachtet, vgl. Keller, I. S. 97.

**) Vgl. Globus vom Jahre 1865 No. 5 S. 143.

Fast ebenso reich an Stationen, aber nicht an so ausgedehnten Dörfern und vorwiegend mit Funden aus Metall, ist der Neuenburger See. Da hier viel Eisen gefunden, so mögen sie, weil stärkere Nachfrage nach Eisen am spätesten eintrat, vielleicht jünger als die anderen sein, obgleich, wie wir am Schlusse sehen werden, wohl andre Ursachen dabei wirksam gewesen sind. Die Zahl der bis jetzt in der Schweiz entdeckten Pfahldörfer berechnet man auf 200.[48] —

Die Jahreszeiten auf den Pfahlbauten.

Man könnte schließlich noch die Frage aufwerfen, ob die Pfahlbauten nur in gewissen Jahreszeiten oder das ganze Jahr hindurch bewohnt gewesen seien. Die Funde einzelner Thierreste geben hierauf eine bestimmte Antwort. In neuerer Zeit nämlich gesellte sich zu den zahlreichen Funden von Raubvögeln, Reihern und Enten außer einigen kleineren Vögeln nicht nur der Steinadler und der Fischadler, der Storch, die Schneegans, die Möve, das schwarze Wasserhuhn und das Haselhuhn, sondern auch der Singschwan. Die Anwesenheit des Schwanes, der nur in sehr kalten Wintern, in den Monaten December und Januar auf den Schweizer Seen erscheint, zeigt, daß die Pfahldörfer auch in strenger Winterzeit und selbst dann, wo die größeren Seen auf längere Zeit überfroren, nicht verlassen worden sind, ein Nachweis, den Rütimeyer (in Kellers viertem Berichte S. 30) geliefert hat.

Die Pfahlbauten waren demnach für die Zeit sowohl des Sommers wie des Winters der Zufluchtsort derjenigen fleißigen Bewohner, die nicht beliebig in der Herbstzeit nach Gallien und nach der Heimat zurückkehren konnten. Wie sich die Zurückbleibenden, welche die Station zu bewachen und den Handel mit der nächsten Nachbarschaft zu unterhalten hatten, in ihren frostigen Hütten vor der Kälte des Winters schützten, das wissen wir nicht mehr. —

Es wird nun, nachdem wir gesehen, wie die schweizerischen Pfahlbauten beschaffen waren, unsre Aufgabe sein, zu erforschen, ob die Anlage der schweizerischen Pfahlbauten eine ganz eigenthümliche ist oder ob nicht auch in Ländern außerhalb der Schweiz ähnliche Wasserwohnungen entdeckt worden sind.

Vierter Abschnitt.

Die Pfahlbauten außerhalb der Schweiz.

Pfahlbauten in Macedonien zu Herodots Zeit.

Schon aus dem Alterthume und aus dem Mittelalter haben wir Berichte über Pfahlbauten in Ländern außerhalb der Schweiz. Der eine derselben stammt von Herodot, welcher von einigen macedonischen Völkerschaften Folgendes[49] erzählt: „Diejenigen, welche um den Berg Pangäus wohnen, und die Doberer und Agrianer und Odomanten und die am See Prasias wurden von Megabazus gar nicht bezwungen. Dennoch wurde der vergebliche Versuch gemacht, sogar die, welche in dem See wohnten, zu unterwerfen, und zwar auch folgende Weise: Es stehen auf hohen Pfählen mitten im See zusammengefügte Verdecke, zu welchem vom Lande aus nur auf einer Brücke ein enger Zugang ist. Die Pfähle nun, auf denen die Verdecke stehen, errichteten die Bürger insgemein seit alten Zeiten; später aber geschah es von gesetzeswegen und zwar so: Jeder Mann holt, wenn er eine Frau heirathet, aus dem Gebirge Orbelus drei Pfähle und treibt sie in den Seegrund ein; es nimmt aber jeder Einzelne viele Weiber. Sie wohnen daselbst nun auf folgende Weise. Ein Jeder ist Besitzer einer Hütte auf den Verdecken, in welcher er wohnt, und eine Fallthür führt durch das Verdeck hinunter zum See. Die kleinen Kinder bindet man, damit sie nicht hinunterfallen, mit Seilen an einem Fuße fest. Ihre Pferde und das Lastvieh füttern sie mit Fischen. Von diesen ist eine so große Menge da, daß, wenn man die Fallthür öffnet und einen leeren Korb an einem Stricke in den See hinunterläßt und nach kurzer Zeit wieder heraufzieht, er ganz voll von Fischen ist."

Syrische Pfahlbauten im Mittelalter.

Einen anderen interessanten Bericht über Pfahlbauten lesen wir in dem Supplement der Karte Syriens des berühmten arabischen Geographen Abulfeda (um 1328). Hier wird der See von Apamea sehr anschaulich mit seinen vielen Abtheilungen und Rohrgebüschen geschildert, die von Vögeln aller Art voll sind. Der See ist meist nicht über Manneshöhe tief, hat aber einen schlammigen Grund. Eine der kleineren versteckten See-Abtheilungen nun nannten die Araber den See der Christen, weil er von christlichen Fischern besetzt war, welche hier „im See auf von Holz gebauten und auf Pfählen ruhenden Hütten wohnten."

Charakteristisches liegt in diesem Berichte freilich nicht, denn Fischer können unter einer feindseligen Bevölkerung leicht auch anderswo dazu gebracht werden, Hütten in dem See statt auf dem festen Lande zu erbauen. Wohl aber ist Herodots Bericht von Bedeutung, weil bei ihm nicht die Vertreter eines besonderen auf das Wasser angewiesenen Industriezweiges, sondern ein Volk als solches auf Seehütten wohnt, und zwar aus Furcht vor feindlichen Einfällen, von denen der des Megabazus bei ihnen an der Lage der Wohnungen ja thatsächlich mißlingt. Es könnten demnach auch die schweizerischen Pfahlbauten von einem einheimischen Volke bewohnt gewesen sein; die abbrechbaren Stege wären aus der Analogie derer im Prasias-See erklärlich ꝛc. Dennoch liegt für die schweizerischen Bauten keine beweisende Kraft in den macedonischen Pfahlbauten, da wir ja schon im See von Apamea, wo ein besonderer Industriezweig sich auf die Pfahlhütten im See zurückzieht, eine Besonderheit finden. Wir werden uns deshalb hier eine Entkräftung der principiellen Bedeutung der macedonischen Pfahlbauten erlassen können, zumal da sich Material in bedeutender Fülle sammeln wird, für die Bestimmung der schweizerischen Pfahlbauten aus sich selber, aus den Originalquellen, d. h. aus den in ihnen gefundenen Alterthümern.

Die irischen Crannoges.

Wenden wir uns weiter zu den Pfahlinseln Irlands, den sogenannten Crannoges d. h. Holzinseln. Diese Crannoges[50] finden sich meistens da, wo beim Zusammenstoßen mehrerer kleiner Seen aus Thon und Mergel bestehende Inselchen emportauchen, die im Sommer trocken sind, im Winter aber unter Wasser stehen. Diese natürlichen flachen Inseln wurden in alter Zeit durch aufgelegte Eichenstämme und durch eingerammte Pfähle erhöht und befestigt. Die einen waren durch künstliche Dämme oder Stege mit dem Lande verbunden, bei den andern wurde diese Verbindung nur durch Einbäume, ähnlich wie in den schweizerischen Seen, hergestellt. Die Form der Insel nähert sich immer einem Kreise, dessen Durchmesser 60—200 Fuß beträgt. Um die Insel herum ist eine einfache oder doppelte, selten eine dreifache Reihe von 4—9 Zoll dicken Pfählen fest eingerammt. Diese Pfahlreihen, welche als die Pallisaden der Insel anzusehen sind, wurden nach Außen hin oft noch durch Mauern oder Wälle von trocken aufeinander gelegten Steinen gestützt und verstärkt. Zuweilen ist die Verpallisadirung von noch künstlicherer Natur. Die Insel selber erscheint zuweilen in Kammern eingetheilt, in denen oft eine Masse Knochen, die von Rindvieh, Schweinen, Rehen, Ziegen, Schafen, Hunden, Füchsen, auch von Pferden und Eseln herrühren, fußhoch aufeinander geschichtet liegen. Auf allen Crannoges befindet sich ein aus mehreren Steinplatten gebildeter Heerd in der Mitte; auf den größeren kommen dazu noch einige andre auf anderen Punkten. Auf den Crannoges entdeckt man ferner Geräthschaften der verschiedensten Art von Stein, Knochen, Bronze und Eisen, nämlich: Schwerter, Messer, Spitzen von Speeren und Wurfspießen, Dolche, Pferdegeschirr, Scheeren, Ketten, Aexte, Thongeschirr, Schleifsteine und Schmucksachen, z. B. Corallen; auch Mühlen. Die erste dieser Pallisadeninseln wurde von dem irischen Alterthumsforscher Wilde im Jahre 1836 entdeckt. Dieser Gelehrte kam bald zu der Ansicht, daß diese völlig isolirten Plätze als Zufluchtsörter betrachtet werden müßten, oder als Festungen von Räubern, welche Vieh und andre Beute hier in Sicherheit brachten.

Alter und Geschichte der Crannoges.

Was das Alter der Crannoges betrifft, so schließt man aus dem Umstande, weil Steingeräth[51] „aus frühster Zeit“ neben Bronze und Eisen ankommt, fälschlich auf ein großes Alter und meint, es seien hier Producte der „Stein-, Bronze- und Eisenzeit“ vereinigt. Auch der Umstand, daß die Crannoges während ihres Bestehens von Wasser und Torf allmälig verschlungen wurden; daß Pfahlwerk auf Pfahlwerk ruht; daß bei deren Abtragung Kohlenstätten in verschiedenen Höhen angetroffen werden, ergiebt nur die lange Dauer des Bewohntseins, nicht aber ein hohes Alter dieser Ansiedlungen.

In irischen Annalen[52] findet sich schon im Jahre 848 das Crannoge von Lagore in der Grafschaft Meath mit der Notiz erwähnt, daß es von Cinaedh, einem irischen Herrn, und dessen Söldnern geplündert und niedergebrannt worden sei. Beim

Jahre 991 wird bemerkt, daß der Wind die Insel von Lough Cimbe „mit ihrem Wall und Graben" plötzlich 30 Fuß unter Wasser setzte. — Ferner wird im Jahre 1246 ein Crannoge erwähnt, ebenso erfahren wir beim Jahre 1368, daß Teige in seiner Festung Ard-an-choillin, gefangen genommen worden sei. Später werden bei den Jahren 1436, 1455, 1495, 1512, 1540, 1560 die Crannoges verschiedener irischer Häuptlinge genannt. Aus einem Bericht vom Jahre 1567 ersehen wir ganz deutlich, daß die Crannoges die eigentlichen Vertheidigungsanstalten und Raubburgen des Adels im nördlichen Irland gewesen seien und daß man auf diese Art von Festungen in Süßwasserseen um so mehr Vertrauen gesetzt habe, als man ihnen zu Schiffe von der See her nicht beikommen konnte. Deswegen brachte man Silbergeschirr, Gold nebst Kriegsgefangenen und Unterpfändern, wenn man sie sicher aufbewahren wollte, hierher. — In einer Beschreibung der Grafschaft Ulster vom Jahre 1586 findet sich ferner die Bemerkung, daß ein Herr O'Neill im Moore sich einen Wohnsitz erbaut und in demselben mit allen seinen Leuten und all seinem Vieh gewohnt habe. — Im Jahre 1603 wird der verwundete Hugh Boy O'Donnel zur Heilung in „sein Crannoge" geschickt. — Noch im Jahre 1610 wird ein Crannoge in der Grafschaft Galway erwähnt.

Die Bedeutung der Crannoges.

Wir sehen daraus, daß die irischen Häuptlinge solche Crannoges als ihre Festungen bauten und benutzten. Was im Mittelalter die Raubschlösser des Festlandes auf den Bergen, das waren in Irland die Crannoges auf den Inseln. Und das ganz natürlich, da die ganze Bodenbeschaffenheit hier weniger die Gelegenheit bot, Burgen auf Bergen, als auf Inseln zu bauen. Raubburgen müssen zudem seit 848 und durch das Mittelalter hindurch in Irland ein weit größeres Bedürfniß als irgendwo anders gewesen sein. In den oben erwähnten Annalen wenigstens liest man in jedem Jahre nur von blutigen Fehden und Räubereien, so daß die Lectüre derselben wahrhaft zum Ekel wird. Die meisten irischen Häuptlinge scheinen auch thatsächlich ein Crannoge besessen zu haben. Man darf das wenigstens aus der Karte der Grafschaft Monaghon schließen, welche die englische Regierung im Jahre 1591 anfertigen ließ. Auf dieser Karte sind die Wohnsitze der kleinen Häuptlinge von Monaghon in rohen Skizzen angegeben, und sie befinden sich sämmtlich auf Inseln! In ein graues Alter mögen diese Crannoges vielleicht immerhin hineinreichen; alte in ihnen gefundene Gegenstände, auch die Steinsachen, können aber jungen Ursprungs sein und sie selbst gehören sicher auch der historischen Zeit, und wahrscheinlich nur dieser, an. Da sie nachweislich von 848 an bis 1610 bestanden, so ist sogar der Umstand, daß Kohlenstätten in verschiedenen Höhen, also ältere Wohnungsspuren unter den jüngeren, angetroffen wurden, gar nicht auffallend, wenn man an die häufigen Verheerungen in den vielen Fehden denkt und die neuerdings sich immer mehr herausstellende Thatsache berücksichtigt, daß der Boden bewohnter Stellen in jedem Jahrhundert um einen Fuß wächst. —

Schließlich ist für uns als Resultat festzustellen, daß außer den Fischerhütten des Apamea-Sees auch die Crannoges neben dem allgemeinen der Sicherheit einen andern speciellen Zweck gehabt, als die Pfahlhütten im Prasias-See, welche einer ganzen Gemeinde ohne Unterschied des Gewerbes oder Standes dienten. Die irischen Crannoges werden auch dadurch, daß sie von Celten bewohnt waren, den schweizerischen Pfahlbauten nicht näher gebracht, weil die macedonischen und syrischen Seeansiedlungen zu der Bemerkung, daß Pfahlbauten nicht einem besonderen Volke eigenthümlich gewesen sein können, die sehr begründete Veranlassung geben.

Vielleicht stehen aber örtlich mehr benachbarte Pfahlbauten den schweizerischen näher. Wenden wir uns deshalb nach Italien, wo man dergleichen ebenfalls bloßgelegt hat.

Pfahlbauten in Italien.

Im Jahre 1860 wurde nämlich am südlichen Ende des Gardasee's bei Peschiera ein Pfahlbau[53] mit senkrecht eingerammten Pfählen und allen jenen Merkmalen entdeckt, welche man an den Pfahlbauten in den Seen der Schweiz beobachtet hatte. Die Fundgegenstände aus demselben waren bisher alle von Bronze, einige von seltsamen Formen, alle vortrefflich erhalten. Dem Hauptmann des östreichischen Generalstabes Herrn Jos. M. Kostersitz gebührt das Verdienst, mit rühmenswerther Sorgfalt die Funde in den Jahren 1861 und 1862 als Augenzeuge verfolgt, einen ansehnlichen Theil der Bronzegegenstände erworben und dadurch vor Verschleuderung gesichert zu haben. — Ferner wurden in dem Torf, welcher einen der von dem alten Ticinogletscher gebildeten Moränenseen ausgefüllt hat, bei Mercurago die Pfeiler einer Seewohnung gleich denen der Schweiz, zusammen mit Waffen und Instrumenten von Stein und Bronze,

Geräthen und Gefäßen aus Holz, Stein und gebranntem Thon, einem hölzernen Anker, einem aus einem Baumstamm ausgehöhlten Canot und sogar zwei roh gearbeiteten hölzernen Wagenrädern entdeckt. In anderen Theilen Norditaliens stieß man ebenfalls auf Pfahlbauten.

Von ganz besonderem Interesse sind die sogenannten Terramara-Lager.[54] Die Terramara-Lager.

Dies sind nach der Ansicht der Berichterstatter Erdmassen, welche aus den Anhäufungen der verschiedenen Abfälle der Küche und der Industrie, wohl auch aus den Resten des religiösen Cultus mehrerer Ansiedlungen vorrömischer Einwohner Ober-Italiens entstanden, und als die Zeugen ihrer verschiedenen Niederlassungen angesehen werden können. Viele dieser Ansiedlungen sind noch jetzt an Ort und Stelle, wo sie nach und nach angewachsen; andre sind später vom Regen, von den Bächen, vom Po angefressen und unterwühlt, wohl auch weiter geschwemmt worden. Die ersteren erkennt man gleich an den in ihnen befindlichen „bogig-horizontalen" unversehrten Lagern von Asche und Kohlen, an den darunter befindlichen Pfahlbauten, an den scharfkantigen Scherben u. s. w.; die mergelartige Erde derselben giebt einen vorzüglichen Dünger ab. Die angeschwemmten Terramara dagegen enthalten keine merkliche Spur von Asche, die Kohlen sind zerstreut, die Gegenstände abgenutzt, die Erde oft als Dünger nicht mehr brauchbar. In der Regel bilden die Terramara als Anhäufungen sanft ansteigende, hügelartige Anhöhen in der Ebene, von den Apenninen zum Po und zwar in den Provinzen von Parma und Modena. Auf diesen Anhöhen bauten später Römer, Langobarden und andere Bewohner der Gegend ihre Land- und Bauernhäuser, Schlösser und Klöster. Die Waffen und die Werkzeuge, die man in ihnen aus der Zeit ihrer Anhäufung findet, gehören fast alle dem „Bronzezeitalter" an.

Soweit die Berichterstatter. Hier aber müssen wir Halt machen, weil mit dem Bronzezeitalter von uns zu viel verlangt wird, wenn wir in dem Berichte vorher lesen, daß auch Steinsachen und Eisengeräth gefunden worden sind. Man will zwar die beiden eisernen Gegenstände als durch Zufall hineingekommen erklären, viele Eisenschlacken aber, welche man ebenfalls dort fand, verbieten diese Ausflucht auf das entschiedenste.

Die Pfahlköpfe stecken unter der Terramara, in einer schwarzen moorigen Sumpf- oder Torferde, welche die Stelle des ehemaligen Sumpfwassers einnimmt. Ueberbleibsel der Hütten sind vielfach gefunden worden. Der Fußboden derselben besteht hier aus Brettern; darüber liegt der Estrich. Die Pfähle scheinen nur mit der Axt, nicht mit Hülfe des Feuers zugespitzt worden zu sein; es waren meist Ulmen und Eichenstämme und zwar ungespaltene.

Fundgegenstände.

Die gefundenen Gegenstände deuten auf eine ziemliche Entwicklung der Marierenbewohner. Die Töpfe z. B. haben an den Henkeln und an deren Anhängseln (ansae appendiculae) die verschiedensten und zugleich seltsamsten Gestalten, in Form von Hirschgeweihenden oder von Hasenohren, oder von Locken oder von lancettförmigen Blättern. Einzelne Krüge hatten sogar Schnäbel. Besonders vorwiegend traten Waffen von Bronze auf. Dieselben (und ebenso einige gefundene Kämme) sind an Ort und Stelle gegossen: man hat noch die Schlacken und Formen ausgegraben. Wirtel und Ringe, einige sogar aus Bernstein, kamen in Menge vor. Ferner auch die Ueberreste von vier Körben. Unter den Werkzeugen aus Stein sind einige Mahlsteine sehr wichtig, weil das Material, aus dem sie gearbeitet waren, nicht aus Italien sondern aus den Westalpen stammt. Ferner hebe ich es mit den Berichterstattern als höchst bemerkenswerth hervor, „daß in einem Dörfchen der Apenninen von Parma, in Casola, noch jetzt irdene Gefäße verfertigt werden, welche, in Rücksicht sowohl des Stoffes (Thon mit halbgebranntem Kalkstein vermischt), als der Form, den einfacheren, mittelmäßigen, in den Marieren aufgefundenen gleichen und ebenfalls weder auf der Drehbank geformt noch im Ofen gebrannt werden; sie sind fester als die gewöhnlichen Geschirre und finden deshalb ringsum Absatz."

Das Alter und die Bewohner der Marieren.

Ich gestehe, daß, wenn von einem sogenannten Bronzealter dieser Pfahlbauten schon überhaupt nicht die Rede sein kann, ein hohes Alter derselben sich aus den Funden nicht erklären läßt. Ebenso wenig aber sind die localen Verhältnisse, die Höhe der Anhäufungen, dafür beweisend. Wenn dagegen das fremde Material aus den Westalpen, das Vorkommen von Stein-, Bronze- und Eisengeräth, die Gußformen, die große Menge von Gegenständen ein und derselben Art u. A. in das Auge gefaßt werden, dann haben wir wahrscheinlich hier eine Klingen-Station, dort eine Handbeil-Niederlage vor uns und müssen weit eher an

Handelsniederlagen und Handwerkstätten, als an die Spuren roher Barbaren aus Urzeiten denken.

Celten, mit etruskischer Cultur durchsetzt, und später mit massaliotischer, kann man sehr leicht als die Erbauer und Bewohner dieser Gegenden sich denken. Vielleicht waren es ursprünglich gewöhnlich etruskische Hausirer selber, welche auf den Pfahlhütten der Sümpfe unter der noch roheren celtischen Bewohnerschaft lebten. Ein bestimmtes Urtheil mag ich jedoch nicht geben, weil der bisher gemachten Entdeckungen zu wenige sind, um den Beweis mit Evidenz führen zu können. Wenn übrigens etruskische Kaufleute hier zu suchen sind — und ich halte es für höchst wahrscheinlich —, dann hatte die Blüthe ihres Handels und Einflusses bald nach 300 v. Chr., seit welcher Zeit die Etrusker vor den Römern immer mehr zurücktraten, ein Ende, und die Massalioten machten ihnen hier ganz sicher, wahrscheinscheinlich auch in der Schweiz, erfolgreich Concurrenz. Den Beweis dafür werden wir in den letzten Abschnitten liefern.

Die Pfahlbauten bei Vicenza.

Neuerdings weist auch Venetien*) Pfahlbruten auf, und zwar bei Vicenza im Lago di Fimon und auf einer Wiese, il Pascalone genannt. Schon oben S. — sind dieselben bei der Schilderung des Pfahldorfes erwähnt worden.

Die Fundgegenstände in ihnen zeigen im Fimon-See auf einen niedrigen, in der Pascalone-Wiese auf einen vorgeschrittenen Bildungsgrad der Bewohner hin. Im Fimon-See fand man Knochen vom Wildschwein, vom zahmen Schwein und einem anderen kleinen Schwein, alle der Länge nach gespalten; von der gemeinen Schildkröte Schalen in großer Menge; plumpe und unförmliche Geräthe, alle mit der Hand geformt und ohne Verzierungen. Werkzeuge von Knochen waren häufiger als von Stein. Von Metall, von Leder und Geweben trat keine Spur zu Tage, dagegen Nüsse und Schalen von Eicheln, Cornelkirschen und Haselnüssen eine solche Menge, daß man sie korbweise sammeln kann. Die Eicheln waren häufig geröstet. Die Wände und Dächer der Pfahlhütten haben aus Wedeln und Stengeln einer Farrenart bestanden; und man findet dergleichen in ungeheurer Menge zwischen den verkohlten Balken. Der Pfahlbau enthielt auch die Ueberreste von großen Fischen und ein sehr gut erhaltenes Bruchstück von einem Einbaum.

---

*) Vgl. Globus vom Jahre 1865 No. 5 S. 139 ff.

Die Pascalone-Wiese dagegen lieferte verziertes und kunstreicheres Geschirr. Hier fand man auch Zähne von Pferden und Unterkiefer von einem keinen Hunde derselben Art, wie sie in den schweizerischen Seen auftreten, ferner ein Geweih, das wahrscheinlich einem Rennthier angehört. Außer Haselnüssen, Cornelkirschen und Eicheln kamen Haufen von Sämereien und Samen einer Doldenpflanze zum Vorschein, die noch nicht näher bestimmt ist. Der Bericht bemerkt schließlich, daß, den vorhandenen Knochen nach zu urtheilen, die Bewohner dieser Pfahlbauten nicht bloß Fleisch von Wiederkäuern, Dickhäutern und Schildkröten, sondern auch Hunde aßen, wie jene der schweizerischen Pfahlbauten und wie die Chinesen.

Ein Urtheil über Alter und Bewohner dieser Pfahlbauten abzugeben, ist unmöglich. Nur das darf bemerkt werden, daß die Fundsachen der Pascalone-Wiese den sonst in den italischen Pfahlbauten gefundenen entsprechen. Die Hütten des Fimon-Sees mögen dagegen von einheimischen rohen Fischern bewohnt gewesen sein; wenigstens spricht hier fast nichts für solche Bewohner, wie sie sich auf den schweizerischen Pfahlbauten nachweisen lassen werden.

Pfahlbauten in Toscana.

Zu den eben erwähnten Provinzen Italiens kommt laut den neusten Zeitungsnachrichten noch Toscana, doch vermag ich Genaueres und überhaupt Sicheres über die hier gefundenen Pfahlbauten nicht beizubringen. —

Von Italien wende ich mich im Sprunge nach Mähren und östreichisch Schlesien.

Pfahlbauten in Oestreich.

Ein Gymnasiallehrer aus Olmütz[55] stieß im Spätherbst des Jahres 1858 im Weichbilde der Stadt Troppau auf Spuren ältester menschlicher Ansiedlungen. Er fand dort Knochen ausgestorbener Ochsen- und Hirscharten, welche auffällige Zeichen menschlicher Bearbeitung an sich trugen. Nähere Ausbeute ergab sich bei den (Ende Mai des Jahres 1864) begonnenen Arbeiten zur Legung von Gasröhren in der Stadt Olmütz. In der entblößten oberen Moorschicht fanden sich Knochen, Zähne und Gebisse von Thieren in großer Zahl nebst Arbeiten menschlichen Kunstfleißes aus Bein, Stein, Bronze und Eisen. „Riesige Zähne vom Wildeber und zallose Reste des Hausschweins, Knochen und Zähne vom Ur- und Hausrind, vom alten Pferd, von Hirschen und Rehen und alten Wiederkäuern (wie es scheint sind auch Rennthierreste dabei), vom Hund und von vielen andern kleinen und größeren wilden und zahmen Thieren fanden sich viele vor. Ferner fand man in der Torfschicht verschiedene Gegenstände von Eisen (Lanzenspitzen, Hufeisen, einen Sporn, Angeln), mehrere Bronzesachen (einen Ring, eine Nadel, eine halbe Spange, einen Griff zu einem Werkzeug und zwei Stück geschmolzener Bronze), endlich eine Pfeilspitze aus Feuerstein."

Ich unterlasse es, die weiteren Funde anzuführen, weil ich bei nüchternem Kopfe nicht im Stande bin, in den Berichten auch nur das Geringste von Pfählen und Pfahlbauwohnungen — nur zwei Balken werden genannt — zu finden. So lange die Pfahlreste aber nicht nachgewiesen werden, gehören die mährischen „Ansiedlungen" schlechterdings nicht unter die Pfahlbauten. Man müßte denn den Grundsatz aufstellen: Wo Gegenstände, welche den in den schweizerischen Seen gefundenen ähnlich sind, entdeckt wurden und wo Pfahlbauten gestanden haben können, sind Pfahlbauten anzunehmen. Das wäre aber absurd, dann könnte man halb Europa zu einem Pfahlbau machen. — Es ist demnach auch die Bemerkung, wir hätten in Olmütz das erste Beispiel von Flußbauten vor uns, unrichtig.

Flußpfahlbauten in Frankreich.

Weit eher könnten mysteriöse Pfahlbauten in Frankreich als Flußbauten angesehen werden. Hier sind an der Meurthe, einem Nebenfluß der Mosel, bei den Städten Marsal, Dieuze, Vie Moyenvie und Salines in einem langen Flußthale, welches de la Seille genannt wird, eine Art Pfahlbauten dicht an einander auf einem sehr großen Raume, sechs Meilen lang und der unregelmäßigen Breite des Thales folgend, und dazu Ueberreste menschlicher Cultur entdeckt worden. Diese Pfahlbauten, für welche ich leider nur eine unzuverlässige Quelle[56] habe, müßten deshalb in die vorrömische Zeit gesetzt werden, weil kein römischer Bericht von so seltsamen Ansiedlungen etwas erwähnt. An Kaufleute ist auch hier vielleicht zu denken, wenn man erwägt, daß seit sehr alten Zeiten von Dieuze aus Lothringen her Salz, das sogenannte Duser Salz, in den Handel kam.[57]

Ein sicheres Urtheil aber ist daraus bei mangelhaftem Berichte über diese Flußpfahlbauten nicht zu gewinnen.[58]

Pfahlbauten in Baiern.

Ungleich begründeter sind die Pfahlbautenentdeckungen in Baiern, über welche ich Folgendes[59] lese: Herr von Dönniges hatte in der Augsburger Allgemeinen Zeitung mitgetheilt, daß sich in seinem Besitze Feuersteinwaffen befänden, welche auf der Roseninsel des Starnberger Sees bei Bau der königlichen

Villa gefunden und ihm von dem verewigten Könige Max zum Geschenk gemacht worden waren. Außer einer Lanzenspitze von Feuerstein, welche unter den ausgegrabenen Alterthümern in der königlichen Villa aufbewahrt wird und die nach Prof. Desor's, des bekannten Schweizer Gelehrten, Aeußerung alle in der Schweiz entdeckten ähnlichen Feuersteinwaffen an Schönheit der Arbeit übertrifft, war bis **1864** von aufgefundenen Steinwaffen in diesem See nichts bekannt. Dagegen brachten die Nachgrabungen am See selbst außer den „Küchenabfällen" der alten Pfahlbaubewohner, die an der Ostseite der Insel zwei Fuß tief unter dem Seeboden in überraschender Menge sich zeigten, bronzene Gegenstände zu Tage. Die mir als Quelle dieneude Correspondenz aus Starnberg vom 6. Juli fügt nun folgendes hinzu: „Nach allen bisher entdeckten Thatsachen zu schließen ist die Roseninsel mit ihrer Umgebung ein für die Alterthumsforscher hochwichtiger Punct, wo sich ethnographische Ueberreste nicht nur aus jenen zwei verschiedenen Perioden der Urzeit, denen man die Namen der Steinzeit und der Bronzezeit gegeben, sondern auch aus den Uebergängen dieser Perioden bis in keltisch-germanische „Eisenzeit" und Römerzeit vorfinden." — Ich vermag diesen Bericht mit einer anderen Darstellung[60] nicht recht zu vereinigen. Diese Darstellung lautet folgendermaßen: „Die Herren Desor, Moritz Wagner und Andre — entdeckten unterhalb Possenhofen (bei der Roseninsel) einen sogenannten „Steinberg", deren mehrere in den Schweizerseen vorkommen und von denen man annimmt, daß sie errichtet worden, um den Pfählen eine festere Grundlage zu geben. Ferner fanden sie Thierknochen und Scherben von rohem irdenen (wahrscheinlich aus freier Hand geformten) Geschirr, von ähnlicher Beschaffenheit wie die bei den Pfahlbauten am Zürichersee, Pfäffikersee und Bodensee gefundenen Scherben, die sämmtlich der Steinzeit angehören und keine Gegenstände von Bronze besitzen. Auch ein Reibstein (wie sich ihrer die alten Bewohner zum Zermalmen des Getreides bedienten) wurde aufgefunden." Hiernach scheinen Bronze und Stein geschieden von einander vorzukommen. Bei einem späteren Besuche fand Wagner an der Südseite der Roseninsel übrigens auch Geräthe von Bronze. —

Wir haben hier, wie ich glaube, wirkliche Pfahlbauten vor uns, wenn auch keine Pfahlreste zu Tage kamen. Der Umstand, daß auf einem kleinen, nur **15** Quadratfuß einnehmenden Raum über 400 Knochen und nahezu 200 Scherben gefunden wurden, weist besonders darauf hin. Die Knochen waren, wie die in der Schweiz gefundenen, fast alle aufgeschlagen und gewöhnlich der Länge nach gespalten, wahrscheinlich deshalb weil man das Mark herausnehmen und essen wollte. Von Thieren fand sich das Schwein, die Torfkuh und der Hirsch am zahlreichsten vertreten vor.

Aehnliche Entdeckungen wie im Starnberger See machte Prof. v. Siebold am Chiemsee, wo er nahe bei der Herreninsel viele alte Pfähle fand; auch an der Klosterinsel von Seon stieß er auf Pfahlbauten. Spuren davon lieferte ferner die Insel im Schliersee und der kleine Wörthsee. Sehr merkwürdige auch das westliche Ufer des Ammersee's zwischen Holzhausen und Utting.

Die ziemlich gut erhaltenen Pfähle hatten sechs bis sieben Zoll im Durchmesser, standen sechs Fuß unter dem Wasser und ragten anderthalb Fuß über dem Seeboden empor.

In dem einfallreichen Staffelsee, welchen die Herren v. Siebold und Wagner gemeinschaftlich untersuchten, fanden sich sehr große Pfähle, welche aber nicht von der gewöhnlichen Form waren, sondern deutlich eine Bearbeitung mit eisernen Werkzeugen verriethen und (nach dem Urtheile der Entdecker) höchst wahrscheinlich der Römerzeit angehörten. Sie sind die Ueberbleibsel einer Brücke, welche die Hauptinsel mit dem festen Lande verband. Die Größe dieser Insel erklärt vielleicht das Fehlen von wirklichen alten Pfahlbauten, denn den Bewohnern genügte wahrscheinlich das ziemlich ausgedehnte Territorium jener Inseln und sie brauchten nicht vom Lande aus in den See hineinzubauen. Dadurch treten diese Pfahlbauten oder vielmehr Pfahlbrücken denen zur Seite, welche der Major von Kasiski im Persanzig-See bei Neustettin in Hinterpommern aufgefunden hat und die wir sogleich besprechen werden.

Von den übrigen bairischen Seen zeigen der Riegsee und der Ostersee die geringsten Spuren von Pfahlbauten. Die Roseninsel soll ihrerseits die günstigsten Aussichten zu wichtigen Entdeckungen geben.

Die Pfahlbauten in Mecklenburg.

Mecklenburg[61] reihte sich im Jahre 1863 den übrigen Pfahlbauländern Europas an. Durch Lisch's Interesse für die Sache wurde in einem Torfmoor zu Gägelow, eine Stunde westlich von Wismar, der erste Pfahlbau als solcher wenigstens nachträglich constatirt. Der Inhalt desselben bestand aus Topfscherben, Stein- und Hornsachen und war dem eines schweizerischen gleich. Eine größere Pfahlbauanlage wurde ein Jahr darauf in dem Torfmoor zu Müggenburg, einem nordöstlich von Wismar gelegenen Gute blosgelegt.

Die fünf hier entdeckten Pfahlhäuser standen ungefähr 30 Schritte von dem nächsten festen Lehmboden, also 30 Schritte von dem Ufer des ehemaligen Sees, entfernt. Die Stelle des Sees, wo die Pfahlbauten ehemals standen, ist ungefähr 10 Fuß tief gewesen; wie die 10 Fuß dicke Moderschicht oder Fundschicht, bis zu deren Oberfläche die Pfahlstümpfe emporragen, erweist. Unter dieser modrigen Schicht ist der Seeboden, über derselben liegt 1 Fuß hoch Dammerde, darüber wieder 5 Fuß hoch Torf und dann erst kommt die Rasendecke. Die Pfähle sind, wie so viele in der Schweiz, oben angebrannt und bis dicht an den ehemaligen Wasserspiegel abgebrannt oder verkohlt. Sie standen immer ungefähr 2 Fuß weit von einander entfernt und waren 2 Fuß tief in den Seegrund eingetrieben. Da bei einigen (den runden) Hütten, welche 6 bis 8 Schritte voneinander standen, außer den senkrecht stehenden auch viele Balken horizontal liegend gefunden wurden und außerordentlich viel altes Holz zu Tage gefördert wurde, so läßt sich daraus auf weite Anlagen, welche die Häuser umgaben, schließen. Die Stärke der Pfähle betrug 6 bis 7 Zoll. Das Holz derselben bestand mit Ausnahme eines einzigen (wahrscheinlich eines Ulmenstammes) aus Eichenholz.

Drei von den Pfahlhäusern waren rund, zwei viereckig Die runden hatten einen Durchmesser von 14 bis 18 Fuß. Ein Steg zum festen Lande ließ sich nicht erkennen. Der über dem Fußboden der Hütten liegende Estrich, welcher aus festgeschlagenem Sand, Thon und Kies bestand, schien den Arbeitern noch wie mit Stubensand bestreut.

Die Funde aus Stein und Horn u. s. w.

Das zwischen den Pfählen in Gägelow und Müggenburg gefundene Geräth bestand: ans den bekannten größeren und kleineren Steinkeilen, Schleifsteinen und kleinen Steinäxten ohne Schaftloch; aus Feuersteinscheiben und Feuersteinspänen, Feuersteinsägen, Mahl-, Reib- und Glättsteinen. Ferner aus Töpfen und Krügen von Thon, deren Verzierungen denen an Alterthümern aus Gräbern entsprechen. Aus Horn und Knochen fand man ebenfalls Gegenstände z. B. Kämme gefertigt. Ferner traten Haselnüsse zu Tage. An einer Stelle fanden sich Kämme,

Netznadeln, Glättbein, Flachs, Leinwand, feines Leder, Obst und andres neben einander; Lisch meint, hier mag ein Frauenzimmerwinkel in dem Pfahlhause gewesen sein, der beim Brande des Hauses unverändert in die Tiefe gesunken ist. Geflechte von sehr feinem Flachs, welche einem Schweizer Muster gleich sind, hebe ich hervor, ganz besonders aber Leinwand, welche gesponnen und gewebt ist, nur daß die Fäden etwas dick sind.

Von den gefundenen Thierresten sind zu erwähnen: Rind, Schaf, Ziege, Schwein (und zwar unterscheidet Lisch nach dem Muster der Schweizer das Torf-, Wild- und Hausschwein), Hirsch, Reh, Wildente, Hecht, Seehund, Pferd, Esel, Biber, Hund und Hausratte.

Die beiden letzteren haben eine allgemeinere Wichtigkeit. Ueber den Hund, von welchem auf den Müggenburger Pfahlbauten merkwürdiger Weise zwei Racen vertreten gewesen sind, werden wir weiter unten sprechen. Von der Hausratte, welche bisher lediglich in den Mecklenburger Pfahlbauten nachweisbar ist, bemerke ich aber schon hier nach Rütimeyers und Blasius' Auslassungen[62] Folgendes:

Die Hausratte.

Weder Aristoteles, noch Plinius, noch irgend ein Schriftsteller des Alterthums kennt eine Ratte in Europa; es kommt in den Schriften der Alten überhaupt nur eine einzige Stelle (die mures Caspii bei Aelian) vor, welche man auf Ratten deuten kann. Augenblicklich sind drei Arten derselben nicht nur über Europa, sondern über alle Erdtheile hin verbreitet. Die Hausratte wird erst im 13. Jahrhundert von Albert dem Großen von Köln unter dem Namen mus rattus ausdrücklich genannt. Die älteste Erwähnung findet sie nach Lisch aber schon in einer Handschrift, welche im 9. Jahrhundert geschrieben wurde. Die stärkere Wanderratte, welche dazu bestimmt zu sein scheint, die schwächlichere und weichlichere Hausratte zu verdrängen, ist erst am 13. und 14. Oktober 1727, wenige Tage vor einem Erdbeben, in großen Schaaren bei Astrachan über die Wolga schwimmend in Europa eingewandert; in England wurde sie, wahrscheinlich durch Schifffahrt eingeführt, zuerst im Jahre 1730 beobachtet. In den Mecklenburger Pfahlbauten nun finden wir Knochen und zwar nicht der Wanderratte, sondern der schwarzen Hausratte, welche mit denen der heutigen Exemplare auf das genaueste übereinstimmen. Die Hausratte ist demnach schon seit den ältesten Zeiten, wenn auch nicht in den classischen Ländern

Europas, so doch in Deutschland heimisch gewesen. Vielleicht ist sie, so glauben wir bei unserer Anschauung hinzufügen zu dürfen, durch die mit Asien in Verbindung stehenden Kaufleute und durch einen Zufall in Deutschland eingeführt worden.

Bronzefunde. Von Bronze wurden ein gegossener Celt von ungefähr zwei Zoll Länge, der wohl nur als Lanzenspitze diente, und außerdem ein halber Armring gefunden. Lisch, welchem diese Funde in sein System natürlich nicht passen, „kann nur annehmen, daß der bronzene Celt eine jüngere, zufällige Beimischung ist." Der Celt liegt aber in der untersten, in der Moderschicht, ebenso der Armring, welcher aber, wahrscheinlich weil er harmloser als der Celt ist, nicht geradezu aus dem Pfahlbau wegdisputirt wird.

Die Bronzesachen geben den Beweis, daß die Pfahlbauten von Wismar zu einer Zeit, als schon Bronzesachen nach dem Norden vertrieben wurden, bestanden. Auch ein gefundener Keil aus Dioritstein kann nach Lischs eigener Aussage nur aus der Fremde eingeführt sein. Weiteres läßt sich fürerst über die mecklenburgischen Pfahlbauten nicht sagen. Lisch setzt sie in die jüngere Zeit seiner Steinperiode. Da aber der Beweis dafür aus der Vergleichung mit den Gräbern geholt wird und die jüngere Zeit der Steinperiode ebenso in der Luft schwebt, wie die ganze Steinperiode, so können wir diese Zeitbestimmung so lange getrost bei Seite lassen, bis gesagt wird, welcher historischen Zeit diese angebliche jüngere Zeit der Steinperiode angehört. Das vermag aber das mecklenburger System nicht. Denn so genau auch die „jüngere Zeit" der angeblichen Steinperiode vorher klingt, so schließt der Bericht doch mit den ungemein allgemein gehaltenen Worten: „Wir können daher von den Pfahlbauten der Steinzeit bis jetzt nur sagen, daß sie sehr alt sind." Wohin in den historischen Zusammenhang die jüngere Zeit der Steinperiode gehört, das muß der Leser also selber errathen.

Pfahlbauten in Preußen. Angebliche bei Greifswald. An der Ostseeküste in Preußen[63] sind angeblich bei Greifswald auch Pfahlbauten entdeckt worden, und zwar im Hafen von Wiek nicht ganz eine Stunde östlich von Greifswald bei der Mündung des Rykflusses in die Ostsee. Die Wellen reißen aber hier bei östlichem Winde alles nieder, was nicht auf das sorgsamste befestigt und auf der solidesten Grundlage gebaut ist; die Anlage eines Pfahlbaues an dieser Stelle wird schon dadurch sehr unwahrscheinlich. Die angeblichen Pfähle sind zudem alte Balken des im vorigen Jahrhundert veränderten Hafendammes.

Die verschiedenen Funde von Stein-, Horn- und Bronzesachen haben unter diesen Umständen gewiß nichts Maßgebendes, weil sie in einen offnen Hafen, der schon seit länger als 600 Jahren befahren wird, sehr leicht anderweitig und durch Zufall gelangt sein können.

Spuren bei Demmin und anderswo.

Auf Spuren von Pfahlbauten bin ich meinerseits bei Demmin und auf Rügen (nicht weit vom Ufer am Stralsunder Fahrwasser in einem ehemaligen Flußbette) dem Festlande gegenüber, aufmerksam geworden, ohne jedoch etwas Bestimmtes über sie mittheilen zu können.

Auch andre vorgebliche Spuren von Pfahlbauten bei Clempenow in der Nähe von Demmin, ferner an der Mündung der Crampe ins Papenwasser bei Forcadenberg (Kreis Camin) und bei Koprieben unweit der Stadt Bärwalde in Hinterpommern bedürfen, wie mir Herr Professor Hering zu Stettin schreibt, noch näherer Bestätigung.

Als sicher beglaubigt erscheinen die im Jahre 1865 entdeckten Pfahlbauten[64] im Kreise Pyritz bei Lübtow, 2 Meilen von Stargard, $1\frac{1}{3}$ Meile von Pyritz. Dieselben liegen jetzt trocken, etwa 250 Schritte hinter dem herrschaftlichen Hause des Gutes Lübtow, Herrn von Schöning gehörig, auf vormaligem Grunde des Plönesees, dessen Spiegel noch in neueren Zeiten erheblich niedriger gelegt ist, als er vormals war. Ich lese über sie folgenden Bericht des Herrn Prof. Hering zu Stettin:

Bei Lübtow in Hinterpommern

Die Pfahlbaustätte „nimmt einen Raum von mindestens 140 Schritt Länge und 120 Schritt Breite ein. Die Pfähle sind zwar in den letzten Jahren zum Theil herausgezogen und bei ihrer brauchbaren Beschaffenheit zu wirthschaftlichen Zwecken verwandt worden, aber ein großer Theil steht noch jetzt, und es lassen sich die geraden Linien, in denen sie ursprünglich eingelassen sind, deutlich verfolgen. Sie stehen beinahe so, wie in dem schweizerischen Torfried bei Robenhausen, nur daß bei dem Lübtower Bau häufig zwei Pfähle unmittelbar bei einander eingerammt sind, und zwar sämmtlich senkrecht, nicht schräge, wie dort. Während die Robenhauser Pfähle von sehr verschiedenem unbehauenen Rundholz sind, selten über 8 Fuß lang, sind sie zu Lübtow fast sämmtlich von Eichenholz (sehr wenige von Erlen oder Weiden), zum Theil von erheblicherer Stärke und Länge (8 bis 10 Zoll dick, 4 bis 16 Fuß lang), gleich den dortigen unten scharf zugespitzt. Es fanden sich in ihnen — freilich weniger zahlreich als in den Schweizerseen, vielleicht weil dort die Aufgrabungen umfassender ausgeführt wurden — in den beiden Fundschichten allerlei Geräth; in der untersten Scherben von Thongefäßen, gleich den Urnen in den Gräberfunden, ein wohlerhaltener und gut gearbeiteter thönener Topf mit Ornamenten, steinerne Meißel von Hornblende, Serpentin, Feuerstein, ein Hammer von Stein, ein anderer von Hirschhorn, ein Meißel mit runder Büchse und Oehr von Bronze, eine Masse von Wirthschaftsabfällen, als Lager-Stroh und Schilf, Dung, Knochen von Thieren, darunter ein kleiner, gut erhaltener Schädel (ich wage nicht zu entscheiden, ob von einem Fuchs oder Marder oder Biber), ferner Hirsch- und Rehgeweihe, Weizen, Gerste, Erbsen in verkohltem Zustande — doch bisher kein Leinsamen, kein Steinobst, Gespinnste oder Gewebe. In der wohl unterscheidbaren oberen Fundschicht fand man ähnlich, wie an den westlichen Schweizerseen auch Geräth von Eisen, z. B. ein Messer mit rohgearbeitetem Hirschhorngriff, Lanzenspitzen, Pfeilspitzen, Sporen, eine Zange u. s. w. Daß die Pfahlbauten durch Feuer zerstört wurden, ist deutlich sichtbar."

Bei Neu-Stettin in Hinter-pommern.

Interessanter noch, als die Lübtower, sind die angeblichen Pfahlbauten in dem vor zwei Jahren abgelassenen Persanzig-See unweit Neustettin, welche ein vollständiges, wenn auch einfaches Vertheidigungssystem bilden sollen.

In dem nördlichen Theile des Persanzig-Sees (in welchem die Persante entspringt) lag eine flache, ungefähr 160 Quadratruthen große Insel, die ringsum mit Pfählen umgeben war, auf denen Gebäude geruht zu haben scheinen. Der Bericht bemerkt, daß ein auf der nördlichen Seite der Insel gelegenes Gebäude, welches auf der einen Front 45, auf der andern 38 Fuß lang und 12 Fuß breit war, als Festungsthor gedient haben soll. Mit der längeren Seite stieß es unmittelbar an eine gegen 80 Schritt lange Brücke, die nach einem kleinen Werder oder einem flachen Inselchen führte, von wo aus man über eine zweite ebenso lange Brücke durch eine moorige Wiese auf das eigentliche feste Land gelangte. Die einzelnen Joche oder Böcke der Brücke stehen 6 bis 7 Fuß von einander, und es scheint, daß die Planken, durch welche sie verbunden waren, leicht abgenommen und die Brücke dadurch ungangbar gemacht werden konnte.

Wenn schon die Insel im See, dann erinnert noch mehr eine Reihe einzelner Pfähle, welche die nordöstliche Seite der

Insel in einem Kreisbogen von mehr als 200 Schritt Länge umgaben, an die irischen Crannoges. Diese Pfähle stehen ungefähr 14 Fuß von einander, erstrecken sich von dem Ende der ersten Brücke bis an das ehemalige tiefe Wasser des Sees, wobei sie eine ziemlich gleiche Entfernung von der Insel, ungefähr 80 Schritt, behalten; vielleicht dienten sie dazu ähnlich wie die Pfahlschanzen der Crannoges, die Annäherung des Feindes auf Flößen oder Kähnen von dem festen Lande her zu verhindern. Die Summe der bis jetzt gefundenen Pfähle ist 340; viele von ihnen erreichen die Dicke von 10 Zoll; sie sind sämmtlich von Eichenholz; die Pfähle der zweiten Brücke sind sehr regelmäßig eingerammt. Auch der Oberbau bestand wahrscheinlich aus Eichenholz. Brandspuren scheinen anzudeuten, daß man die festen Eichenstämme leichter in die gewünschte Form bringen wollte. Der Bericht bemerkt selber: „Was die technische Ausführung der Pfahlbauten betrifft, so konnten dieselben unmöglich mit den damaligen unvollkommenen Werkzeugen von Stein und Bronze allein ausgeführt werden.“ Es sind innerhalb dieser Seebauten bisher nur steinerne Werkzeuge — und zwar wenige — gefunden worden.

Die Pfahlbauten von Neu-Stettin sind demnach als solche noch keineswegs gesichert. Mögen sie nun aber antik odes mittelalterlich oder modern sein: weder sie noch die Pfahlbauten von Lübtow stehen mit unserer Auffassung der schweizerischen im Gegensatze. Möglicherweise kann aber die Neustettiner Pfahlanlage mit einer späteren, vielleicht slavischen, Befestigung im Zusammenhange stehen; bei vereinzelt aufgefundenen Pfahlbauten und bei geringer Ausbeute von Funden ist über dieselben jedenfalls ein sicheres Urtheil nicht abzugeben.

Bei Besprechung der Pfahlbauten im Königreich Preußen kann ich schließlich nicht umhin, auf Spuren solcher in Wollin aufmerksam zu machen. Es wurden hier beim Brunnengraben und bei ähnlichen Arbeiten fast 25 Fuß tief unter dem Boden der jetzigen Stadt Pfähle ganz dicht nebeneinander gefunden, ferner ein Schweinekoben, wie es schien, und die deutlichen Spuren der Werkstatt eines Bernsteinarbeiters. Mögen hier vielleicht auch keine Pfahlbauten bei weiteren Nachforschungen hervortreten; das ist ohne Frage, daß eine genauere Untersuchung höchst wünschenswerth ist. Andere Funde deuten nämlich auf eine Stadt hin, die 10—20 Fuß tiefer lag als das jetzige Wollin

Wollin und Vineta.

und einen weit größeren Umfang hatte. Wenn also die Pfahlbautenfrage auch keinen neuen Beitrag erhielte, so würde sich jetzt endlich das alte Vineta, dessen Identität mit Julin (Jumne, Jomsburg) wohl außer Zweifel steht und welches an der Stelle des heutigen Wollin, nicht auf der Insel Usedom oder gar im Meeresgrunde zu suchen ist, seiner Größe nach genauer nachweisen lassen und daraus sicherlich ein helleres Licht auf die Geschichte des alten Ostseehandels zurückstrahlen.

Schleswig.

Auch in Schleswig, im Sundewitt zumal, sind, wie verlautet, Pfahlbauten entdeckt worden. Ich kann über dieselben aber leider nichts Näheres mittheilen, weil die Quellen hierüber mir entweder fehlen oder doch nicht genug enthalten, um ohne Weiteres auf Pfahlbauten schließen zu lassen.

Die Ausdehnung der eigentlichen Pfahlbauten.

Das ist klar, daß die Pfahlbauten Europas sowohl außerhalb der Schweiz als in der Schweiz einen ziemlich ähnlichen Charakter tragen, und daß es für die Bestimmung von Pfahlbauten besonders wichtig ist, die Funde in das Auge zu fassen, nicht bloß auf den Pfahlbau als solchen sich zu stützen, der zuweilen ja, wie vielleicht die im Fimon-See bei Vicenza, einem rein localen Zwecke gedient haben kann. So sind die Crannoges sicherlich keine Pfahlbauten und gehören an sich nicht in den Kreis unsrer Untersuchung; auch die macedonischen und syrischen haben nur der Analogie wegen ein allgemeines Interesse. Die eigentlichen Pfahlbauten beschränken sich vielmehr auf einen Ländercomplex des Festlandes von Europa, der ehemals von der celtischen Race besetzt war, auch in dem Oder- und Elbgebiet. Wenn wir uns von der Rhein- und Elbmündung im Westen eine grade Linie bis Bordeaux denken und im Osten von der Weichselmündung bis Aquileja ebenfalls eine solche, dann ist das zwischen diesen Linien im Norden von dem Meere und im Süden von den Apenninen begrenzte Gebiet dasjenige, welchem die Pfahlbauten der Vorzeit eigenthümlich sind. Dieser Gesichtspunct ist nicht ohne Wichtigkeit und muß festgehalten werden, wenn es darauf ankommt, die Bedeutung und das Alter der merkwürdigen Seeansiedlungen in der Schweiz zu bestimmen, und wenn wir Uebertreibungen, Träumereien und unnöthige Vergleichungen vermeiden wollen.

Neuere Pfahlbauten,[65] wie die in den Städten Amsterdam, Venedig und Tscherkask, ferner Pfahlansiedlungen in Afrika, Borneo, China, Kamschatka, Neu-Guinea und anderswo übergehe ich kurz, da sie mit den unsrigen kaum äußerlich etwas Analoges, noch weniger aber die Zeit und den Charakter gemeinsam haben. Von den neu-guineischen gebe ich jedoch in Figur 3 eine Abbildung nach der Zeichnung des französischen Seeofficiers und Reisenden Dumont d'Urville, welcher sie selbst auf seinen Reisen um die Erde zwischen den Jahren 1822 und 1834 gesehen und besucht hat. Dieselbe trägt vielleicht dazu bei, die Reconstruction der verschwundenen europäischen Pfahlbauten in der Phantasie des Lesers einigermaßen zu unterstützen und entschuldigt mich, wenn ich es vermeide, von den schweizerischen Pfahlbauten ein Phantasiebild auf das Papier zu bringen, wie es, man kann sagen überflüssiger Weise, so oft geschieht.

Die Pfahlbauten der Dajaks auf Borneo.

Es sind wegen ihres besonderen Charakters schließlich*) nur noch die Pfahlbauwohnungen der (wahrscheinlich malayischen) Dajak-Stämme auf Borneo erwähnenswerth.

„Die Häuser der Dajaks, so lautet der Bericht hierüber, ruhen auf Bambus- oder Nibong-Pfeilern, funfzehn bis zwanzig Fuß hoch über dem Boden. Die Wände und das Dach sind von Ataps, d. i. Geflechte aus den Blättern der Nipah-Palme; den Fußboden bilden Nibonglatten. Jeder Campong besteht ursprünglich nur aus Einem durch gemeinsame Arbeit des Stammes erbauten langen Hause, worin die einzelnen Familien in abgesonderten Kammern (lawang) neben einander wohnen. Vor diesen Stuben, die ganze Reihe entlang, zieht sich eine überdachte Galerie oder Veranda, gleichsam die Straße des Dorfes, mit einigen Feuerstellen, und einem Schuppen für Arbeitsgeräthe vor einzelnen Zimmern. Endlich vor dieser Veranda erstreckt sich ziemlich breit ein ohne Dach gelassener Raum, zum Trocknen und Wannen von Reis u. s. w. Nur wenn der Campong sehr groß, oder der Boden (wenn sie nämlich, wie sie gern thun, an Bergesabhängen bauen) zu uneben ist, so besteht das Dorf auch wohl aus mehreren solcher Häuser, terrassenförmig mit einander verbunden. Diese hohen Gerüste nun besteigt man auf einem schmalen, steil angelegten, mit einigen Einkerbungen als Treppenstufen und hin und wieder auch mit einem Geländer für die Hand versehenen Baumstamm, welcher an den meisten

---

*) Ich mache den Leser hier noch besonders aufmerksam auf die Anmerkungen zu diesem Abschnitt, weil in ihnen manches Neue über Pfahlbauten, was mir erst während des Druckes zuging, vermerkt ist.

Orten Nachts heraufgezogen wird, um vor Ueberfall gesichert zu sein. Und wer von den Dajaks außer seinen Reisfeldern, Honigbäumen, Schweinen und Hühnern noch etwelche Schätze besitzt, verbirgt oder vergräbt diese an geheimen Plätzen im Walde."

„In dem Sumpflande an der Küste erhält man den Eindruck als seien die Häuser nur deswegen so hoch über der Erde, um über das Miasma und Ungeziefer des feuchten Grundes sich hinwegzusetzen. Aber überall, auch wo die Häuser der Dajaks auf sehr hohen Bergen liegen, ist die Bauart dieselbe, scheint also von Anfang an darauf berechnet, feindseliges Eindringen zu erschweren und ist nachher als nun einmal gebräuchlich beibehalten, auch wo die Sicherheit es nicht so nöthig machte. Aus demselben Grunde sind die Dörfer mehr im Innern Borneo's fast festungsartig eingerichtet, mit einem sehr hohen und dichten Bollwerk von härtesten Holzstämmen umgeben und an den gefährlichsten Stellen umsteckt mit einer Art äußerst gefährlicher spanischer Reiter, ranjau genannt, bestehend aus dünnen zugespitzten Bambusstäben, schräg und zuweilen kreuzweis über eine Fläche von 10 Fuß Breite dicht nebeneinander in die Erde getrieben, so daß bei Nacht das Vordringen an einer solchen Stelle für die nackten Füße der Dajaks ganz unmöglich ist."

„Um in der Kürze die lawangs oder Familienzimmer zu beschreiben, so habe ich keinen ganz festen Typus ihrer Ausdehnung und Einrichtung ausfindig machen können. Gewöhnlich hat man gleich beim Eintritt durch die Thür eine Feuerstelle, mit einem Gestelle darüber zum Aufschichten und Trocknen des Holzes; weiterhin in der Mitte links ein anderes Gestell für andere Sachen, und darüber eine Art Bodenraum zum Aufbewahren von Reis u. s. w. — Der Thür gegenüber ist das Fenster, d. i. ein Ausschnitt des Daches, der sich aufklappen läßt und durch einen untergestützten Stock geöffnet erhalten wird. Ein paar Fuß breit quer vor diesem Fenster ist der Fußboden divanartig etwa 10 bis 12 Zoll erhöht, ähnlich den sogenannten Fenstertritten der Frauenstuben bei uns, und diese Erhöhung bildet das Lager des Familienvaters. Doch ist wie bemerkt, die Einrichtung der Häuser, der lawangs sowie der Veranda, sehr verschieden. Häufig fällt die Eintheilung in lawangs durch Zwischenräume ganz weg, und die Familien leben alle zusammen in einem und demselben Zimmer. Von einem Schornstein weiß man nichts, da der Rauch überall hin freien Abzug hat, und zugleich zur Abwehr der Moskito's dient."

Das Gemeindehaus der Dajaks.

„Besondere Beachtung aber verdient bei den Stämmen, welche noch nicht durch Verkehr zu sehr verändert sind, ein gemeinsames in Front der Wohnungen abgesondert stehendes Gemeindehaus, Ponggoh genannt. Dieses Gebäude ist stets rund und bildet nur ein großes Zimmer, in welches man durch eine Fallthür hinauf gelangt, mit vier großen Fenstern oder Kapplöchern. In der Mitte ist ein Feuerheerd und eine große Stellage von Holz darüber, woran die vom Stamme erbeuteten Schädel hängen. Rings herum an den Wänden oder richtiger an dem Dache, welches sich bis zum Boden herabersstreckt, ist eine breite Bank zum Sitzen und Schlafen gezogen, und darüber und daneben stecken Speere und Schilde und männliche Geräthschaften, als Fischnetze, Angelruthen, Jagdtrophäen, Talismane oder Opfer von Thierzähnen, vertrocknetem Laube und Gras, und sorgsam sind hier auch die Blätter aufbewahrt, woraus man den Reis aß bei dem Feste nach der Eroberung eines frischen Menschenkopfes. Neben dem Feuerheerde stehen die Musikinstrumente, die langen Trommeln durch ein Loch in den Latten des Fußbodens gesteckt und zuweilen fast bis zur Erde hinabreichend. Dieses Haus ist, wie schon gesagt, das gemeinsame Haus des Stammes, ist Gerichtshaus, Rathszimmer, Festsaal und Fremdenlogis. Allabendlich versammelt sich hier der männliche Theil der Gemeinde, und alle unbeweibten, Knaben, Jünglinge und Greise, übernachten und wohnen hier. Fortwährend hat einer von diesen die Wache im Ponggoh und darf sich nicht davon entfernen, damit die Schädel, der kostbarste Besitz, nicht gestohlen, und um sogleich Alarm zu schlagen, wenn eine Gefahr sich nahet, während das ganze Dorf, Männer und Frauen auf dem Felde ist. Jeder ankommende Fremde muß sich stehenden Fußes nach dem Ponggoh verfügen. Er ist dann Gast des ganzen Stammes, der sich bald einfindet, um für die Bedürfnisse des Besuchers zu sorgen. Viele Tage und Nächte habe ich in solchen dajakschen Golgathas zugebracht, Angesichts der gräßlich grinsenden Schädel und in der Mitte der gaffenden oder schnarchenden Wilden."

„Wie bereits angedeutet, werden alle wichtigeren Angelegenheiten des Stammes, oder Prozesse zwischen Einzelnen, in diesem Ponggoh durch den Rath der Alten entschieden."

„Die oben beschriebenen lawangs sind, außer dem gemeinsamen Gange vor den Thüren, auch von innen eine mit der andern durch eine stets offen stehende Thür verbunden. Ueberdies bestehen die Zwischenwände dieser Verschläge nur aus Pfählen oder Stöcken mit weiten Zwischenräumen. Das Aufbauen der Häuser so wie die Anlegung der Reisfelder wird stets im Gemeinderath zuvor berathen und sodann gemeinschaftlich ausgeführt.“

Es ist unzweifelhaft, daß bei den Pfahlbauten der Dajaks dieselbe Absicht vorliegt, welche wir schon an den Bewohnern des Prasias-Sees beobachteten, und die auch die Schweizer Urbevölkerung gehabt haben soll, als sie sich auf Seehütten zurückzog. Trotzdem verbieten die verschiedenen klimatischen Verhältnisse für die Schweiz diese Annahme für ein ganzes Volk und für Jahrtausende; außerdem treten hier in den Fundorten und anderen Verhältnissen Momente ein, die mit einer solchen Anschauung, zumal an der Hand des Stein-Schemas, nicht zu vereinigen sind, wie wir in den nächsten Abschnitten zeigen werden.

Die Schilfhütten der Magandschas

Dasselbe gilt von seltsamsten Naturpfahlbauten der Erde, welche Livingstone, während seiner dritten Entdeckungsreise in Südafrika (von 1858 bis 1864), als er vom Nyassa-See aus die Rückfahrt angetreten hatte, auf einem der kleinen Seen neben dem Schire-Fluß bemerkte. Hier wohnte ein Stamm, die Magandschas genannt, mitten im Wasser und vom Schilfe versteckt, um sich vor menschenräuberischen Nachbarn, den Adschawa's, zu sichern. „So dicht stehen nämlich dort die Papyrusschilfe, daß sie niedergedrückt nicht bloß die Flüchtlinge, sondern auch ihre Hütten trugen, obgleich, wenn diese von einem Obdach zum andern gingen, der Boden unter ihnen einsank, wie dünnes Eis. Zwischen dieser Zufluchtsstätte und dem Lande hatten sie einen breiten Schilfsaum unberührt gelassen, und Niemand der des Weges zog würde gemerkt haben, daß menschliche Wesen hinter den Rohren im Wasser lebten.“

Fünfter Abschnitt.

Das Alter der Pfahlbauten und die Ansichten darüber.

Um den Leser in die Frage über Alter und Bedeutung der Pfahlbauten einzuführen, ist es leider nöthig, auch die bisherigen Meinungen, welche Verbreitung gefunden haben, vorzutragen. Der besseren Orientirung wegen greife ich bis zu den sogenannten Kjökkenmoddinger zurück. Die dänischen Kjökkenmoddinger.

Bekanntlich wurden vor einiger Zeit an einzelnen Punkten längs der Küsten von beinahe allen dänischen Inseln Dämme und Haufen gefunden, welche aus zahllosen weggeworfenen Austern- und Muschel-Schalen bestanden. Unter sie gemischt zeigten sich Werkzeuge aus Stein, Holz, Horn, Knochen, Stücke einer plumpen Töpferarbeit, Holzkohle und Asche, aber niemals Werkzeuge von Bronze oder Eisen. Ferner Knochen von Vierfüßlern und Vögeln. Die langen Knochen der größeren Säugethiere sind alle, wie es scheint durch ein Werkzeug, zerbrochen, unverkennbar in der Absicht, das Mark hervorzuholen. Die knorpeligen Theile sind wiederum angenagt, wie von Hunden, deren Thätigkeit man wohl auch die fast gänzliche Abwesenheit kleinerer Vogelknochen zuschreiben muß. Lyell,[66] auf den ich für das Weitere verweise, bemerkt, daß er ähnliche Schalenhügel mit Steinwerkzeugen vermischt, nahe am Seeufer von Massachusetts und Georgia in den Vereinigten Staaten Nordamerikas gesehen habe, welche seiner Meinung nach von den eingebornen Indianern in der Nähe der Punkte, wo sie ihre Wigwams errichteten, lange vor Ankunft der Weißen hinterlassen worden sein mögen.

Die Dänen haben die Anhäufungen ihrer Inselufer Kjökkenmoddinger, d. h. Küchen-Unrath-Haufen, genannt; andre bezeichnen sie auch als die dänischen Muscheldämme. Diese Muscheldämme sind nach den Berechnungen der Geologen mindestens 4000 Jahre alt.

Daß sie möglicherweise von den Finnen herrühren, ist schon oben bemerkt. Eigentliche Ausbeute für die wissenschaftliche Alterthumsforschung bieten sie nicht.

Die Stein-, Bronze- und Eisenzeit.

Mag nun die Zeitbestimmung der Muscheldämme aus geologischen Gründen richtig sein oder nicht, so ist es merkwürdig, daß man hinsichtlich der Pfahlbauten im Stande war, ein noch höheres Alter, eine noch dunklere Urzeit für einzelne, für die sogenannten Steinansiedlungen, herauszurechnen. Die Alterthumsforscher unterscheiden bekanntlich eine Stein-, Bronze- und Eisenstufe in der Culturentwicklung. Dieses Schema, welches als wissenschaftliches System eigentlich gar nicht niederlegenswerth ist, hat seinen Ursprung bei den Dänen und in Mecklenburg gefunden.[67] Einen Zweck kann es nur für bequeme Directoren von Alterthumsmuseen haben, welche die Alterthümer nach dem Material (Stein, Bronze, Eisen) immerhin sondern und aufstellen mögen, wenn es ihnen nicht besser möglich ist und wenn sie ähnlich handeln wollen, wie ein schlechter Bibliothekar, der seine Bücher, ohne eine weitere Unterscheidung des Inhalts zu treffen, z. B. nach dem Format (Folio, Quart, Octav) stellen wollte. Chronologisches und überhaupt Charakterisches ist über die Völker, denen die Gegenstände aus den verschiedenen Perioden angehören, bis jetzt dadurch gar nichts gewonnen. Auf eine Verwerthung der Alterthümer für ethnographische Verhältnisse kommt es aber doch schließlich an, sonst bleiben die Steine Stein, und die ganze Altherthumskunde ist als Spielerei zu betrachten.

Man rechnet nun im Allgemeinen 1000 Jahre auf die Bronze-Bildungsstufe und läßt sie zwischen 1000 und 1500 vor Christus beginnen; noch in der Schlacht bei Cannae fochten die Truppen Hannibals mit Bronzeschwertern und zwar waren diese den im Norden ausgegrabenen gleich.[68] Die Steinzeit wird ebenfalls auf viele Jahrhunderte angeschlagen und hinter die Bronzezeit gelegt.

Ein Steinmensch.

Die Alterthumsforscher denken sich einen Stein-Menschen folgendermaßen: „Wir haben, sagt Nilsson, Grund anzunehmen, daß die Einwohner des südlichen und westlichen Skandinavien zur Zeit, als die Bronze bei ihnen eingeführt wurde, sich in dem letzten Stadium des Wildheitszustandes befanden. Die Nutzanwendung des Metalls war ihnen freilich noch unbekannt (?), aber sie hatten ihre festen Begräbnißstätten, Dös oder Dyss genannt, und folglich auch wahrscheinlich ihre festen Wohnsitze. Sie verstanden es meisterhaft, sich Waffen und Werkzeuge aus Stein anzufertigen, sowohl für den Krieg und die Jagd, als zum häuslichen Gebrauch; sie machten sich Angelhaken aus Feuerstein und ausgehöhlte Böte aus dicken Baumstämmen. Die südlichen und westlichen Theile des Landes, welche hauptsächlich von ihnen bewohnt waren, waren voll von Landseen und Sümpfen und dazwischen lagen dichte Wälder. Die Wälder lieferten Wildpret, die Gewässer Fische im Ueberfluß. Jagd, Fischfang und Krieg zwischen den einzelnen Stämmen, machten die ganze Beschäftigung der Bewohner aus. Sie hatten, gleich anderen Wilden, ihre Häuptlinge, denen der Haufen unbedingten Gehorsam schuldete." Man versuche es nun, solche Steinmenschen in die Schweizer Pfahlbauten zu versetzen, und man wird sich fragen müssen, wie ist es möglich, daß solche Wilden am Bodensee Ackerbau und Viehzucht getrieben und am Webstuhl fleißig gearbeitet haben und sogar auf Handelsgedanken (wegen des fremden Steinmaterials) gekommen sind?

Das angebliche Alter der Pfahlbauten

Den Pfahlbauten, in denen nur Steingegenstände gefunden worden sind, giebt man ein Alter von mindestens 3500 Jahren, wenn man das ungefähre Ende, von 5—7000 Jahren dagegen, wenn man den ungefähren Anfang der untersten Entwicklung (in Stein) im Auge hat. Forscher, welche vorwiegend geologische Verhältnisse dabei berücksichtigen, kommen immer auf 6750, ja auf 11,000 Jahre[70] und darüber. Weil nämlich die obersten Fundschichten mit römischen Alterthümern sicher meist 1800 Jahre alt sind, so werden die darunter liegenden Schichten mit den eigentlichen Pfahlbaualterthümern so berechnet, als hätten sie dieselbe Zeit zur „Verschlammung" um mich so auszudrücken, gebraucht, als die oberen. Dieser Rechnung, die nur ein Rückschluß und überdem unzuverlässig ist, weil nicht eine jede Schicht unter denselben Verhältnissen sich ebenso gebildet haben muß, wie jede andre, mag der Geologe anwenden, wenn er in die Urzeit hinabsteigt und wo er mit Jahrtausenden operirt. Die in historischen Verhältnissen wurzelnde Altherthumsforschung kann ihm dabei aber nicht folgen.

Alterthumssucht.

Dennoch thut sie es gern. Es ist überhaupt ein weitverbreitetes und tief eingewurzeltes Bestreben, Gegenstände der

Alterthumskunde in ein recht hohes Alter zu setzen.[71] Als ob der Fund dadurch werthvoller würde! Die Geologie in ihrer Verschwendung mit Zahlen leistet in solchem Falle eine sehr glatte Hilfe.

Die Fundschichten.

Die dänischen Torfmoore z. B. haben nach Lyell mindestens 4000, vielleicht auch 16,000 Jahre zu ihrer Bildung gebraucht. Das mag geologisch ganz richtig, ganz unantastbar sein. Haben aber die in Torfmooren gefundenen Sachen dasselbe Alter wie der Torfmoor nach seiner jedesmaligen Tiefe, folgt eins nothwendig aus dem andern? das ist doch gewiß erst unumstößlich festzustellen, wenn die Geologie einen zuverlässigen Halt bieten soll. Es ist das Letztere aber nicht immer der Fall und sehr selten läßt sich aus der Lagerung zugleich ein Schluß auf das Alter des Gegenstandes ziehen. Ein Schwert oder ein Dolch oder ein Spaten, der vor einem Jahrhunderte mit der Spitze oder Schneide in den Torfmoor zu fallen kam und nach und nach sich tief einsenkte, kann nie und nimmer das Alter der Fundschicht, in der er schließlich stecken blieb, haben.[72] Die Forschung hat sich solchen Fällen thatsächlich auch schon täuschen lassen; sogar das Berliner Neue Museum dürfte im Allgemeinen einen Beitrag dazu liefern.[73] — Lyell selbst nun muß vor den Consequenzen seiner geologischen Berechnungen zuweilen zurückschrecken. So berechnet er das Alter eines Stückes von einem rothen Backsteine, welches im Nildelta in einer Tiefe von 72 Fuß gefunden wurde, nach der muthmaßlichen Zeit, welche die Bildung des Deltas in dieser Tiefe erfordert haben muß, auf 30,000 Jahre. C. Vogt mag eher Recht haben, wenn er das Alter jenes Menschengerippes, das man bei New-Orleans unter vierfach übereinanderliegenden untergegangenen Cypressenwäldern entdeckte, auf 57,000 Jahre berechnet. Andree[74] endlich erwähnt im skandinavischen Norden eine ganze Fischerhütte, welche in dem (den Mälarsee mit dem finnischen Meerbusen verbindenden) Södertelgekanal 64 Fuß tief gefunden wurde und die noch Heerd, Holzkohlen und Reisig enthielt. Nach geologischer Berechnung müßten hier vor mindestens 70,000 Jahren Fischer am damaligen Strande der Ostsee gelebt haben! In solche Fernen kann aber der Alterthumsforscher und der Historiker schlechterdings nicht folgen; er muß das Alles sammt den Höhlenfunden, dem Neanderthal-Schädel u. s. w. der Geologie allein überlassen.[75]

Das Alter der Fundschicht an sich allein ist also durchaus nicht immer bestimmend für das Alter der Fundgegenstände.

Um das Alter der Pfahlbauten zu bestimmen, sucht man nun andre Wege, die sich an das Stein-Schema nicht undeutlich anlehnen. Man führt das Urartige der Seewohnungen dem Leser gleichsam dramatisch vor die Seele, indem man immer wieder z. B. Thierreste von nicht mehr vorhandenen Thieren hervorhebt. Das Vorkommen von Resten solcher Thiere, die heute in der Gegend der Pfahlbauten nicht mehr existiren, unter einem solchen Gesichtspuncte anzuführen,[76] ist mindestens unvorsichtig, da dies Moment für ein hohes Alterthum gar nicht beweisend ist und leicht zu ganz falschen Vorstellungen führt. Bei Versteinerungen, besonders bei den sogenannten Höhlenfunden in England und Frankreich mag das Vorkommen von Elephanten-, Mammuth-, Tiger-, Bären-, Hyänen-Knochen immerhin wichtig und anführenswerth sein. Nicht aber in den Pfahlbauten das Vorkommen von „riesigen" Eberzähnen, Hirschgeweihen, von Resten des Ur, des Auerochs oder Bison, vom Elennthier u. s. w., wenn ein Eindruck hinsichtlich des Alters der Wohnungen in erster Reihe damit hervorgebracht wird. Tief in das Mittelalter hinein, bis um das Jahr 1036, sind in der Schweiz z. B. der Biber und der Auerochs, von welchem dort jetzt keine Spur mehr vorhanden ist, nachweisbar; in den für die Culturgeschichte des Mittelalters höchst interessanten lateinischen Tischgebeten eines Mönches von St. Gallen[77] werden sie noch ausdrücklich erwähnt.

Die Fundgegenstände.

Jedenfalls ist das Riesige einzelner Theile von noch jetzt lebenden Thierarten für solche Verhältnisse und in einem solchen Zusammenhange überhaupt nicht anführenswerth, wenn man bedenkt, daß Paulus Diaconus[78] bei Gelegenheit des Zuges der Langobarden nach Italien (im Jahre 568) von einem wilden Alpen-Ochsen zu erzählen weiß, auf dessen Haut funfzehn Personen nebeneinander hätten liegen können. Wenn nur die Hälfte davon wahr ist, dann ist das gewiß schon vielsagend für die Größe des betreffenden Exemplares.

Das Stein-Schema und die Pfahlbauten.

Es ist sicherlich nicht weniger verkehrt, aus dem Nichtvorkommen des Metalles Schlüsse zu machen und von einer Steinzeit zu reden, wenn Gewebe, die als Maßstab der Cultur der Bronze mindestens gleich stehen, und zwar so kunstvolle z. B. in Wangen vorkommen, daß selbst die Schweizer sich zu seltsamen

Vermuthungen versteigen müssen, um mit denselben und mit der augenscheinlich sehr entwickelten Ackerwirthschaft und Industrie die sogenannte Steinzeit der Ansiedlung in Einklang zu bringen. Wo bleibt ferner die Grenze zwischen Bronze- und Eisenzeit, wenn wir wissen, daß die Carthager noch in der Schlacht bei Cannae im Jahre 216 v. Chr. mit Bronzeschwertern kämpften, daß dagegen gleichzeitig und schon vorher das alte gallische zweischneidige, lange und biegsame Schwert ohne Spitze nicht von Bronze, sondern von Eisen war?[79]

Die Folgen der hergebrachten Ansichten und der Einwirkung des Stein-Schemas erreichen den Gipfel der Verkehrtheit, wenn ein Volk auf den schweizerischen Pfahlbauten die verschiedenen Culturstufen bis zum Eisenalter erlebt haben soll.[80] Wo Stein und Metall nahe und unter eigenthümlichen Verhältnissen gefunden wird, da haben consequenter Weise die Pfahlbauer nicht nur die Steinzeit sondern auch die Bronzezeit bis in die Eisenperiode hinein auf den Pfahlhütten zugebracht oder da muß zur Erklärung von Gegenständen der ältesten Art wohl auch eine angeblich unterworfene Bevölkerung herhalten. Die Ansicht nun, welche ein Volk im Wasser auf unbequemen ungesunden Wohnungen Jahrtausende hindurch leben läßt, ist von allen möglichen sicherlich die verkehrteste und unwahrscheinlichste.[81] Wie sind dann die Landdörfer in der Schweiz, welche dieselben Alterthümer wie die Pfahlbauten zeigen, zu erklären? Das Wohnen im See, an sich so unbequem, muß dann doch einen besonderen Zweck gehabt haben, wenn Landdörfer existiren. Soll nun dieser besondere Zweck oder Grund mehrere Jahrtausende, durch Stein- und Bronzezeit hindurch, wirksam gewesen sein? Wahrlich, an dieser Unwahrscheinlichkeit scheitert jeder Versuch, die Stein- und Metallfunde an der Hand des Stein-Schemas zu erklären. Es ist aber auch nur dem im Stein-Schema Befangenen möglich, diesen Versuch zu machen und die Augen gegen das Natürlichere, gegen den eigentlichen Sachverhalt, der bei unbefangener Betrachtung fast wie ein offenes Buch vor uns liegt, zu verschließen.

Keller und seine Anhänger.

Daß die Behandlung der Pfahlbauten durch Keller und seine Anhänger von Hause aus durch das dänisch-mecklenburgische Stein-Schema auf einen falschen Weg gerathen ist, das tritt grade in der Hauptarbeit Keller's hervor und ist sehr zu bedauern, weil alle die Abhandlungen und Artikel, welche in den meisten Zeitschriften hierüber erschienen, auf Keller's Arbeit zurückgehen und weil in den elf Jahren, welche seit der Entdeckung verflossen sind, die vielen unzeitigen Betrachtungen der ersten Berichte Kellers bei dem größeren Publikum Eingang gefunden haben. Es wird nun eine Arbeit von Jahren kosten, ehe sich richtigere Vorstellungen festsetzen werden.

Keller ist zwar kein entschiedener Anhänger des Eisen-Stein-Schema's und tritt sogar gegen dasselbe auf. Trotzdem ist er aber, ähnlich so vielen Hegelianern, welche Nichthegelianer sein wollen, ein entschieden im Schema Befangener, wenn er aus dem Fehlen von Bronze und Eisen allenthalben Schlüsse macht, wenn er allenthalben deshalb Ansiedlungen älterer Zeit von jüngeren unterscheidet. Es ist eine eigenthümliche Enthaltsamkeit, dann noch ein „Endurtheil" über den Grad der Gesittung der Pfahlbauer zurückzuhalten (vgl. Bericht 4, S. 5), wenn schon von dem ersten Berichte an aus dem noch ganz unzulänglichen Quellenmaterial über viel Wichtigeres, über eine Hauptsache, nämlich über das Alter der Funde, ein Endurtheil abgegegeben und wenn mit demselben dann allenthalben operirt wird. Mögen nämlich Celten — daß Keller in ethnographischer Hinsicht zu keinem festen Resultate kommt, ist eigentlich zu verwundern — immerhin die Bewohner sein, so ist es doch bedauerlich, daß Keller schon I, 98, obgleich er die Entscheidung der Frage vorher Andern überlassen will, die Pfahlbauten im Züricher See (wegen der vorwiegenden Steinfunde) für die „älteren" hält und sie in die historische Zeit setzt und schon lange vorher in Verfall gerathen läßt, als die Celten in die Geschichte des südlichen Europas eintraten; wenn er dann im zweiten Bericht S. 133 einen Aufsatz unter dem Titel: „Ergebniß der Vergleichung der Pfahlbauansiedlungen aus früherer und späterer Zeit mit Rücksicht auf die Lebensweise und Cultur ihrer Bewohner" bringt. Oder wenn er z. B. S. 135 sagt, es sei bis jetzt in den älteren Pfahlbauten keine Angel vorgekommen. Im Inkwyler See nennt Keller aber selber kurz vorher Angeln von Bronze; freilich, hier sind nach ihm keine „älteren" Ansiedlungen weil auch Bronzesachen gefunden wurden.

Allenthalben und zumal in der Schweiz hat die auf dem Stein-Schema beruhende Ansicht Kellers Verbreitung gefunden, auch bei Fachgelehrten. Wie sie wirkt, kann man aus den Schriften von Nicht-Schweizern über diesen Gegenstand ersehen. Ich citire dafür E. v. Sacken, welcher*) folgende Meinung hat:

„Bekanntlich gehören die Pfahlbauten des Bodensees und der östlichen Schweiz fast ausnahmslos der Steinperiode an oder nehmen doch ihren Anfang in einer Zeit, in der die Bevölkerung dieser Gegenden die Metalle noch nicht kannte, sondern sich noch mit Werkzeugen aus Stein und Knochen behelfen mußte; bei der großen Menge von Funden dieser Art, gegenüber den zahlreichen Metallgegenständen in den Seen der West-Schweiz, wird das Verhältniß klar. Wenn auch der Zeitunterschied zwischen beiden kein so großer ist, als Manche anzunehmen geneigt sind, so dürfte andrerseits doch die Verschiedenheit der Vorkommnisse nicht schließlich aus der günstigeren Lage und dem Verkehren mit Fremden der westlicheren Gegenden zu erklären sein, sondern wenn man die Nähe der bloß mit Steingeräthen versehenen Ansiedlungen von den reichlich mit schönen bronzenen ausgestatteten, die Leichtigkeit und die Stammesgleichheit der Bevölkerung berücksichtigt, ersteren doch ein höheres Alter zuzuschreiben sein."

Es ist aber keins von dem Allen der Fall. Wie wunderbar, sonderbar ist es, daß der größte der Seen, der Bodensee, der zudem ein bedeutender Verkehrspunct war, vorwiegend in der Steinperiode stehen geblieben sein soll?

Auch Lyell folgt übrigens den Resultaten Kellers ohne Vorbehalt, wo er von den Pfahlbauten spricht. Ebenso Rütimeyer. Und so noch viele Andre.[82]

Nilsson. Andrerseits sind besonnene und bedeutende Forscher, wie der schon öfter erwähnte Nilsson, der zu den verdientesten Alterthumskennern der Neuzeit gehört, wieder durch die ihnen auffallende Unsicherheit und Ungleichmäßigkeit in der Quellenbehandlung von der Verwerthung der Pfahlbautenfunde zurückgeschreckt worden. So wenigstens erkläre ich das höchst auffallende Schweigen Nilssons hinsichtlich der Pfahlbauten in seiner Schrift über das Bronzealter. Was hätte Nilsson, wenn ihm das reine Quellenmaterial ohne Zusätze vorlag, für wichtige Glieder in der Kette seiner feinen, wenngleich im Einzelnen oft zu weit gehenden Combinationen erhalten! Seine Andeutungen über den phönizischen Handel nach dem europäischen Norden

*) E. v. Sacken, der Pfahlbau im Garda-See. Wien 1865. S. 3.

wären zu größerer Sicherheit gelangt, er hätte — abgesehen von den Phöniziern — die Mittelglieder des alten Landhandels vom Mittelmeer zur Nordsee sicher in den schweizerischen Seeansiedlungen der celtischen Zwischenhändler erkennen müssen, noch ehe die vorliegende Schrift darüber geschrieben wurde, und wäre vielleicht vor manchen Fehlschlüssen bewahrt geblieben.

In den letzten Jahren wurden nun aber doch auch Meinungen vorgetragen, welche von der Annahme Kellers und deren Consequenzen mehr oder weniger abwichen.

Eine abweichende Absicht sprach z. B. Troyon in Lausanne neuerdings aus. Sie ist deshalb erwähnenswerth, weil indirect und unbewußt in ihr das Bedürfniß liegt, die unnatürliche Voraussetzung, daß ein Volk durch verschiedene Culturstufen hindurch die Seeansiedlungen bewohnt habe, zu umgehen.

Herbeigezauberte Völker.

Troyon theilt,[83] ähnlich wie Keller, sämmtliche schweizerischen Pfahlbauten in solche, die der Steinzeit, der Bronzezeit und der Eisenzeit und der angeblichen Uebergangszeit vom Stein zur Bronze und von der Bronze zum Eisen zugehören, ein. Das Auftreten der Bronze in den Pfahlbauten wird aber, abweichend von Keller, mit der Einwanderung eines neuen von den Ureinwohnern völlig verschiedenen Volkes und die Verbreitung des Eisengeräthes ebenfalls mit einem Wechsel der Bevölkerung in Verbindung gebracht. Nach ihm gehören in die Steinzeit die Ansiedlungen der östlichen[84] Schweiz, nämlich die im Boden-, Pfäffiker- und Moosseedorfsee; in die Uebergangszeit vom Stein zur Bronze die Niederlassungen am Züricher- und Sempacher-, sowie zu Concise am Neuenburger-See, weil hier etwas Bronze gefunden wurde. In die Bronzezeit fallen die Mehrzahl der Niederlassungen des Bieler- und Neuenburger-Sees und die des Genfersees; in die Zeit des Ueberganges von der Bronze zum Eisen oder in die sogenannte erste Eisenzeit, welche die helvetische Periode genannt wird, einige Ansiedlungen am Bieler- und Neuenburger-See.

Wenn es erlaubt wäre, die Funde nach den Materialien zu gruppiren, also allen Stein auf einen und alle Bronze auf einen andern Haufen zu werfen, und nun zu sagen: Völker erscheint! Du, erstes unbekanntes Volk, hast Dich in die Steinpfahlbauten zu setzen, dir gehören die Steine; Du aber, ebenfalls noch unbekanntes Volk, gehst, weil Dir die Bronzesachen wahrscheinlich angehören, in die Bronzeansiedlungen, und das ohne Widerspruch!" dann allerdings wäre diese Art der Forschung die leichteste auf dem Gebiete der Wissenschaft. Es ist aber ein solches Verfahren kaum dem gewandten, noch weniger dem gelehrten Director eines Alterthumsmuseums erlaubt, da es auch hier, wie schon bemerkt, nur bequem und nicht wissenschaftlich ist, durch Gruppiren der Alterthümer nach Stein, Bronze und Eisen nur ein todtes, farbloses Bild der Vorzeit hervorzubringen. Daß Troyon ohne allen quellenmäßigen Anhalt die Völker noch wandern und verschwinden läßt, wollen wir ihm nicht einmal verdenken; das hat die historische Forschung in der Zeit der Völkerwanderung lange genug gethan. — Es sind demnach die Zaubervölker Troyons nur deshalb erwähnenswerth, weil sie so recht die Hilfs-, weil Methodelosigkeit der Forschung widerspiegeln.

Neuseeland und die Pfahlbauten.

Die Mineralchemie könnte noch weiter schweifende Phantasien unterstützen, wenn sie zeigt*), daß die auffallend sorgfältig bearbeiteten Nephritbeile, die in einigen Pfahlbauten vorkommen, in Färbung, Härte u. s. w. eine große Aehnlichkeit mit den zu Streitäxten, Amuleten u. dgl. verarbeiteten Nephriten aus Neuseeland haben, und wenn sie gar beweisen zu können glaubt, daß sie mit ihnen identisch seien. Es soll dadurch die Folgerung gerechtfertigt werden, „daß die Pfahlbauten-Bewohner der Steinzeit die nachweislich ältesten in der Schweiz, wirklich aus dem fernen Osten (also aus Neuseeland?) eingewanderte Völker seien, die ihr Kostbarstes, die Steingeräthe aus Nephrit mit sich brachten." Die chemische Analyse ist hier aber nicht maßgebend, da nicht alle schweizerischen Nephritsteine mit den neuseeländischen übereinstimmen und weil sie vorerst mit asiatischen zu vergleichen wären, mit denen sie Autoritäten wie Lyell zusammenstellen. Und auch dann noch, wenn alle bekannten Analysen asiatischer Nephrite mit denen der schweizerischen nicht übereinstimmten, ist kein Resultat gewonnen, weil es in Asien noch Gegenden geben kann, wo ein dem schweizerischen identischer Nephrit vorkommt. Die Nephritsteine sind vielmehr durch den Handel vom Mittelmeer aus und nicht durch eine jahrtausendlange Wanderung in die Schweiz gekommen, sie mögen herstammen aus Asien oder aus Neuseeland oder noch wo anders her.

*) R. v. Fellenberg hat die Analyse gemacht und die Vermuthungen dazu, vgl. Leonhardt's ꝛc. Neues Jahrbuch für Mineralogie. 1865. S. 619 f. — eine Notiz, welche ich der Güte des Herrn Rittmeisters a. D. v. Schultz hierselbst verdanke.

Lindenschmitt und nach ihm Haßler vindiciren, wenn auch sehr behutsam, den Pfahlbauten einen jüngeren Ursprung als Keller. Die Pfahlbauten, welche Eisen enthalten, reichen nach ihnen nicht über die zwei letzten Jahrhunderte vor der christlichen Zeitrechnung zurück. Ganz abgesehen davon, daß auch bei ihnen das Stein-Schema nachwirkt, so ist der Beweis ungenügend, weil er auf comparativem Wege nur in soweit geführt wird, als der Gesichtskreis grade gesteckt ist. Lindenschmitt und Haßler.

Der Umstand[85]: „daß die in den Pfahlbauten gefundenen Eisengeräthe durchgängig und unstreitbar dieselben Formen aufweisen, wie alle übrigen Niederlassungen römischer Zeit in Deutschland und Frankreich und die Funde des Braruper Moors und die noch reicheren der vom Torfmoor überwachsenen Schiffe am Neudamm bei Ost-Satrup im Sundewitt aus dem zweiten Jahrhundert der christlichen Aera sie zeigen" ist chronologisch gar nicht maßgebend. Die ähnliche Technik ist auch in Gräberfunden viel älteren Ursprunges nachweisbar. Gleiche Technik und gleiche Verzierung, ich werde es noch oft wiederholen, kann nie ein Beweismittel dafür sein, daß die Entstehung der betreffenden Gegenstände in dieselbe Zeit fällt. Nie! Von den Verzierungen der Thöngefäße gilt dasselbe. — Vielleicht ist es aber richtiger, wenn mit Rücksicht auf die Bronze von Haßler bemerkt wird S. 74: „Diese Erzgeräthe zeigen fast durchweg im Ganzen denselben zum Theil sehr jungen (?) Charakter, dieselben Formen, dieselbe Ornamentirung und vom Schwert und Speer bis zur Fischangel und Nähnadel dieselbe gleichartige Technik fabrikmäßiger Herstellung, welche unbestreitbar auf bekannten Handelswegen aus Oberitalien und von den Küsten des Mittelmeers diese Producte hellenischer und etrurischer Kunst dem Norden zuführte." Bis hierher, außer dem „jungen" Charakter, richtig. Nun aber, wenn es weiter heißt: „Begreiflich kann dies aber in so bedeutendem Umfange, wie es thatsächlich geschah, und mit so tiefgehendem Einfluß, daß er sich theilweise selbst in dem Charakter der im Lande erzeugten Thongefäße wiederspiegelte, nicht früher als in der Zeit der näheren und ununterbrochenen Berührung mit den Römern stattgehabt haben," so ist hier mit dem begreiflich zu viel verlangt; auch ist es fraglich, ob alle im Lande erzeugten Thongefäße von Eingebornen gefertigt wurden.

Ein anderes Beweismittel ist gewiß auch haltlos. Lindenschmitt nimmt nämlich bei den Verzierungen der Alterthümer ein Zusammenwirken zweier sehr verschiedener und selbstständiger Geschmacksrichtungen, der römischen und germanischen, an! Für welche Zeit, fragen wir! Die merovingische gehört kaum noch in das Gebiet der Alterthümer, welche für den Kern der Sache erklärenswerth sind. Und wo bleiben dann die Celten, dieses technisch so gebildete Volk, das über ein halbes Jahrtausend zwischen Germanen und Römern gelagert war? Von einer selbstständigen Geschmacksrichtung der Germanen kann unmöglich die Rede sein, da die Endpunkte (die Merovingerzeit) hier ganz bei Seite zu lassen und weit eher nur der Anfang in das Auge zu fassen wäre. Etruskisch-celtischer Geschmack war mindestens einwirkend auf die Germanen; für die ältere Zeit hat noch kein Mensch mit Recht behaupten können, daß die Germanen eine selbstständige Geschmacksrichtung hatten. Es ist nun ferner sicherlich ein Mangel methodischer Forschung, wenn eine Untersuchung über Alterthümer der Zeit nach von hinten, von den jüngeren Entwicklungsverhältnissen anfängt, Thatsachen festzustellen, und mit den so gewonnenen Resultaten zur älteren Zeit hinab operirt, ehe sie den Anfang, der von dem Ende ganz abweichend sein kann, erwiesen oder untersucht hat.

Darin jedoch macht Haßler seinerseits einen glücklichen Griff, wenn er die Pfahlbauten nicht in eine Urzeit zurücksetzt und wenn er einzelne Gegenstände als auf dem Wege des Handels in die Pfahlbauten gekommen erklärt, und zwar Bronzegegenstände nicht vor dem 8. Jahrhundert, vor der Blüthezeit der Etrusker (und Phönizier-Carthager, wie er hätte hinzufügen können). Daß die Pfahlbauten von den Bewohnern zur größeren Sicherheit erbaut worden sind, nimmt er mit den Uebrigen an. Dagegen ist er eigenthümlicher und richtiger Ansicht, wenn er meint, daß sie bei einem Einfalle barbarischer Völker nur auf kurze Zeit eine willkommene Zuflucht bieten konnten.

Maurer. Am treffendsten und dem wahren Sachverhalt am nächsten kommend hat Franz Maurer in der Abhandlung „Ueber Alter, Zweck und Bewohner der Pfahlbauten" (Vgl. Ausland vom Jahre 1864 No. 39 ff.) die Schweizer Seeansiedlungen beurtheilt. Er faßt den Inhalt seiner Abhandlung S. 913 so zusammen:

1) Die bisherigen Angaben über das Alter der Pfahlbauten sind durchgängig zu hoch gegriffen. Sie können in unserem

deutschen und welschen Norden erst zwischen 800 und 500 v. Chr. entstanden sein, während die Zeit ihres Verfalles und ihres gänzlichen Verschwindens nicht zu lange vor dem ersten Zusammenstoß der Römer und Germanen statt hatte.

2) Die Pfahlbaumenschen werden hinsichtlich ihres Culturzustandes sehr unterschätzt.

3) Die Pfahlbauten waren in erster Reihe Zufluchtsplätze oder Wasserburgen semitischer resp. semitisch-hellenischer Kaufleute und ihrer kostbarsten Habe; in zweiter Reihe waren sie die gelegentlichen Zufluchtsstätten der celtischen Eingeborenen im Kampfe wider einander oder gegen die germanischen Eindringlinge.

4) Pfahlbauten giebt es im größten Theile Deutschlands, vorzüglich in den nordischen Provinzen, in den sogenannten Fenns, Luchen, Lanken und Seen, deren Eigenname an Dämonen erinnert. Pfahlbauten werden auch auf der kimbrischen Halbinsel entdeckt werden, besonders da, wo man seither nur Skaldynger oder Kjokkenmöddinger zu finden beliebte.

5) Es giebt im europäischen Norden nur eine „Steinzeit," die aus vorgeschichtlichem iberischen oder celtischen Dunkel bis in die historische „Eisenzeit" unsrer germanischen Vorfahren hineinragt, während sämmtliche bei uns gefundenen Bronzesachen ein fremdes aus Mittelmeerländern eingeführtes oder, doch nur in seltenen Fällen, von Fremden hier erzeugtes Fabrikat sind, dessen sich nur die damalige Aristocratie theilweise bedienen konnte. Mit dem Abbruche des Fremdenverkehrs, der ziemlich mit dem Ueberwuchern der Römerherrschaft in den Mittelmeerländern zusammenfällt, hörte auch die Zufuhr von Bronzesachen auf. Diese sogenannte Bronzeperiode ist durch die Kopenhagener Alterthümersammler zu einer vorhistorischen dänischen und durch gewisse Franzosen zu einer vorhistorischen celtischen Culturperiode umgestempelt worden. Die dänische Ansicht entspringt aus überspannter Nationaleitelkeit, die so weit ging, nicht bloß mündlich, sondern auch durch das gedruckte Wort zu behaupten, alle nördlich von den Alpen gefundenen Bronzesachen Deutschlands u. s. w. wären dänisches Fabrikat. Die Franzosen und französischen Schweizer ließen sich durch die Kopenhagener Theorien, hauptsächlich aber durch einige Funde, täuschen, die sie im Alluvium von schweizerischen Flüssen gemacht hatten.

Soweit Maurer.

Im Allgemeinen ist die Hauptsache durchaus richtig, daß wir es mit kaufmännischen Ansiedlungen zu thun haben. Im Einzelnen aber ist vieles nur hingeworfen und manches nicht stichhaltig, wie sich auch aus unserer weiteren Darstellung ergeben wird. Der gesunde Blick Maurers ist deshalb auch vielfältig angegriffen worden. Man hat aber Unrecht gethan, das Ganze seiner Vermuthung wegen unhaltbarer Einzelheiten zu verwerfen. Schon vorher war ich zu derselben Ueberzeugung wie Maurer gelangt, und ich werde im Folgenden den Beweis liefern, daß wir es nicht nur mit kaufmännischen Ansiedlungen, sondern auch mit Handwerkerstationen zu thun haben. Dieser Beweis läßt sich mit Evidenz liefern, und darauf kommt es an, wenn mit der Pfahlbautenfrage die ganze Alterthumswissenschaft aus der schiefen Ebene, auf der sie sich seit Jahren befindet, gehoben werden und wenn die Pfahlbautenfrage regenerirend für die Alterthumsforschung wirken soll.

Die Streitfrage im Allgemeinen.

Fassen wir die Streitfrage im Allgemeinen in das Auge, so ist allerdings nicht zu verkennen, daß Einzelnes in den Pfahlbauten auf ein verhältnißmäßig hohes Alterthum hindeutet.

Die Arbeit mit Steinäxten.

Fünf gut erhaltene Pfahlspitzen aus Tannenholz in dem Baue bei Meilen wurden, wie zum Theil schon bemerkt, im Jahre 1854 von Zimmerleuten und Schreinern untersucht, und das einstimmige Urtheil derselben ging dahin, daß bei den behauenen oder vielmehr behackten Pfählen die Beschaffenheit der Hiebe ganz bestimmt auf die Anwendung von Steinbeilen hindeute und daß keine metallenen Geräthschaften bei dieser Arbeit gebraucht worden seien.

Ich führe diesen Umstand, der auf eine Urzeit hinweisen könnte, nochmals an, um ehrlich auch das, was für die Vertheidiger der alten Ansicht sprechen möchte, nicht zu verschweigen. Es liegt in ihm aber keineswegs etwas Entscheidendes. Den Erbauern der Pfahlhütten bei Meilen — es waren, wie wir sehen werden gallische Celten, hausirende Handwerker — kann sehr wohl Metall zu Händen gewesen sein. Vielleicht brauchten sie selbst aus Ersparniß und um das edlere Metallgeräth zu schonen bei der Arbeit lieber die Steinäxte, oder die von ihnen gemietheten helvetischen Arbeiter wandten sie bei dem Behauen der Pfähle an. Man denke nur an die weichen gallischen Schwerter von Eisen und andererseits an die Schärfe von Steinäxten, die wir in der Gegenwart zu unterschätzen leicht geneigt sind.

Daß die Barbaren im Alterthum das metallne Geräth schonten, weil es unverhältnißmäßig kostbar war, geben auch Schweizer Forscher[86] zu. Es finden sich in den schweizerischen Pfahlbauten Steinkeile, „mit denen sich ein Bleistift ganz leicht schneiden läßt.“[87]

Ferner ist zu erwägen, daß nicht alles Steingeräth sowohl in der Schweiz als anderswo ohne Hilfe des Metalles — und sei dasselbe auch bloßes Kupfer gewesen, das bekanntlich immer zuerst Verwendung findet — bearbeitet worden sein kann. Schon dadurch fallen die Träumereien von einer Steinzeit, ganz abgesehen davon, daß eine solche im Norden gar nicht existirt und daß Steinwaaren ebenso wie Bronzegeräth auf dem Wege des Handels von der Schweiz nach dem Bernsteinlande gelangten, wie die folgenden Abschnitte deutlich und unabweislich zeigen werden. Es hat sich übrigens auch zu Meilen an einem Funde gezeigt, daß die Bohrlöcher in einzelnen hammerartigen Steininstrumenten ohne Hilfe des Metalles nicht gefertigt sein können. Ein solches Instrument war hier an einer Stelle durch und an einer anderen nur angebohrt. „Die Löcher haben nicht überall dieselbe Weite und es zeigt sich deutlich, daß der Bohrer in schwankender Drehung in den Stein eingedrungen ist. Die Anbohrung ist dadurch merkwürdig, daß auf dem Boden des Loches ein Zapfen stehen geblieben ist, der auf die Anwendung einer — ohne allen Zweifel metallnen — Hülse mit Bestimmtheit hinweist.“ Das stimmt zu den Untersuchungen der früheren Forscher, durch welche bewiesen worden ist, daß die Schaftlöcher in den germanischen Streitäxten vermittelst eines metallenen, wahrscheinlich kupfernen Cylinders, der an einen Stab befestigt und durch Bogen und Schnur schnell umgedreht wurde, bei Anwendung von Quarz und steter Benetzung mit Wasser gebohrt wurden.[88]

Endlich wiederhole ich immer wieder, daß Steingeräth in allen Gräberarten von der dunkelsten Vorzeit bis in die christliche Zeit hinein vorkommt und daß mit Steinwaffen noch im Mittelalter, noch in der Schlacht bei Hastings, gefochten wurde; und ich bemerke dazu, daß die Gräberfunde nur der Technik und Verzierungen wegen von uns zu vergleichen sind, sonst aber als solche mit den Pfahlbauten, deren Alter, Bewohnern u. s. w. vorerst gar nichts zu thun haben. Die Pfahlbauten müssen ohne Hilfe eines Systems beurtheilt werden, ein Weg, der, wenn er überhaupt immer am sichersten zum Ziele führt, so in der Alterthumswissenschaft ganz besonders, wo fast Alles unsicher in der Luft schwebt. Die Pfahlansiedlungen von Robenhausen im Pfäffikersee und von Wangen im Untersee sind der Hebel, an welchen allein sich die ganze Frage wieder in Ordnung rücken lassen könnte. —

Die angebliche Sicherheit in den Pfahlbauten.

Auch die bloße Vernunft, das bloße selbstständige Nachdenken kann eine wesentliche Hilfe leisten, um allgemein verbreitete Annahmen von vornherein abzuweisen.

So liest man fast durchweg, daß die Pfahlhütten erbaut worden seien, um größere Sicherheit vor einfallenden Feinden oder vor wilden Thieren zu erlangen. Soll ein so schwaches Volk aber Jahrhunderte hindurch solchen Einfällen, die doch häufig stattfinden mußten um zur Seewohnung zu zwingen, mit Erfolg haben widerstehen können? Waren denn die Wohnungen im Wasser überhaupt geeignet, einer Uebermacht lange zu widerstehen? Die einen wohl, die andren, welche nur wenige Schritte vom Ufer standen, aber nicht: sie konnten nicht auf ein paar Stunden erfolgreich Widerstand leisten, da sie fast mit der Hand vom Trocknen aus zu erreichen waren! Wie verhält sich das mit der Sicherheit der Pfahlbauten? Woher kommt es ferner, daß in den Pfahlhütten zwar Spuren des Feuers, aber fast keine Spuren des Kampfes, d. h. Leichname, sich finden, die man doch sicher erwarten muß, wenn die Pfahlhütten Sicherheitsorte gegen Feinde waren? — Auch dann also, wenn die Wasserhütten nicht der regelmäßige Wohnsitz eines Volkes gewesen wären, sondern nur ein Zufluchtsort, ist die Anlage der Pfahlbauten aus dem angegebenen Grunde nicht denkbar. Der wilden Thiere will ich ganz geschweigen. So erbärmlich ist kein Volk, um vor wilden Thieren — und welche wilden Thiere waren denn in der Schweiz — Jahrhunderte lang ungesunde Seewohnungen zu beziehen. Der Barbar *kämpft* vielmehr lieber mit denselben. Nur in Südafrika giebt es seltene Fälle, wo ganze Negerdörfer vor alten Löwen, welche Menschenfleisch als die leckerste Speise suchen, wirklich weichen. Sonst kämpft der Mensch, auch die schwächsten Stämme, allenthalben mit den Elementen wie mit den wilden Thieren seiner Landschaft, wenigstens verbringt kein Stamm eine Entwicklungszeit von Jahrhunderten deshalb auf dem Wasser statt auf dem bequemeren Lande.

Auch die geographische Struktur verbietet es *grade bei der*

Schweiz, an häufige Einfälle fremder Völker zu denken. Die einzige und dabei noch schwierige Straße in die Schweiz war für solche Einfälle die vom Norden her. Wir werden sehen, daß die schweizerischen Pfahlbauten von Norden her ihren Feind und ihr Ende fanden.

Der Sicherheit wegen können die schweizerischen Pfahlbauten nur unter eigenthümlichen Verhältnissen als Wohnung erbaut und bewohnt worden sein. Und zwar von friedlichen Leuten unter einer nicht feindseligen Bevölkerung. Daher keine Spuren von Kämpfen in den Pfahlbauten, trotzdem sie verbrannt sind: man gab sie naturgemäß auf, noch ehe der Feind dauernd an die Grenze des Landes rückte. — Nur für kurze Zeit war ferner auf ihnen einige Sicherheit vor der Landbevölkerung, nur für die Zeit, wo aufwallender Barbarenzorn sich wieder legen konnte; Sicherheit nicht vor Feinden, sondern vor Leuten, deren Natur man kannte und die durch Versprechungen, Ueberredung und Geschenke bald wieder beschwichtigt werden konnten. Nur der Händler, der fahrende Kaufmann und Handwerker konnte auf ihnen innerhalb der Landbevölkerung verhältnißmäßigen Schutz finden, nur er konnte sie errichten und bewohnen. Ich erinnere nochmals an den Anfang der Lederstrumpferzählungen Coopers, an die elfenbeinerne Elephantenfigur aus dem Schachspiele des auf der Pfahlhütte wohnenden Hinterwäldlers und an den großen Eindruck, welchen sie auf die feindseligen Indianer macht. Diese Pfahlhütte und die ersten Vorgänge auf ihr, die ich oben andeutete, rufe sich der Leser in das Gedächtniß, und er wird ein richtiges Bild von den schweizerischen Pfahlhütten und von ihrer nur unter eigenthümlichen Verhältnissen vorhandenen Sicherheit gewinnen.

Sechster Abschnitt.

Die Cultur in den Pfahlbauten.

Die Pfahlbauten als Handwerksstationen fahrender Kaufleute.

Die angeführten Ansichten der bedeutenderen Forscher stehen also sowohl mit den Forderungen der bloßen Vernunft wie mit dem Material, welches die Pfahlbauten selbst zur Beurtheilung darbieten, mit den Quellen, nicht im Einklange; die in den schweizerischen Seewohnungen gemachten Funde weisen vielmehr entschieden darauf hin, daß die Pfahlbauten Handwerks- und Handelsstationen fahrender Celten aus Gallien waren. Um diese Auffassung nun zu begründen, werfen wir vorerst einen Blick auf die einzelnen Industriezweige und auf die Art, wie sie in den Pfahlbauten geübt sein müssen.

Webereien und Geflechte.

Sehr entwickelt und zu ungemein kunstvoller Technik gediehen zeigte sich die Industrie, welche bei Wangen und Robenhausen auftrat, hinsichtlich der Weberei und Flechterei.

Die Forschung, welche ältere und jüngere Pfahlbauten, und in ihnen eine Stein- und Bronzezeit, ja eine ältere und jüngere Bronze- und Steinzeit unterscheidet, und noch an dem Vorkommen von Nephrit, der in Europa nicht gefunden wird, keinen Anstoß bei Fixirung ihrer Ansicht nahm, wurde endlich doch bedenklich, als bei den Pfahlbauwohnern sich nach und nach der Besitz mehrerer Getreidearten und das Vorhandensein verschiedener Hausthiere, also Errungenschaften einer längeren Cultur herausstellten. Sie wurde auch so vorsichtig, zu warnen, daß man den Grad der Gesittung der sogenannten Urbevölkerung nicht nach der Unzulänglichkeit der Steinwerkzeuge bemessen möge, da z. B. auch die Entdeckung von Producten der Weberei und Gerberei auf eine höhere Entwicklungsstufe hinweist. Die Ursache zu dieser Vorsicht war freilich eine sehr schlagende. In den Pfahlbauten, wo die kunstvollsten Gewebe entdeckt worden waren, fand sich bis jetzt nämlich nur Steingeräth,[89] kein Metall, und die Folgen des Schema's wurden nun im hohen Grade mißlich.

Die Geflechte (Matten ꝛc.) waren von kunstreicher Art, so daß sie bei einem Steinvolke schlechterdings nicht zu suchen sind. In einzelne Stücke sind auf der einen Seite Stränge von rothem Flachs in regelmäßigen Reihen eingeflochten worden. Dieselben wurden dann aufgeschnitten und bildeten so einen künstlichen Pelzbesatz oder eine Art Fransen (Figur 21).

Die Gewebe wurden nicht mit freier Hand verfertigt, sondern mit Hilfe eines Webestuhles. Ein gewandter Techniker hat diesen einfachen Webestuhl reconstruirt oder doch eine sehr einfache Methode gefunden, durch welche er die Muster der Fundstücke nachahmte. Drei verschiedene Muster von Geweben wurden gefunden. Das kunstvollste, welches einem geköperten Stoffe gleicht, bilde ich in Figur 22 ab. Diese leinenen Gewebe dienten zur Kleidung. Ihr Fund war anfangs so überraschend, daß die im Steinsystem gefangenen Forscher sogar glaubten, sie seien nicht Abfall der Pfahlbauten, sondern aus späterer Zeit hierher gekommen. Die Lage der Gegenstände jedoch und ihre Zahl verbot diesen Gedanken bei näherer Forschung; es war deutlich zu sehen!, daß bestimmte Hütten nur Flachs, andre nur Gewebe und Geflechte enthalten hatten.

Die Frauen scheinen sehr fleißig gestrickt zu haben. Es ist knöchernes Strickwerkzeug (Figur 23), wie man annimmt, gefunden, an welchem noch die Einschnitte zu bemerken sind, die von den Fäden und Schnüren der Strickarbeit herrühren und von vielem Gebrauche zeugen.

Andere Gegenstände fortgeschrittener Cultur.

Um die Feststellung desjenigen objectiven Thatbestandes, welcher die gang und gäben Ansichten von den Pfahlbauten beseitigen muß, zu vollenden, bleibt mir noch übrig, einen Blick auf die einzelnen Gegenstände zu werfen, deren alleiniges Vorhandensein schon eine vorgeschrittene Cultur documentirt.

Fundgegenstände verschiedener Art.

Brot kommt an verschiedenen Stellen vor; auch in Mecklenburg fand man es. Teller mit eingelegten Zinnstreifen verziert und andre kunstvollere Gefäße lernten wir schon in den Pfahlbauten des Neuenburger Sees kennen. Ferner sind zu erwähnen: Aus Holz geschnitzte Geschirre, die ihrer Form nach ganz den in den Sennhütten der Alpen bei der Käsebereitung gebräuchlichen entsprechen, vgl. Figur 24; durchlöcherte Gefäße, wie sie zu feinerer Verwerthung und Verarbeitung der Milch noch jetzt im Jura angewandt werden, vgl. Figur 20; Becher aus verschiedenem Holz, auch aus Eichenholz; Löffel, ja vielleicht auch eine Art Papplöffel für kleine Kinder; Quirlen, wahrscheinlich zur Bearbeitung der Butter dienend, Figur 25; Pferdekämme aus Eisen, Figur 26; das Fragment eines Gegenstandes welcher für eine Trense gehalten wird, Figur 27; ein Rad, durch Bronzeguß hergestellt, vielleicht zu einem Streitwagen gehörig; Waffen aus Bronze und Eisen, einige, wie z. B. ein eiserner Dolch, auch mit Silber ausgelegt (Figur 28). —

Sensen aus Eisen; Sicheln aus Bronze und Eisen sehr zahlreich und zwar sind z. B. in Nidau nicht zwei Sicheln aus einer Gußform hervorgegangen, ein Umstand, der ebenso entschieden auf eine Industrie in diesem Artikel hinweist als die Thatsache, daß die verschiedenen Bronzebeile „eine Menge von Gußstätten“ voraussetzen. Ferner: Dreschpflegel von Holz in Wangen sowohl als in Robenhausen, welche von den Landleuten selbst als solche erklärt werden. Sehr viel bronzene Angelhaken (Figur 29) von der verschiedensten Gestalt und Größe. Gußformen der mannigfaltigsten Art, zu großen Beilen z. B. im Genfersee, wie für die kleinsten Ringe und Haarnadeln z. B. im Bieler See. Scheeren (Figur 30) aus Eisen; eine sichelförmige Säge aus Eisen (Figur 31), eine andre aus Bronze (Figur 32). Knöpfe aus Bronze (Figur 33). Ein Feuerstahl (Figur 34) und dazu Feuerschwamm in großen Stücken. Ein Maßstab zum Zusammenlegen wie ihn noch jetzt Zimmerer und Maurer und andre Handwerker gebrauchen (Fig. 35). Bronzemesser mit Hirschhorngriff (Fig 36), ein ebensolches mit kunstvollen Verzierungen (Figur 37) und mit Löchern am Griff vielleicht zum Anhängen am Gürtel (Figur 38). Eine auf ein Kleidungsstück aufgeheftete leinene Tasche (Figur 39). Endlich das Bild einer Eidechse aus Thon und sehr viel sogenannte Mondbilder, welche mit der Religionsübung der Pfahlbaubewohner zusammenzuhängen scheinen (Figur 40); in der Nähe der Pfahlbauten bei Robenhausen zwei äußerst merkwürdige, ziemlich große Basaltkegel mit wohlerhaltenen Inschriften, in denen man sofort Runen erkannte.[90]

Und noch vieles Andre, was zu erwähnen wohl zu lang werden würde.

Indem wir uns nun zur Fauna der Pfahlbauten[91] wenden, ist im Allgemeinen zu bemerken, daß die Pfahlbauer in der Schweiz natürlich verschiedene Thierarten mitbrachten oder schon vorfanden. Als sehr wichtig erscheint es ferner, daß sich auch Thiere bei ihnen finden, welche nicht aus Europa, sondern aus Asien stammen. Es ist eine bloße Vermuthung, daß dieselben ihnen als gezähmte Thiere von Osten her gefolgt wären und auf der langen Wanderuug fortwährend den nöthigen Lebensbedarf geliefert hätten. Das Vorhandensein der asiatischen Thiere wird vielmehr auf andre und natürlichere Weise erklärlich, wenn wir bedenken, daß es Massalioten, also asiatische Phocäer, die zudem in Verbindung mit den Karthagern gestanden hatten, waren, durch welche die Pfahlbauten ihre Bedeutung erhielten.

Die Fauna der Pfahlbauten.

Die Liste der in den Pfahlbauten bisher aufgefundenen Wirbelthiere beläuft sich auf ungefähr 66 Species, von denen 3 auf Reptilien, etwa 10 auf Fische, etwa 17 auf Vögel und die übrigen auf Säugethiere fallen. Unter den Säugethieren sind 8 Species von Hausthieren hervorzuheben, nämlich Hund, Schwein, Pferd, Esel, Ziege, Schaf und wenigstens zwei Ochsenarten.

Die Thierarten im Allgemeinen.

Am zahlreichsten sind der Hirsch — d. h. der Roth- oder Edelhirsch, denn der Dammhirsch ist sehr selten — und die Kuh vertreten, also eine zahme und wilde Species. Die verkehrte Darstellung von älteren und jüngeren Ansiedlungen hat auch auf diesen Theil der Pfahlbautenliteratur gewirkt; ich erwähne das deshalb, weil da, wo zufällig (in sogenannten „älteren") Pfahlbauten mehr Reste von Hirsch als von Kuh gefunden wurden, es sehr mißlich ist, das als Bestätigung für das höhere Alter anzuführen und hier die angeblichen Ureinwohner zu suchen, die mehr der Jagd als der Viehzucht obgelegen. — In dritter Linie erscheint das Schwein. Wenn Rütimeyer über dasselbe schreibt: „wie der Hirsch, nimmt auch seine Vertretung auffallend zu in kleinen und isolirten Ansiedlungen, ein Umstand, der nicht geringes Gewicht auf die Annahme legt, dieses Thier in den meisten älteren Ansiedlungen als wild zu betrachten", so machen wir die Bemerkung, daß das Schema der Dänen und Mecklenburger vielleicht sogar zahmes in wildes Vieh zu wandeln im Stande ist. Das sogenannte Torfschwein, eine eigne kleine Art Schwein, welche von Rütimeyer nachgewiesen ist, erwähne ich hier auch. Im Moosseedorfsee fanden sich nach den Unterkieferknochen zu schließen 10 Individuen vom Wildschwein vor und

Hirsch, Kuh und Schwein.

Das sogenannte Torfschwein und die Torfkuh.

etwa 50 vom Torfschwein, darunter ein Dutzend noch mit Milchgebiß, also von jungen Thieren, wie Rütimeyer zu unterscheiden im Stande ist. Das „Torfschwein" soll ebenfalls ein wildes Thier sein. Mit dem zahmen Schweine sind drei Arten in den Pfahlbauten vertreten. Mir ist, wenn nicht die Existenz des Torfthieres, so doch die Namengebung bedenklich.[92] Ebenso bei der Torfkuh. Rütimeyer[93] bemerkt über dieselbe: „Eine einzige Viehrace welche schon im Steinalter, namentlich in den älteren (!) Stationen desselben — den Hauptbestandtheil des Viehstandes bildete, die — Torfkuh, hat sich bis auf den heutigen Tag im größeren Theile der Schweiz forterhalten. Die Torfkuh entspricht in jeder Beziehung dem heute sogenannten Braunvieh, das fast den ganzen gebirgigen Theil der Schweiz ausschließlich einnimmt und in vielen wilden Bergthälern die Größe seiner keinen Stammart nicht überschritten hat; dasselbe Vieh läßt auch mit Sicherheit einen Rückschluß auf die Farbe der Torfkuh des Steinalters zu." Warum aber der Name vom Torf, als ob diese Kuh im Torfmoore gelebt hätte, wofür doch kein Beweis vorliegt? —

Das häufige Auftreten des Schweines in den Wasseransiedlungen ist übrigens nicht auffallend. Sogar die alten gallischen Ortsnamen bestätigen die Angaben der römischen Schriftsteller, nach welchen die gallischen Celten vorzüglich Schweinezucht getrieben haben.[95]

Das Zahlenverhältniß bei den Thierfunden.

Der Fuchs ist häufiger als der Haushund; noch häufiger der Biber. In Moosseedorf vertheilen sich die Arten der eßbaren wilden und zahmen Säugethiere ungefähr folgendermaßen: Hund 3, Fuchs 4, Biber 6, Reh 8, Ziege und Schaf 10, Kuh 10, Schwein 20, Hirsch 20. Diese Abschätzung wird durch die Zahlenverhältnisse in anderen Pfahlbauten im Allgemeinen bestätigt; Modificationen, welche meist das Schwein betreffen, treten natürlich ein. Schlüsse aber auf das Alter der Pfahlbauten aus diesem Verhältniß und dem Ueberwiegen der wilden Thiere zu machen, ist durchaus gefährlich, zumal jeder neue Fund das Zahlenverhältniß alteriren könnte und nicht einmal sicher nachweisbar ist, ob wir das wilde oder zahme Schwein vor uns haben, vom „Torfschwein" ganz abgesehen.

Hervorhebenswerth ist es, daß in dem Pfahlbau von Robenhausen allein 58 Thierarten, überhaupt 58 pCt., vertreten gefunden wurden, darunter viele Hausthiere. Und das auf

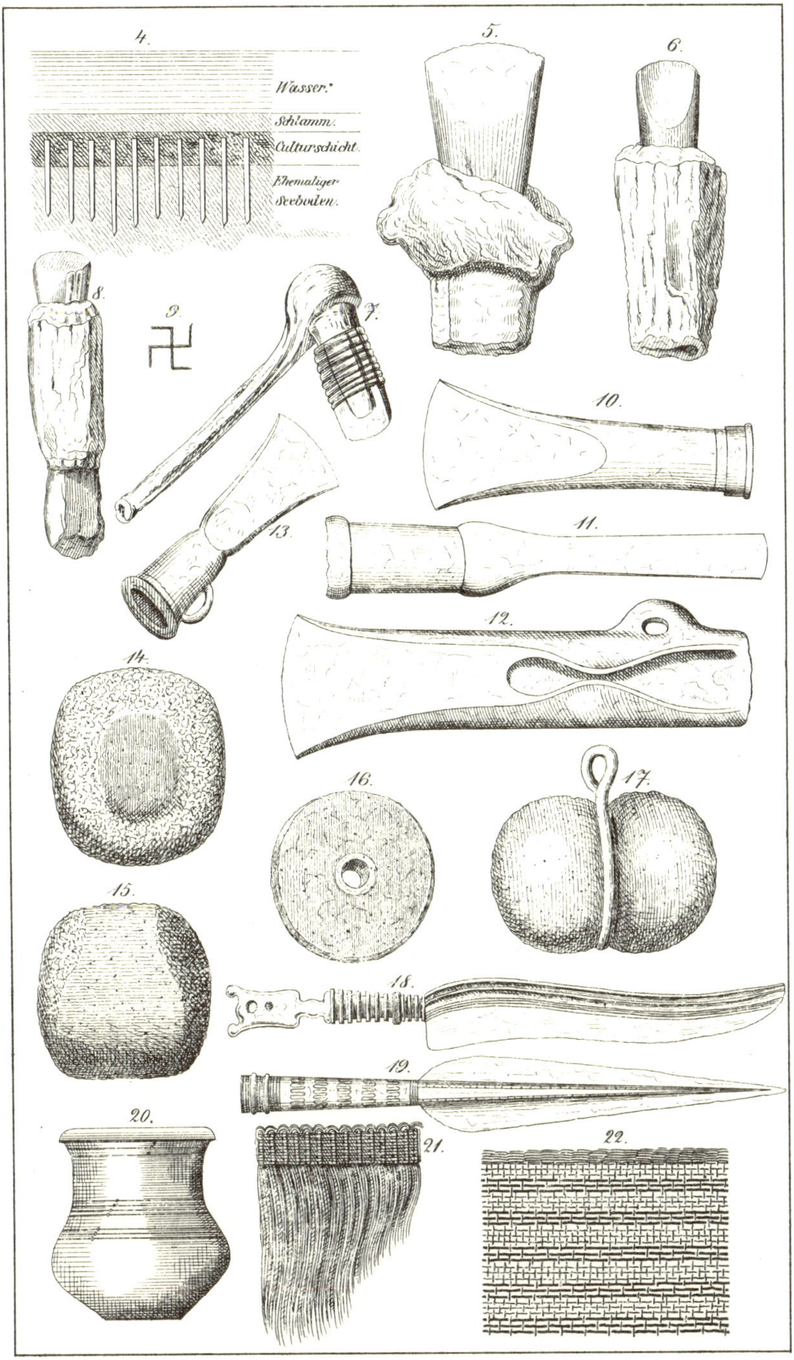

Lith. R. Falk, Berlin.

einer sogenannten reinen Stein-Ansiedlung, welche doch die geringste Culturentwicklung und die wenigsten Hausthiere voraussetzen läßt.

Von wilden Thieren sind mit den vorgenannten zu nennen: Wilde Thiere.
Der Auerochs (Ur), ein sehr großer Stier mit Höcker und Mähne, dessen Horn öfter gefunden wurde, eins von 2 Fuß Länge und 11 Zoll Umfang an der Wurzel; der Bison (Wisent), im Körper nur wenig vom vorigen abweichend und den Büffeln der Prärien Amerikas ähnlich; der Bär, von welchen man bearbeitete Zähne fand; der Wolf; die Wildkatze oder der Luchs; das Wildschwein und das sogenannte Torfschwein; der Dachs; der Haus- und der Baummarder; der Fuchs; der Iltis; das Hermelinwiesel; das Eichhorn; der Igel; die Fischotter; der Biber; der Edelhirsch; der Dammhirsch (nur ein Geweihstück); das Reh; das Elenthier; der Steinbock; die Gemse; der Hase.

Von Fischen und Reptilien: Der Lachs; der Hecht; der Karpfen; der Flußbarsch; der Weißfisch und andere nicht näher bestimmbare kleine Arten. Die Süßwasserschildkröte, die noch jetzt zuweilen in den Schweizerseen vorkommt, und der grüne und der braune Frosch. Fische und Reptilien.

An Vögeln wurden gefunden: Steinadler; Flußadler; Milan; Taubenhabicht; Sperber; Nachtkauz; Staar; Wasseramsel; wilde Taube; Haselhuhn; grauer Reiher; weißer Storch; schwarzes Wasserhuhn; Möve; wilder Schwan; Schneegans; Wild-Ente (anas boschas) und wahrscheinlich die Knäck-Ente. Vögel.

Zu den interessantesten animalischen Resten in den Pfahlbauten gehören unstreitig die des Hundes und des Menschen.

Bekanntlich ist nach dem Geständniß berühmter vergleichender Anatomen, z. B. Wagners, die Bestimmung der Hunde-Arten bis jetzt ein unsicheres Herumtappen im Nebel. Die Pfahlbauten geben nun das Resultat, daß der Haushund der „Urzeit" dem Jagd- und Wachtelhunde der Gegenwart am ähnlichsten ist. Damit ist freilich ein großer Schritt zur Lösung der Frage nach den wilden Stammeltern des Hundes nicht gefunden, da ja die Pfahlbauten nicht das Alter haben, welches die Schweizer ihnen zuschreiben. Hinsichtlich des schweizerischen Pfahlbautenhundes ist zu beachten, daß er in der Regel nicht gegessen wurde; nur wenige Schädel sind gehoben, welche zur Herausnahme des Gehirns geöffnet waren. Auch gehörten alle Hundeschädel, die man bisher beobachtete, vollkommen erwachsenen und meistens sogar Der Haushund.

alten Thieren an.[96] Während sich in der Schweiz nur eine einzige und bis auf die kleinsten Details constante Race vom Haushund zeigte; treten in Mecklenburg,[97] wie die gefundenen Schädel es erhärten, merkwürdigerweise zwei Racen zu Tage. Die eine derselben war der schweizerischen Pfahlhundrace gleich, nur etwas größer und stärker als die meisten Exemplare derselben. Die andre Race dagegen unterscheidet sich hinsichtlich des Schädels von den übrigen sehr auffällig durch eine kürzere, höhere und gewölbtere Hirnkapsel, schwächere Muskelkanten, schwächeren Jochbogen, fehlenden Hinterhauptkamm, welches alles nach Rütimeyer evidente Merkmale einer schon weit vorgeschrittenen Cultur sind. Rütimeyer meint, daß das Aeußere dieser Race sich bei unsrem heutigen Pudel wiederfindet und schließt sein Urtheil über den Haushund der Mecklenburger Pfahlbauten folgendermaßen: „Immer liegt also hier ein unzweifelhafter Fall von Anwesenheit zweier Hunderacen in einem und demselben Pfahlbau vor, was mir in der Schweiz in ächten Pfahlbauten noch nicht vorgekommen ist, und es scheint mir alles dafür zu sprechen, daß diese zweite Form lediglich als eine Culturform, aus der ersten hervorgegangen, zu betrachten ist, was wir in der Schweiz gerade nicht haben. Spaltung des Haushundes in verschiedene Racen, das liegt hier in Wismar vor."

Der Mensch. Menschliche Reste[98] sind durch die Pfahlbauten nur gelegentlich und selten geliefert worden, und fast immer waren es Individuen im Kindesalter, die offenbar durch Unvorsichtigkeit sich einer Bestattung auf fester Erde entzogen hatten. Reste erwachsener Menschen fand man bisher nur bei Robenhausen, Meilen, Nidau-Steinberg, Sutz und Biel. Bei Robenhausen waren es z. B. einige wenige lange Extremitätenknochen eines und desselben weiblichen Individuums von auffallend schwarzer Farbe. Diese Knochen waren alle in der Mitte entzwei gebrochen, mit stumpfen Bruchkanten und abgenutzten Gelenkflächen, also anscheinend gerollt; Zahnspuren und die andren Zeichen der Ausbeutung des Markes fehlten, auch die Spuren von Instrumenten. Sie gehörten einem Individuum von mittlerer Körpergröße an und sollen sich zugleich durch sehr kräftige Bildung und Eleganz, durch schlanke Form bei Vermeidung alles üllerflüssigen Volums und durch sehr scharf und schön ausgebildete Muskel-Ansätze und Gelenkbildung auszeichnen, Umstände, welche auf große Muskelenergie und Beweglichkeit hinweisen.

Schädel wurden bisher fünf gefunden. Einer derselben aus Biel schließt sich einem schon untersuchten Celtenschädel sehr nahe an. Ein andrer aus Meilen[99] nähert sich den Formen, die noch jetzt in der deutschen Schweiz als die vorherrschenden erscheinen, geht also auch auf celtische Grundlage zurück. Man hat den Schädel, weil er bei Meilen gefunden wurde, in das Steinzeitalter gesetzt, hat überhaupt die Schädel der Steinzeit als klein und brachycephal (kurzköpfig) mit denen der Neger verglichen und einer sehr unentwickelten Culturstufe zugewiesen, ja, zu den Höhlenfunden, welche einer vorsündfluthlichen Zeit angehören, gestellt. Es ergiebt sich aber nach Andern wieder das Resultat: „daß seit jener Zeit die Form des Schädels in der Schweiz keine wesentliche Abweichung vom anfänglichen Typus erlitten hat." Dieses letztere Resulat verliert natürlich seine Wichtigkeit und seine Auffälligkeit, da von einem Steinzeitalter in den Pfahlbauten nicht die Rede sein kann und der Schädel, der nicht viel über die ersten Jahrhunderte der vorchristlichen Zeitrechnung zurückreicht, einem Celten angehört, oder, was jedoch der unwahrscheinlichere Fall wäre, einem Massalioten.

Die Menschenreste des Pfahlbaues von Wismar bespreche ich nicht näher, weil sie unsicher sind; Schädel wurden hier nicht gefunden.

Zu den vegetabilischen Resten und zu den landwirthschaftlichen Erzeugnissen in den schweizerischen Pfahlbauten endlich übergehend hebe ich von den Früchten der verschiedenen Baum- und Sträucherarten hervor:- Schlehdorn, Erdbeeren, Himbeeren und Brombeeren, Aepfel und Birnen, ferner einen Kirschkern; endlich Gerste, Waizen und Hirse. Ob wir wildes oder veredeltes Obst vor uns haben, ist nicht mehr zu entscheiden; man kann eher das letztere denken. Der Mehrzahl nach sind die bisher gefundenen Exemplare von Holzäpfeln keine ganzen Früchte, sondern nur Hälften oder Viertel, welche jedenfalls vor ihrer Verkohlung gedörrt und als Wintervorrath aufbewahrt worden waren. Die augenscheinlich sehr ausgebildete landwirthschaftliche[100] Cultur und zwar grade in den angeblichen „reinen Steinniederlassungen" vorzüglich bei Wangen machte den Stein-Schematikern besondere Schwierigkeiten. Einige kamen dazu, ganz ernsthaft die Frage aufzuwerfen:[101] „ob wir in den Pfahlbaubewohnern nicht ein Volk kennen lernen, das rücksichtlich seiner Cultur im vollen Besitz seiner Errungenschaften oder in einem

Die Pflanzenwelt.

Zustande der Verkümmerung (ähnlich den Indianern Nordamerikas) sich befinde, ob dasselbe nicht durch lange Wanderung und durch Versetzung in unwirthliche Gegenden in einen Grad von Verwilderung herabgesunken, aus Noth in das Jäger- und Fischerleben zurückverfallen sei und den Ackerbau, der früher seine Hauptbeschäftigung bildete, nur noch als Erinnerung an frühere bessere Zustände betrieben habe."

Zu so seltsamen und gewundenen Vermuthungen mußte man greifen, wo bei ruhiger und unbefangener Untersuchung des Quellenbestandes eine ganz einfache Antwort sich von selbst ergiebt. —

Ich wende mich nun, nachdem ich im Allgemeinen ein Bild der Cultur in den Pfahlbauten zu geben versucht habe, zu denjenigen Entdeckungen, welche auf eine Entwicklung von Industrie und Technik, auf eine Theilung der Arbeit, auf Handel und Wandel hinweisen.

Die Industrie bei Wangen.

In dem Pfahlbau bei Wangen am Bodensee hat man die Bemerkung gemacht, daß die Alterthumsgegenstände an einzelnen Punkten in größerer Menge zum Vorschein kommen, als an anderen, und daß es Stellen giebt, die sich als fundlos erweisen. Verkohlter Flachs fand sich hier z. B. nur an bestimmten, ziemlich scharf abgegränzten Plätzen und zwar in unverarbeitetem Zustande, in Stängelchen von ziemlicher Länge mit vollkommen gut erhaltenen Samenkapseln, oder in höchst sauber zusammengelegten Büscheln oder zu Fäden versponnen oder mit Bändern von Weidenbast zu zierlichen kunstreichen Geflechten verwendet. Der Entdecker vermuthete deshalb, daß sich an solchen Stellen *Spinnstuben oder Vorrathskammern für Flachs und dessen Präparate* müssen befunden haben. An andern abgegränzten Stellen sind wieder nur Stroh und Strohgeflechte zu finden. Die Stellen endlich, welche Getreide, Waizen und Gerste sowohl in Aehren als Körnern liefern, sind die zahlreichsten.[102]

Wir sehen hier also Theilung der Arbeit resp. der Arbeits- und Verbrauchsgegenstände in den Pfahlbauten vor uns. Ferner hat der Wangener Pfahlbau noch einen besonderen Industrie-Artikel, indem alle Stein-Keile und -Beile nicht in Handhaben von *Hirschhorn*, sondern nur von *Holz* gefaßt sind. Auch Brot und Gemüse wurde hier gefunden. Das Brot war aber ziemlich grob.

Diese Pfahlbauten nun sollen[103] den „Charakter der frühesten Zeit" an sich tragen! Und weshalb? Bloß weil hier Bronzefunde fehlen, und zwar trotz der eifrigsten Nachforschungen hier grade bis zum heutigen Tage!

Eine gleiche Theilung der Arbeit und zwar ebenfalls besonders in Geflechten und Geweben hat man im Pfahlbau von Robenhausen beobachtet. Auch hier fiel es dem Entdecker auf,[104] „daß auf verschiedenen Stellen Gegenstände, die ihrer Natur nach verwandt sind, sich auch vereinigt finden." Und zwar wurden Geflechte auch hier nicht in geringen Massen, sondern haufenweise gefunden; auch Getreide und Mehl, mit den dazu gehörigen Handmühlen. Robenhausen am Pfäffiker-See.

Es ist mindestens Befangenheit, unter solchen Verhältnissen noch an eine rohe Urbevölkerung zu denken. Die Stein-Werkstätten im Untersee.

Wir brauchen nur an die quellenmäßigen, d. h. an die einfachen Berichte des Thatbestandes in Keller's Arbeit uns zu halten, so finden wir fast in jedem Pfahlbau eine deutliche Hinweisung auf eine Theilung der Arbeit, auf Handel und Industrie der Bewohner.

An dem südlichen Ufer des Untersees fand man bei Ermatingen[105] „eine Menge Steinsplitter, die von der Zurichtung der Steinbeile herrühren. Unter den aufgehobenen Steinbeilen bestand eins aus Nephrit. Feuersteinsplitter, welche von der Verfertigung von Schneidewerkzeugen und Geschossen herrühren, kommen hier in ungeheurer Menge vor, obwohl Messer und Pfeifspitzen ziemlich selten sind." Ich brauche diesen Bericht kaum zu interpretiren: in ungeheurer Menge sind Splitter vom Fertigen der Pfeilspitzen 2c. unerklärbar, wenn die Bewohner für ihren Hausbedarf gearbeitet haben. Dazu kommt, daß grade die entsprechenden Messer und Pfeilspitzen, die dann doch auch da sein müßten, **nicht** vorhanden sind: ganz einfach deshalb nicht, weil sie längst weiter nach dem Norden vertrieben waren, ehe der Pfahlbau verlassen wurde. Gar nicht zu erwähnen des Umstandes, daß Nephrit und Feuerstein nicht einheimisch sind, sondern als Rohmaterial eingeführt worden sein müssen: ein höchst sonderbares Verhältniß bei einem Urvolke, das so wählerisch in der Steinart ist und dieser sonderbaren Laune wegen sich zu einer höheren Culturstufe und zum Handel emporschwingt.

Bei Mammern in demselben See wurden wieder fertige Steinbeile „bei Hunderten" gefunden.

Töpferwerkstätten.

Selbst Keller kommt zu dem Resultate, daß einzelne Sachen Gegenstand der Industrie gewesen sein müssen, wenn er sagt:[106] bei der Betrachtung der verschiedenartig gestalteten, theilweise nicht ohne Geschmack verfertigten und der Form der Materie nach immer dem Bedürfniß entsprechenden Thongefäße, drängt sich der Gedanke auf, daß am Ebersberge,[107] sowie auch auf den Seeansiedlungen die Verfertigung von Thongeschirren ein bestimmtes Gewerbe bildete und von einzelnen Individuen ausschließlich betrieben. Die Mischung und Behandlung des Thons für die bestimmten Classen der Fabrikate, das Formen derselben, das mit bloßer Hand geschah, das Verzieren, das Brennen derselben verräth, nach dem Urtheile Sachkundiger, eine so große Geschicklichkeit und Erfahrung, daß nur solche Individuen, die sich ausschließlich dieser Arbeit hingeben, eine Waare, wie wir sie vor uns sehen, zu liefern im Stande waren. Endlich beweist[108] die angefangene Hälfte einer weitbauchigen Urne mindestens, „daß die Töpfer auf den Pfahlbauten selbst ihr Geschäft trieben.“

Somit treten auch hinsichtlich der Töpferei Gesichtspuncte hervor, welche für unsre Auffassung von Bedeutung sind.

Steinbeil-Werkstatt im Zuger-See.

Es wird uns dann auch die seltsame Erscheinung erklärlich, daß im Zuger-See ein Pfahlbau oder doch der aufgedeckte Theil desselben nur Instrumente[109] aus Serpentin zeigt und zwar theils fertige schön geschliffene Beile, theils unfertige oder Bruchstücke, theils Rohmaterial in verschiedenen Stadien der Bearbeitung. Außerdem auch das Bruchstück eines kleinen Steinbeiles vielleicht aus Nephrit. Töpferwaaren und Metallsachen wurden hier gar nicht gefunden.

Feuerstein-Werkstätten im Ueberlinger-See.

Weit auffallender sind ähnliche Reste im Ueberlinger-See bei Wallhausen theils wegen ihrer colossalen Menge, theils weil sie nur aus Feuerstein bestehen. Keller berichtet[110] hierüber wörtlich folgendes: „In überwiegendster und wirklich staunenswerther Menge werden jedoch in einer Längenausdehnung von etwa 30 Schritten, bei einer Breite von etwa 10 Schritten, Feuersteinreste gefunden. Diese bestehen nicht nur in Abfällen aller Größen und Formen, vom faustgroßen kaum bearbeiteten Stück bis zum kleinsten Splitter — sondern es werden hier Sägelamellen und Schneidewerkzeuge aus diesem Material in beträchtlicher Menge, sowie Pfeilspitzen gefunden. Dieser (noch 1863 vorhandene) Reichthum an Feuersteinresten ist um so staunenswerther, als diese Stelle schon seit Menschengedenken vor Erfindung der Phosphor-Feuerzeuge der ganzen Umgegend ihren Feuersteinbedarf geliefert hat und für diesen Zweck sogar gewerbsmäßig ausgebeutet wurde. Hiernach scheint diese Stelle der eigentliche Anfertigungsort von Feuersteingeräthen für einen weiten Umkreis gewesen zu sein, welche Annahme noch mehr an Wahrscheinlichkeit gewinnt, wenn in Betracht gezogen wird, daß an keiner anderen Stelle der Pfahlreviere der Umgegend Feuersteinreste, beziehungsweise Feuersteinwerkzeuge in auch nur annähernder Menge wie hier sich vorfinden."

Andre Werkstätten und Niederlagen in den Pfahlbauten.

Diese von den Schweizern selbst hervorgehobenen Werkstätten und Niederlagen sind übrigens nicht die einzigen. Es lassen sich allenthalben in der Schweiz mehr dergleichen nachweisen. Unsere Aufgabe ist es, einige derselben noch kurz anzudeuten.

Feuerstein- und Stein-Werkstätten.

Von Feuerstein-Werkstätten hebe ich hervor: die im Münchenbuchsee (Keller III, S. 98), im Untersee bei Wangen (K. II, 216) und zu Bodman, und zwar an letzterer Stelle eine sehr ausgedehnte: nicht nur eine „Niederlage von Feuersteingeräthschaften," sondern, „da auch angefangene Stücke sammt dem Abfall bei der Verarbeitung massenhaft vorkommen, eine eigentliche große Werkstätte dieser Art Waare." Die Thatsache, „daß der Feuerstein, aus welchem diese Dinge verfertigt sind, nicht aus den nahen Juraformationen, sondern aus Frankreich hergeholt wurde, ferner den Umstand, daß ohne Zweifel andre Ansiedlungen theils auf dem Wasser, theils auf dem Lande ihre Feuersteinwerkzeuge von hier bezogen, mithin eine Vertheilung der Arbeit nicht nur unter Individuen, sondern ganzen Dörfern und ein Tausch ihrer Producte stattfand" muß der Bericht[111] selber hervorheben. Ferner in demselben See zwischen Allensbach und Markelfingen unzweifelhaft eine Steinaxt-Fabrik (K. V, S. 146 u. 148), auch eine Steinhammer-Fabrik, wie die vier angebohrten, aber nicht vollendeten Hämmer zu erweisen scheinen (K. V, 148). — Im Pfäffiker-See bei Robenhausen „eine bedeutende Niederlage von Flachs, der hier theils in Strängen, theils versponnen, verflochten und verwebt, in Form von Fäden, Schnüren, Netzen, Matten, Tüchern, wie in dem Magazine eines Kaufmannes angetroffen wurde" (K. IV, S. 16). — Eine Strohgeflecht-Station bei Wangen im Untersee (K. III, S. 105). — Zu der (angeblichen) Töpferei am Ebersberge, die wir schon kennen, kommen andre

Flachsniederlagen.

Töpfereien.

auf verschiedenen Pfahlbauten z. B. im Nidauer Steinberge und im Neuenburger-See, wie schon hervorgehoben wurde; ferner in einem kleinen Pfahlbau des Murtensees, wo die unverhältnißmäßige Zahl der Topffunde darauf hindeutet (K. V, S. 177). Eine „Eisenstation“ nenne ich im Neuenburger-See zu Neuchatel „mit ausgezeichnet gearbeiteten und erhaltenen Geräthen, ohne Ausnahme aus der Eisenperiode“ (Lisch, 30, S. 3; K. IV, bei Erklärung der Tafeln). Eine Bronzemesser-Fabrik in Stäffis (im Züricher-See). Eine Bronzebeil-Fabrik oder Niederlage in Moorsee, wo man 40 Stück aufhob.[112]

Eisen- und Bronzestationen.

Auf dem festen Lande sind die deutlichsten Spuren großer Bronze-Gußstätten entdeckt worden. Im Jahre 1822 wurde z. B. von dem Besitzer des Fabrikgebäudes zu Wülflingen bei Winterthur, als man ein Springbrunnenbecken ausgrub, tief im Boden ein von Sandsteinen eingeschlossener, mit Brennstoffen angefüllter Raum entdeckt, der sich als eine Bronze-Gußstätte erwies. Die Wände dieses Raumes waren angebrannt, wie in einem Schmelzofen, und in und unter demselben wurden Massen von Bronze, nach der Aussage des Fabrikbesitzers 10 bis 12, nach der Angabe Andrer sogar 30 Centner an Gewicht, theils in Klumpen, theils zu Schilden, Beilen, Schwertern, Dolchen und Nadeln verarbeitet, gefunden (I. S. 47). Eine andre Bronze-Gußstätte kam zu Burtigny im Canton Waadt zu Tage.*) Man geht nicht zu weit, diese Gußstätten auf dem festen Lande, wenigstens die bei Winterthur, mit den Pfahlbaubewohnern in Zusammenhang zu bringen, da der Bronzeguß auf den Pfahlbauten selber ja unmöglich war.

Auch in den italienischen Pfahlbauten tritt eine Theilung der Arbeit hervor; an einigen Stellen sind vorzugsweise Töpfereien, an andern Stellen z. B. in dem Terramara-Lager bei Parma ist eine Fabrik vorwiegend von Bronzeartikeln, und zwar besonders eine Klingen- und eine Handbeil-Fabrik kaum in Abrede zu stellen.[113]

Ich glaube, diese Anführungen werden genügen, meiner Ansicht von einer sehr vorgeschrittenen Cultur auch auf den Pfahlbauten aus der sogenannten Steinzeit, von einer Gleichzeitigkeit der Stein- und Metallfabrikation, der Absicht eines Handels mit

---

*) E. v. Sacken, Leitfaden zur Kunde des heidnischen Alterthums. 1865. S. 135.

den verschiedenen Gegenständen u. s. w. den festesten Halt zu geben. Für uns wenigstens können die höchst einfachen Geräthe in den „ältesten" Pfahlbauten nicht mehr „einen wunderbaren Contrast mit den Erzeugnissen des Kunstfleißes und der landwirthschaftlichen Thätigkeit"[114] darbieten.

Das ausländische und fremde Material.

Unschätzbare Momente endlich, welche den Gedanken an ein rohes Volk untersagen, liegen, wie zum Theil schon bemerkt wurde, noch in dem Material, welches von den Pfahlbautenwohnern verarbeitet wurde, vor.

Es ist unleugbar, daß ein rohes Volk der Steinzeit kostbare Sachen auch durch den Handel zugeführt erhalten konnte. Die Bernsteinfunde in den Pfahlbauten z. B. erweisen entschieden entweder eine Verbindung derselben direct mit den Bernsteinländern oder mit Leuten, welche mit diesem Artikel handelten. Es ist aber ebenso unleugbar, daß ein rohes Volk dasjenige, was es für seinen Bedarf braucht und bearbeitet, aus seiner Umgebung, aus seiner nächsten Nähe nimmt, und es ist ganz unwahrscheinlich, daß ein Steinvolk sich Material aus fremden Ländern viele Meilen weit kommen läßt, um es zu verarbeiten und zwar so massenhaft, daß es nicht für den bloßen Hausgebrauch geschehen sein kann.

Das letztere ist thatsächlich in den Pfahlbauten der „Steinzeit," wie z. B. bei Wangen, der Fall. Hier sind die Beile und Keile nicht aus einer Steinart, wie sie in der Nähe des Bodensees vorkommt, gefertigt, sondern aus Feuerstein, welcher von Frankreich her eingeführt wurde. „Der größere Theil des in der Schweiz gefundenen Feuersteingeräthes stammt, nach der Farbe und Beschaffenheit des Stoffes zu urtheilen, aus Frankreich her." Diese Bemerkung wurde schon bei der ersten Entdeckung zu Meilen gemacht.[115] Ferner lieferten die Glarner Alpen, auch die Graubündtener — und zwar diese wohl den Serpentinstein, der vielfach verarbeitet ist —, auch Oberitalien vielleicht,[116] Material für die nördlichen, entfernt gelegenen Ansiedlungen. Sogar aus Asien stammt die Steinart einzelner Gegenstände, der Nephrit oder Nierenstein, welcher in Europa nicht gefunden wird. Ich will jedoch die einzelnen Pfahlbauten, in denen auch Metall gefunden wurde, gar nicht hervorheben, sondern immer wieder Wangen, den Zuger-See und andre „reine Steinansiedlungen" betonen, in welchem nicht nur fertige Gegenstände aus fremden Material, sondern sogar Werkstätten für die Bearbeitung dieses *fremden* Materials gefunden worden sind.[117]

Die Frage wird nun unabweisbar die: haben etwa einheimische Bewohner der Schweiz aus der Urzeit sich durch Handel dies Material zum Bearbeiten verschafft, oder sind es Handelsleute aus Südfrankreich gewesen, welche dasselbe mit sich brachten und es auf den Pfahlbauten, ihren Wohnungen, verarbeiteten? Die erste Frage ist entschieden zu verneinen, weil nicht einzusehen ist, wie ein rohes Volk zu so hoher eigner Handelsentwicklung gekommen sein und weshalb es gerade die ungesunden Seewohnungen zur Fabrikation aufgesucht haben soll. Die zweite Frage ist im Allgemeinen entschieden zu bejahen, auch ohne daß noch weitere Beweise zu den vorher angeführten beizubringen wären. Wir haben in den Pfahlbauten die Stationen fahrender Kaufleute und Handwerker, welche aus Südfrankreich kamen, vor uns.

Was sie in der Schweiz wollten und *wer* sie waren, wird sich an einer Darstellung des europäischen Landhandels der Vorzeit, zu der ich mich nun wende, deutlich nachweisen lassen.

Siebenter Abschnitt.

Der nordische Landhandel der Vorzeit.

Der Handel und die Verbreitung der Moden.

Daß die Bewohner des nördlichen und mittleren Europa in der Vorzeit mit den gebildeteren Südländern in Handelsverkehr standen, gab in neuerer Zeit schon ein großer Theil der Alterthumsforscher zu. Besonders war die Thatsache auffallend, daß viele der in den Gräbern der transalpinischen Länder gefundenen Bronzeartikel hinsichtlich der Form und Verzierung eine entschiedene Aehnlichkeit mit Gegenständen hatten, welche sogar auch in Griechenland, Unteritalien und Sicilien gefunden werden. Es zeigten diese letzteren Länder nicht nur die einfachen Geräthe, wie den Bronzecelt, in Menge; auch die Schwerter z. B., welche auf italienischen Vasen abgebildet sind, und künstlichere Metallgeräthe, erscheinen den im Norden gefundenen nahe verwandt. Daß Phönizier, Etrusker und wahrscheinlich auch Massalioten ihre Waaren in eigener Person oder durch Zwischenhändler bis an die Küsten der Ostsee vertrieben, wird sowohl aus schriftlichen als nach den in den Alterthümern uns vorliegenden Quellen bald nicht mehr zu leugnen sein.

Es ist jedenfalls eine in sich durchaus begründete Annahme, daß die Waffen und Geräthe der transalpinischen Länder theils Kunstproducte der südlicheren Culturvölker, theils Nachahmungen derselben sind.

Das ist nicht nur ein Resultat, welches dem Fachgelehrten geläufig sein müßte; auch das Urtheil feinsichtiger Reisender, die nicht gerade als Forscher sondern nur mit scharfen Augen beobachteten, ist dafür, wenn wir z. B. lesen:*) „In dem nordischen

*) Vgl. G. Kohl, Reisen in Dänemark u. s. w. Band 2. Leipzig. 1846. S. 59 f.

Museum zu Kopenhagen kann man lernen, daß auch schon in uralten Zeiten, wenigstens in manchen Dingen, ebenso allgemeine Moden in Europa herrschten, wie jetzt in Bezug auf Kleidung und Ameublement. Die alten Bronzeschwerter und Dolche z. B., die man hier im Norden ausgegraben hat, haben ganz und gar dieselbe Form und Verzierung wie die, welche man in Thracien und Macedonien oder in den Grabhügeln von Troja fand. Es scheint oft, als wären die trojanischen und skandinavischen Waffen aus derselben Werkstatt hervorgegangen und dies kann Einen in Wahrheit viel mehr Wunder nehmen, wenn man bedenkt, wie wenig Chausseen und andre fahrbare Handelswege es damals in Europa gab, vermittelst deren solche Moden in der ganzen Welt zur allgemeinen Herrschaft gelangen konnten."

Die Wirkungen des Handels auf die Völker.

Die Anhänger einer entgegenstehenden Annahmen meinen freilich: da z. B. die Celten und Germanen schon bei ihrem Einzuge in Europa, wie es die Sprachforschung nachweist, den Begriff und also die Kenntniß des Metalles mitgebracht haben, können die eingewanderten Stämme die Bearbeitung der Metalle unabhängig von dem Einfluß des Südens ausgeübt haben.[118] Diese Annahme ist aber haltlos. Die Kenntniß der Begriffes Metall allein macht unmöglich die Erscheinung klar, daß daraus sich eine Technik in der Bearbeitung desselben entwickelt habe, die einer schon vorhandenen durchaus ähnlich ist, und kann eine Ansicht, welche, obgleich auch schriftliche Zeugnisse für eine Handelsverbindung sprechen, die Berührung mit den Trägern einer schon vorhandenen Technik und eine Benutzung und Nachahmung dieser letzteren leugnet, nicht begründen. Die Wissenschaft hat solche Hypothesen sicherlich zu verwerfen. Man braucht übrigens nicht so weit zu gehen und die Technik der nördlichen Barbaren direct von den Phöniziern abzuleiten; man braucht noch weniger die Phönizier im Norden zahlreich ansässig sein oder gar zu Herrschern der Barbaren werden zu lassen, die in der Nähe ihrer Factoreien wohnten, Annahmen, die neuerdings z. B. von Nilsson lebhaft verfochten wurden. — Abgesehen von dieser Streitfrage geben aber auch die Gegner einer Abhängigkeit nordischer Technik von der der classischen Handelsvölker dennoch zu, daß ein lebhafter Zwischenhandel auf dem Landwege nach Norden stattgefunden habe.

Die alten Handelsvölker und die Pfahlbauten.

Es können nun italisch-etruskische, massaliotische und gallische, vielleicht auch phönizisch-karthagische Kaufleute gewesen sein, welche die Pfahlbauten der Schweiz bewohnten und die Zeiten der Muße, während welcher sie auf ihre Seewohnungen gefesselt waren, zu fleißiger Arbeit verwandten, deren Erfolge wir noch jetzt in den Abfällen vor uns sehen. Phönizier sind aus verschiedenen gewichtigen Gründen als Bewohner der Pfahlbauten nicht gut denkbar und noch weniger nachweisbar. Italische Kaufleute, Etrusker allein und ohne die Massalioten als Nachfolger, ebenso wenig. Da die schweizerischen Seewohnungen nachweislich die Stationen fahrender Kaufleute und Handwerken gewesen sind und weil sie ferner als der Knotenpunct des Waarentransportes vom Mittelmeer auf der Land- und Flußstraße nach dem Norden vielleicht theils nach Britannien theils nach dem Bernsteinlande gewesen sein können — etwas andres ist, wie sich zeigen wird, nicht denkbar —, so fällt in beiden Fällen die Möglichkeit eines italienischen Landhandels weg, weil ja eine andre Waarenstraße von Italien aus nach dem Bernsteinlande ging und ein bedeutender Handel der Italiener nach Britannien bei der Concurrenz der Massalioten, die es viel näher hatten, nicht glaublich ist. Man darf also schon von Hause aus für die Zeit seit 500 v. Chr. an Massalioten und südgallische Celten als Bewohner der Pfahlbauten denken.

Dies stellen wir jedoch vorläufig noch als reine Annahme hin, und wir wollen uns bei der Darstellung des Landhandels der alten Culturvölker nach dem Norden, welche zur Vervollständigung des Bildes, das wir bisher von den Pfahlbauten entworfen haben, nothwendig ist, davon in keiner Weise einseitig leiten lassen. —

Die Maschinerie des phönizischen Welthandels.

Weil die Phönizier in Hinsicht auf die Praxis des Handels als das Muster gedient haben, dem die späteren Handelsvölker unter ähnlichen Bedingungen nachfolgten, so werfen wir am besten zuerst einen Blick auf die Maschinerie ihres Weltverkehrs. Schon bei ihnen war zeitig je nach Capital und Intelligenz die Bethätigung an dem Welthandel, der sich von den Säulen des Herkules bis über den Indus hinaus und von den Küsten Skandinaviens bis zu den Wüsten Afrikas erstreckte, auf die Individuen verschieden vertheilt. Ein Gefolge von Großhändlern, Comptoristen, Factoristen und Dienern ist allenthalben thätig, das Netz des phönizischen Verkehrs lebendig zu erhalten, und so manche interessante Aehnlichkeit dürfte sich bei einer Vergleichung der Phönizier mit andern Handelsvölkern des Mittelalters und der Neuzeit ergeben.

Die Großhändler.

Die phönizischen Großhändler[112] hatten für die Puncte, welche sie nicht selbst bereisten, ihre Vertreter, welche Sclaven oder Freigelassene waren, oft in großer Zahl, ähnlich wie später die römischen Kaufleute ihre institores oder circuitores. Reisende Handlungsdiener solcher phönizischen Großhändler durchzogen im Auftrage ihrer Herrn nicht selten die ganze Welt in Osten bis nach China zu den Seren, in Afrika bis in die Negerländer schweifend.

Die Arten der kleineren Kaufleute.

Die gewöhnlichen phönizischen Kaufleute dagegen, welche keine Diener halten konnten, führten ihre Waaren auf eignem Schiff und als Führer desselben in die Ferne. Man theilt diese Kaufleute nach der Art ihrer Handelsreisen und ihres Aufenthaltes in der Fremde in drei Klassen ein:[120] 1) Einige machten alljährlich, in der Zeit vom Frühjahr bis zum Herbst, wo die Winterstürme eintreten, die Reise von Phönizien und wieder dahin zurück, nachdem sie ihre Waaren gelöscht und am Ziele der Reise Rückfracht eingenommen hatten. Diese Handelsfahrer charakterisirt Lucian so: „Sie befahren nicht nur den Pontus bis zum Mäotis und zum Bosporus, sondern schiffen überall in hellenischen und barbarischen Meeren. Jegliches Gestade, jegliche Küste durchsuchen sie Jahr für Jahr und kommen erst im Spätherbst in die Heimat zurück.“ 2) Andre blieben dagegen Jahre lang auf Reisen, löschten ihre Waaren von Hafen zu Hafen: worüber nach Andeutungen im Homer ein phönizischer Kauffahrer ein ganzes Jahr lang zubringt; und nahmen neue Handelsgüter auf, um sie in noch entlegenere Gegenden zu führen. Solche umherschweifenden phönizischen Seefahrer werden wegen der langen Dauer ihrer Reisen mit dem vielgereisten Orestes oder mit Menelaos und Odysseus verglichen, die einen großen Theil ihres Lebens als Seefahrer umherirrten. Manche Kaufleute blieben wohl ihr ganzes Leben auf Reisen und kamen erst*) im Alter zu ihren Frauen zurück, die sie als Jünglinge verlassen hatten. 3) Eine dritte Klasse war in fremden Städten ansässig. Man kann zu ihnen auch solche rechnen, welche in den, meist inmitten einer noch nicht cultivirten Bevölkerung angelegten Colonien wohnten.**) Diese Kaufleute übten in ihren Niederlassungen

---

*) Das dürfte von Movers wohl etwas übertrieben ausgedrückt sein.

**) Diese dritte Art Kaufleute dürfte als identisch mit derjenigen, welche mit den Pfahlbauten in Verbindung steht, zu betrachten sein.

ihren einheimischen Religionscultus aus. Von den in Handelsstädten seßhaften ist dies durch viele Nachrichten, sogar durch erhaltene Inschriften verbürgt. Die zahlreichste Klasse dieser Händler waren die Detaillisten oder Kleinhändler: „Hausirer und Schacherer aller Art, welche auf eigne Hand oder auch in Diensten eines Kaufherrn die von Emporisten eingeführten Waaren, dazu noch oft anderen Kram, auf den Märkten oder in den Wohnungen feil boten. Das sind die im Alterthum verrufenen phönizischen κάπηλοι, wie sie mit allen Unarten unserer Schacherjuden schon in den Büchern des alten Testaments zum Vorschein kommen und auch in Griechenland den phönizischen Namen zum Gegenstand der Verachtung gemacht haben."

Der Kaufmann und die Barbaren.

Bei der rechtlosen Stellung nun der Fremden in den meisten Staaten des Alterthums mußten die Phönizier, welche wie gesagt zu ihrer Zeit großentheils ebenso verhaßt waren wie im Mittelalter die Juden, darauf bedacht sein, den Handel, die Person und das Vermögen ihrer zahlreichen im Auslande ansässigen Bürger zu sichern. In den Handelsstädten, wissen wir, geschah es meist durch Verträge. Die Phönizier bewohnten gewöhnlich eigne Viertel. Daß es bei den Barbaren ähnlich war, davon haben wir keine Ueberlieferung, wir können es aber als ganz natürlich annehmen. Movers (II, 3, S. 12) bemerkt nach dieser Seite hin sehr treffend: „Da solche Niederlassungen durch die oft nur vorübergehende Handelsbedeutsamkeit eines Ortes veranlaßt waren, Culte aber, die einmal einen localen Charakter gewonnen hatten, ungestört fortzubestehen pflegten, so ist es eine nicht seltene Erscheinung, phönizische Culte noch in jüngerer Zeit an Orten anzutreffen, wo in der Vorzeit phönizische Händler ansässig gewesen waren. Wenn dann auch die Geschichte über solche Niederlassungen verstummt, so hat doch oft die Mythe das Andenken daran dauernd erhalten."

Mit den übrigen Handelsvölkern des Alterthums sowohl wie der Neuzeit, welche mit Barbaren und nach fernen unwirthlichen Gegenden hin verkehrten, ist es nie anders gewesen. Der Kaufmann sucht durch Vertrag und Geld einen Platz für seine Niederlassung und Vertrauen bei den Barbaren zu gewinnen und zu sichern. Beim Landhandel ist es ihm wichtig, in der Nähe des Wassers zu bleiben, theils weil die Wasserstraße der bequemere Weg ist, theils weil das Wasser ihn von einer Seite wenigstens zu schützen oder ihm einen Rückzug zu gewähren vermag, wenn der Zorn der Barbaren gegen ihn auflodern sollte. Wie lebhaft steht mir hierbei und bei dem Gedanken an die kaufmännische Bedeutung der Pfahlbauten jener Ansiedler an der Indianergrenze vor Augen, den Cooper im Anfange seiner Lederstrumpferzählungen auf seiner Pfahlwohnung mitten im Wasser so anschaulich schildert. Oder man denke an die Fluß- und Seestationen der canadischen Pelzhändler in Nordamerika, die wir weiter unten genauer in das Auge fassen werden.

Man findet unter gleichen Bedingungen bei den entferntesten Völkern und in ganz entgegensetzt liegenden Räumen oft ganz dieselben Erscheinungen. Das gilt namentlich für einzelne besondere Alterthumsgegenstände und gewiß auch von den Pfahlhütten der schweizerischen Seen. Der Kaufmann ist es nicht immer selbst, welcher die schwere Arbeit des Transportes ausführt; er gebraucht dazu oft die barbarische oder eine den Barbaren, bis zu denen hin er handelt, benachbarte und verwandte, dabei aber gebildetere Bevölkerung Auch auf den schweizerischen Pfahlbauten werden es nicht überall die Massalioten, sondern eher die gallischen Celten gewesen sein, welche die mühevolle Arbeit des Vertriebes der Waaren nach dem Norden verrichteten, während der Kaufherr, welcher das Capital wagt, in der Heimat bleibt oder doch nur seinen Comptoristen eine Strecke weit die Waaren begleiten läßt, welche den Zwischenhändlern übermittelt werden sollen.

Von dieser allgemeinen Grundlage aus, welche keine Phantasie ist, sondern in dem nordamerikanischen Pelzhandel der Gegenwart eine thatsächliche Stütze und fast ein Seitenstück finden dürfte, wird es erklärlich, daß sich frühzeitig ein reger Handel von den Küsten des Mittelmeeres zu den zinn- und bernsteinreichen nördlichen Ländern unseres Erdtheils auf verschiedenen Straßen hinzog, vorzugsweise dem Laufe der Flüsse folgend, wie es die damalige Natur des Landes nördlich von den Alpen und östlich vom Rhein verlangte. Und zwar zu Lande, nicht sogleich von Anfang zur See; der Seehandel ist dem Landhandel immer erst gefolgt, niemals ist es umgekehrt gewesen. —

Die östliche Bernsteinstraße.

Die östlichste Straße, welche die alten Culturvölker mit dem Norden verband, ging von den Gegenden des heutigen Odessa aus, den Dniester entlang und scheint dann der Weichselstraße gefolgt zu sein. Sie führte so direct in eine Hauptgegend des kostbaren Bernsteins, aber nicht in das eigentliche Bernsteinland der Alten, als welches eher Holstein anzusehen ist. Daß die Phönizier ehemals auch diese Straße kannten und ausbeuteten, ist keineswegs unmöglich. Nach ihnen hatten aber sicher die Griechen hier den Handel in ihren Händen.[121]

Aelteste Nachrichten vom nordischen Handel der Griechen.

Auf ehemaligen Verkehr der Griechen mit dem Norden in uralter Zeit weisen sogar noch schriftliche Berichte hin. Der Kern des ältesten derselben ist in einer sagenhaften Erzählung von den Hyperboreern enthalten. Diese Erzählung bringt zu sinnige Andeutungen auch über die Zartheit der Handelsbeziehungen sogar bei den rohesten Völkern, als daß ich sie nicht hierhersetzen sollte.[122]

Von den Hyperboreern, d. h. den nördlich Wohnenden — die Alten dachten sich das ganze Gebiet nördlich vom adriatischen Meer und hier besonders eine Insel, nicht größer als Sicilien, als von ihnen bewohnt — erhielt sich eine alte Sage auf der durch ihren Gottesdienst und einst als Handelsplatz berühmten Insel Delos. Dahin sollen in grauer Vorzeit, zwei von den Hyperboreern gesendete Jungfrauen, Arge und Opis, aus königlichem Geschlecht, Töchter des Boreas, gekommen sein, um der Göttin Eileithyia (derjenigen bekanntlich, welche den Gebährenden hilft) die gelobten Opfer zu bringen. Nach ihnen folgten zwei Mädchen, Hyperoche und Laodike, durch fünf Männer ihres Volkes begleitet, welche die Griechen Perpheres nannten. Sie brachten den delischen Gottheiten ihre Erstlinge der Früchte zum Geschenk. Einige Jahre hindurch schützte das Gastrecht die Mädchen unter den Fremden, aber einst kehrten sie nicht wieder. Da fürchteten die Hyperboreer andre zu schicken und brachten ihre Opfer in Waizenspreu gepackt an die Grenze, wo diese den benachbarten Scythen übergeben wurden und sie so von Volk zu Volk bis an das adriatische Meer und über Dodona in Epirus und Euböa nach Delos gingen. Noch in späteren Zeiten feierte man das Andenken jener Jungfrauen durch Gottesdienst und Hymnen. In dem Tempel der Artemis waren ihre Grabmale; dahin widmeten Bräute eine Locke. Zu den Hyperboreern reisten nun aber auch Griechen, welche Geschenke mit griechischen Inschriften zurückgelassen haben sollen. Auch die Mutter der Artemis und des Apollo, Latona, soll dort geboren sein und dort in der Gestalt einer Wölfin auch den Sonnengott Apollo geboren haben. Bedeutsam ist es, daß Apollo immer nach 19 Jahren die Insel der Hyporboreer besucht haben soll.

Er und Kybele, von Liebe zu einander entbrannt, wanderten einst dahin. Auch seine Mutter Latona ging oft umgekehrt von den Hypoboreern aus nach Delos; an die zwölf Tage, welche sie nach der Sage jedesmal zur Reise gebrauchte, knüpften sich verschiedene Fabeln. Artemis wohnte übrigens ebenfalls bei den Hyperboreern. Ferner hören wir, daß Apollo seinem geliebten Hyperboreervolke eine Kapelle, die ihm die Bienen aus Wachs erbauten, weihte und daß die Hyperboreer Pegasus und Agyeus den ersten Tempel zu Delphi errichtet haben sollen.

Daß in den verschiedenen Wendungen der Sage die Andeutung eines alten Verkehrs älterer griechischer Handelsplätze mit dem Norden vorliegt, ist unverkennbar.[123]

Auffallend bleibt es nur, daß die Sage schließlich auf eine Handelsstraße hindeutet, welche später sicherlich in den Händen der Etrusker war. Vielleicht erklärt sich dieser Umstand durch den alten Zusammenhang griechischer und etruskischer Cultur, vielleicht waren Griechen vor den Etruskern im Besitz dieser Straße, und wurde die letztere erst durch die Etrusker für den Handel bedeutsamer. Ich wage diese Vermuthung, obgleich die ganze Sache für uns nicht wichtig ist, weil die Sage im Laufe der Zeit ja oft sehr wunderliche Sprünge macht.

Die östliche Straße im Mittelalter.

Die östliche Landhandelsstraße nach den Ostseeländern wurde bald nach dem Aufhören der kriegerischen Zustände, welche seit dem Beginn der sogenannten Völkerwanderung (zwischen 372 und 374) in den Landschaften nördlich vom schwarzen Meere herrschten, wieder eifrig betreten.*) Die zahlreichen arabischen Münzen, welche man von Esthland bis Holstein ausgräbt und die seit dem siebenten Jahrhunderte vom schwarzen und kaspischen Meere her gekommen sein müssen, legen dafür Zeugniß ab. Es werden zwar oft auch byzantinische Münzen aus dem 5. und 6. Jahrhundert gefunden, ganz besonders aber arabische. Die letzteren (und zwar meist silberne, nach dem römischen Denar von den Arabern Dirhems genannt) drangen nicht nur bis Skandinavien vor, sondern dienten hier auch als Münze und kamen bei den Barbaren unter einander in Umlauf. Auf der Insel Bornholm soll einst ein ganzer Scheffel voll solcher Münzen ausgegraben worden sein. Gothland liefert eine besonders gute Ausbeute und in

---

*) Vgl. hierüber J. H. Müller, Deutsche Münzgeschichte. Bd. I. Leipzig. 1860. S. 50 ff.

Stockholm allein werden aus der Zeit von 700 bis 1050 n. Chr. über 20,000 arabische Münzen aufbewahrt, die mehr als tausend verschiedene Gepräge bieten und in etwa siebzig Städten der östlichen und nördlichen Districte der Chalifen geprägt worden sind. —

Die Hauptstraße, auf welcher der Handel der Byzantiner vermittelt wurde, ging vom schwarzen Meere bei Cherson in den Dnieper und über Kiew nach Nowgorod und zum Ladoga-See. In Cherson hatten russische Kaufleute, welche die hauptsächlichsten Vermittler zwischen Süden und Norden waren, ausgedehnte Waarendepots, und die Griechen holten ihre Waaren meistens hier ab. Die arabischen Karavanen kamen mit den russischen am Ausflusse der Wolga zusammen, um hier die mitgebrachten Handelsprodukte auszutauschen. Es durchzogen jedoch auch arabische und byzantinische Händler, wahrscheinlich auch jüdische aus dem Chazarenvolke, zahlreich die russischen Länder, sie pflegten aber nur die Hauptmärkte zu besuchen.

Nach Westen zur Ostsee hin liefen von der Hauptstraße aus verschiedene Querstraßen; eine, die nordöstlichste, vom Ladoga-See und von Nowgorod aus; sodann eine bei Kiew, welche über Wladimir, Sandomir und Krakau hinführte; eine andre folgte dem Laufe der Düna. Gothland scheint für die nördlicheren dieser Querstraßen ein Mittelpunkt gewesen und dadurch auch für die vom Westen kommenden Waaren der Hauptstapelplatz geworden zu sein. Angelsächsische Münzen nämlich wurden hier in solcher Menge gefunden, daß die Münzsammlung in Stockholm durch dieselben an Reichhaltigkeit alle derartigen Sammlungen selbst Englands übertrifft.

Die adriatische Bernsteinstraße und die oberitalischen Pfahlbauten.

Die zweite Bernsteinstraße, welche vom Norden zum adriatischen Meer führt und die wir die adriatische Straße nennen wollen, brachte den Bernstein in großer Masse nach Venetien, so daß, wie schon oben bemerkt wurde, die Frauen und Töchter der venetianischen Bauern sich mit kostbaren Bernsteinkorallen schmücken konnten. Sie zog sich an der Oder, vielleicht auch an der Weichsel entlang durch Mähren und Pannonien nach Aquileja. Das alte italische Handelsvolk der Etrusker war neben den Griechen sicherlich Theilnehmer an dem Handel auf dieser Straße. Es ist sogar nicht unwahrscheinlich, daß die Pfahlbauten in Norditalien von den Etruskern unter einer fremden, rohen (celtischen) Bevölkerung aus demselben Grunde und in derselben Absicht angelegt waren, wie die schweizerischen von den Massalioten und den celtischen Zwischenhändlern. Sie mögen ähnlich wie in der Schweiz theils zum Aufenthaltsort beim Vertreiben etruskischer Waaren unter der oberitalischen Bevölkerung theils zu Stapelplätzen für die Waaren, welche die wichtige adriatische Bernsteinstraße einschlagen sollten, bestimmt gewesen sein. Der Pfahlbau im Gardasee bei Peschiera hat seiner Lage wegen vielleicht beiden Zwecken gedient. Die Funde von Bronze in den oberitalischen Pfahlbauten, auch die Verzierungen an anderen hier gefundenen Gegenständen weisen auf etruskisch-phönizischen Ursprung hin; das erkennen auch die schweizerischen Pfahlbautenforscher an.[124]

Die Etrusker im Norden.

Spuren der Etrusker dürften im Norden übrigens noch jetzt nachweisbar sein. Ich hebe in dieser Beziehung den Umstand hervor, daß ähnlich wie die celtischen und germanischen Gräber auch die etruskischen eine Art von Glasperlen aufweisen; die verschiedene und gleiche Färbung kann hierbei von Wichtigkeit werden.[124]

Ferner deuten Funde von Kesselwagen, welche dem von Peccatel und Ystadt ähnlich sind, in Steiermark bei Judenburg und in Siebenbürgen, vielleicht auch die in Brandenburg und Mecklenburg gefundenen, auf eine Anwesenheit der Etrusker in diesen Gegenden hin. Ein bewährter Forscher[126] sprach sich schon vor Nilsson, welcher den phönizischen Ursprung der Kesselwagen des Nordens außer Frage stellte, folgendermaßen über diese Funde aus: „Bekanntlich sind derartige kleine Bronzewagen an verschiedenen Orten in Mecklenburg, Brandenburg, Steiermark und Siebenbürgen gefunden worden; von allen diesen kommt einer aus dem Szaszvaroser Stuhle in Siebenbürgen, welchen das k. k. Münz- und Antiken-Cabinet in Wien verwahrt, dem Peccateler am nächsten. Er ist etwas kleiner, 6" lang, zwischen 4—5" hoch und ist ein vierrädriges Gefährt, dessen gebogene Längebalken eine kleine halbkugelige Vase tragen, welche mit einem Deckel geschlossen war, den darübergezogene Drähte oder Schnüre befestigten. Die Längebalken steigen zur halben Höhe der Vase auf und enden in rohen langschnäbligen Vogelköpfen, so wie von der Vase acht derartige Köpfe, je zwei über einander, nach vorne und hinten hervorragen. Die vierspeichigen Räder sind an durchgehenden eisernen Queraxen befestigt. Daß wir in diesen ehernen Wagen ein italisches Erzeugniß haben, bin ich fest überzeugt."

Vorausgesetzt, daß etruskische Cultur in phönizischer wurzelt, ist diese Vermuthung gewiß richtig. Die anderen oben erwähnten Kesselwagen wurden bei Frankfurt a. d. Oder und bei Friesack im Brandenburgischen, ferner bei Warin und bei Peccatel im Mecklenburgischen gefunden, außerdem zeigte ein bei Wismar am Meeresstrande gefundenes Heerhorn neben Ruderschiffen mehrere vierspeichige Räder eingravirt. Größe, Metall und Arbeit der Wagen sind bei den meisten fast ganz gleich, in der Einrichtung und Verzierung dagegen treten Abweichungen hervor. Bedenken erregen gegen den phönizisch-etruskischen Ursprung derselben könnte nur der Umstand, daß, als die Teutonen und ihre Nachbarn im Jahr 5 oder 6 v. Chr. Gesandte nach Rom schickten, die Cimbern, also ein germanisches Volk, ihren heiligen Kessel als Geschenk mitgaben.[127]

Wie die Phönizier in jene Gegenden gekommen sein sollen, ist schlechterdings nicht denkbar. Da nun die Etrusker stark auf phönizischer Cultur beruhen[128] und jenen Ländern am nächsten waren, so liegt gewiß nichts näher, als an Etrusker in Steiermark, Siebenbürgen und Brandenburg, vielleicht auch bei Peccatel in Mecklenburg, als fahrende Handwerker, an einzelnen Stellen vielleicht auch an Celten zu denken. Die Pfahlbauten, welche in den österreichischen Seen entdeckt sind und etwa noch entdeckt werden, dürften, ähnlich wie die Fundorte der Kesselwagen, als die Spuren einzelner Stationen auf dem Wege nach dem Norden anzusehen sein.

Ebenso hängen mit dieser Straße und den Etruskern zusammen: die Reste von Gußstätten mit Metallklumpen, Gußformen, Modeln, Gußzapfen und sonstigen Abfällen bei der Ciselirung, die man zu Hallstatt bei Salzburg (Erze, Schlacken, geschmolzene Bronze und Gußkuchen von reinem Kupfer nebst Stücken von Schmelztiegeln aus Graphit), zu Bruck im Pinzgau (Gußklumpen aus ungemischtem Kupfer), bei Dobel, Weinzettel und Hummersdorf in Steiermark gefunden hat.*)

Der Leser wird zwar staunen über die Kühnheit dieses Gedankens. Und doch ist derselbe nicht reine Vermuthung, da die schweizerischen Pfahlbauten ja analoge Fortsetzungen nach dem Norden zeigen, wie die oberitalischen. Dazu kommt der Fund Massel.

*) E. v. Osten, Die Alterthümer der heidnischen Vorzeit u. s. w. Wien 1865. S. 135.

der Kesselwagen. Ausgrabungen können sehr wohl dazu beitragen, Knotenpuncte und Stationen einer wichtigen und vielbesuchten Handelsstraße nachzuweisen. Ich habe das schon anderswo ausgeführt[129] sowohl für dieselbe adriatische Bernsteinstraße als auch für römische Händler aus der ersten Kaiserzeit, welche des Handels wegen, bei dem Dorfe Massel in Oberschlesien in solcher Zahl ansässig waren, daß sie sich gegenseitig ein römisches Begräbniß geben konnten.

Aquileja war seit den ältesten Zeiten der Ausgangspunct dieser Landstraße. In der Römerzeit führte dieselbe bei Carnuntum, ungefähr 5 Meilen östlich von Wien, über die Donau und zog sich dann durch Mähren bis zur Oder hin. Ob sie von Massel aus der Oder weiter bis zur Mündung folgte oder auch noch andre Nebenrichtungen einschlug, ist jetzt natürlich nicht mehr nachweisbar; die Pfahlbauten bei Pyritz und Stargard sind aber vielleicht Puncte an Nebenstraßen.

Die böhmische Straße.

Neben der Straße durch Mähren zog sich nun wahrscheinlich noch eine andre von der Donau aus durch Böhmen und die Lausitzen hin bis Guben, wo sie dann in die große Oderstraße eingemündet zu sein scheint. Funde von Alterthümern erlauben diese Combination, und die Art und die Vertheilung derselben erheben sie fast zur Gewißheit. Ja, wir werden auf dieser Straße sogar einen großen Haltepunkt nachweisen und in ihm eine Werkstätte von Feuersteingeräthen, die zwar nicht auf Pfählen errichtet war, in ihrer Eigenthümlichkeit aber ein sehr interessantes und wichtiges Seitenstück zu den schweizerischen Seestationen und Werkstätten zu liefern vermag.

In der Geschichte des Markomannenkönigs Marbod erzählen bekanntlich auch die schriftlichen Quellen von römischen Kaufleuten, die sich des Handels wegen in der Hauptstadt des Barbaren aufhielten. Es werden sogar zwei Klassen solcher, Großhändler nämlich und Hausirer,[130] namhaft gemacht. Alterthumsfunde weisen nun deutlich darauf hin, daß die Kaufleute, welche nach dem Bernsteinlande reisten, von Böhmen aus durch die Lausitz und zwar durch den östlichen Theil derselben von Zittau aus, in dessen Nähe der leichteste Uebergang von Böhmen her war, über Görlitz längs den Ufern der Neisse oder auf den Höhen zwischen dieser und dem Bober hinzogen.[131] In Pförten, wo beim Pflügen ein großes Stück Bernstein gefunden wurde, dürfte ein andrer Punct dieser Straße zu suchen sein. Aber auch Radeberg, wo ein, freilich zweifelhaftes, römisches Begräbniß mit Kaisermünzen gefunden wurde, könnte mit der böhmischen Straße in Verbindung stehen. Als Fortsetzung dieser über Radeberg durch die westliche Lausitz führenden Straße ist ein Punct bei der Stadt Golssen nördlich von Luckau zu betrachten, in welchem unzweideutig eine Werkstätte von Feuersteingeräthen, wie es scheint verbunden mit einer Bronzegußstätte, zu Tage tritt. Der Bericht über die Thatsache selber ist folgender:[132] Hinter den langen Wiesen, eine halbe Stunde nördlich von der Stadt Golssen, liegt die sogenannte Gehmlitz, ein durch schönen weißen Flugsand sich auszeichnender Landstrich, erhoben über die ringsum befindliche Wiesenfläche, welche früher Sumpf und Bruch war und deshalb auch noch heute zum Theil „lange Horst", „Mittelhorst" und etwas weiter davon „Kirchhorst" genannt wird. Man hat in früheren Zeiten zu diesem, eine halbe Stunde langen und halb so breiten Landstriche nur von der Seite des jetzigen Dorfes Prirow gelangen können und zwar von da, wo das Dahme-Fließ ihn begrenzt. Hier heißt der Theil noch heute die „Pförte", und man erkennt schon aus dieser Benennung, daß daselbst der Eingang zu einem wichtigen Orte sich befunden haben mag. In neuerer Zeit wurden die Gehmlitz und die Horste, welche früher wüste lagen und mit Fichten spärlich bestanden waren, immer mehr urbar gemacht. Bei dem zuletzt angelegten Damme befindet sich der „rauhe Berg", welcher aus dem reinsten Flugsande besteht und sich bei genauerer Betrachtung als ein Rundwall aus heidnischer Zeit erwies. Im Laufe der Jahrhunderte hatten ihn Stürme nach und nach so zerstört, daß man die frühere Umwallung nur aus einem noch erhaltenen Theile auf der nordwestlichen Seite erkannte, während die anderen Seiten durch den Flugsand überschüttet und verdeckt worden sind. Eine über das Ganze ausgebreitete Aschenschicht aber deutet auf den ehemaligen Zusammenhang und die Bedeutung des Walles hin. In jener aus feinen Kohlen bestehenden Schicht fanden sich unzählige Feuersteine, welche nun allenthalben zerstreut umherliegen, so daß bei jedem Sturme wieder neue zum Vorschein kommen. Sie sind theils zu Messern, Pfeilspitzen und Keilen bearbeitet, theils unvollendet und zerbrochen; auch findet man darunter große Feuersteinstücke, welche als Material gedient und an welchen ersichtlich ist, wie davon kleinere Geräthe abgearbeitet sind. Von Metallgegenständen fanden sich eine bronzene

Die Gehmlitz bei Golssen.

Die Feuersteinwerkstätten auf der Gehmlitz.

8 Zoll lange Nadel und einige Stückchen Bronze; in der Mitte des Werkes viele Reste von eisernen Werkzeugen, zusammengeschmolzene Bronze und Schlacken, welche zwischen verbrannten Steinen lagen, dazu viele Abgänge von Feuerstein bis zu den kleinsten Feuersteinsplittern. Auch Urnenscherben und verkalkte Knochen wurden zu Tage gefördert. — Im äußeren Theile des Walles fand man zwei ovale Mahlsteine aus Granit, von nicht sehr fester, bröckelnder Masse, mit einem unregelmäßigen Loche in der Mitte, ferner einen schönen undurchbohrten Steinkeil von Grauwacke, einen Schleifstein von festem schwarzen Schiefer oder Basalt und dabei etwas geschmolzenes Glas, Bronzeblättchen, eine Pfeilspitze von Eisen mit Widerhaken und eine andere sehr künstlich gearbeitete Pfeilspitze von weißem Feuerstein, wie sie ähnlich auch in Dänemark vorkommen.

Der Berichterstatter selber bemerkt zu diesem Funde: Wenn schon „innerhalb dieses Walles eine Bearbeitung dieser Feuersteingeräthe stattgefunden hat, so erkennt man auf den um den Berg herum abgetragenen Stellen (vormaligen Sandhügeln), daß eine noch größere Fabrikstätte zunächst dieser Stelle und auch an mehreren Stellen der ganzen Gehmlitz gewesen sein müsse; überall stößt man da auf Brandstellen mit Kohlen auf zusammengehäuften oder gepflasterten, in starkem Feuer gewesenen Steinen in einer Tiefe von $1\frac{1}{2}$ bis 2 Fuß, überall auf vollendete und unvollendete Feuersteinmesser und Splitter, mitunter auch auf Urnenscherben."

Ich unterlasse es, noch andere hier gemachte Funde von Glascorallen u. s. w. zu nennen und betone nur die Wichtigkeit dieser Entdeckung überhaupt.

Die Arbeiter in den Werkstätten auf der Gehmlitz.

Wir haben auf der Gehmlitz eine große Feuersteinwerkstätte vor uns, welche sicher nicht in ein graues Alterthum und lange vor Christi Geburt zu setzen ist. Von einer Station aus der „Steinzeit" kann nicht die Rede sein. Das Vorkommen von Bronze- und Eisengeräth zeigt an, daß die Bearbeiter des Feuersteins, wie das auch ganz naturgemäß ist, mit Bronze und Eisen versehen waren. Aus der großen Menge und aus der Art des Materials ergiebt sich, daß die Feuersteingeräthe hier nicht für den eigenen Hausbedarf, sondern zu Handelszwecken und zwar auch für den höheren Norden bearbeitet wurden, nicht bloß für die lausitzer Barbaren selber. Nachfrage nach Steingeräth war im Norden auch zu der Zeit noch sehr stark vorhanden, als

Bronze und Eisen in Mitteleuropa schon sehr verbreitet waren. Daß die einheimischen Germanen nun, welche in der Lausitz saßen, Steingeräth fertigten, um es nach fernen Gegenden zu vertreiben, ist nicht gut anzunehmen. Es waren vielmehr fahrende Handwerker, welche nach dem Bernsteinlande handelten und auf der Gehmlitz eine Station hatten, wo sie entweder selbst oder durch geschickte Arbeiter aus den Barbaren die Steingeräthe in der Zeit der Muße fertigten; vielleicht den Bronzeguß ausübten. Das Steinmaterial brachten sie entweder vom Norden zurück oder wohl eher von ihrer Heimat her. Der auf der Gehmlitz gefundene Feuerstein kommt nämlich in der Umgegend der Gehmlitz nicht vor, sondern es zeigt sich hier bloß der gewöhnliche schwarze und dunkelgraue Feuerstein in den Kreideschichten und dem Gerölle, von dieser Masse sind aber gerade die wenigsten Messer gearbeitet.[133] In die slavische Zeit fällt die Ansiedlung nicht mehr; Alles spricht dagegen.[134] Die fremden etruskisch-celtischen Händler suchten, ähnlich wie die Massalioten in der Schweiz, mit Recht einen sicheren Ort für die Ausübung ihrer Thätigkeit. Sonach bietet die erst bei unserer Anschauung der alten Handelsverhältnisse und der fahrenden Handwerker erklärliche Werkstatt auf der Gehmlitz ein sehr willkommenes Seitenstück zu den schweizerischen Pfahlbauten.

Den weiteren Lauf dieser Straße, auf der bei Golssen ein Knotenpunkt war, vermag ich nicht genauer zu untersuchen. Sie mag über Berlin nach der Havel und von hier nach der Trebel — ich erinnere wieder an die Pfahlbautenspuren bei Demmin — sich gewandt und zur Ostseeküste geführt haben.

Eine Feuersteinmesser-Manufactur in Mecklenburg.

In Mecklenburg erst lassen sich wieder mehrere solcher „Feuersteinmesser-Manufacturen" z. B. bei Waren und Jabel nachweisen. „Man findet[135] bei Jabel unzählige Scherben von Urnen, Knochenfragmente und Feuerstein-Splitter und Späne. Schon früher waren ähnliche Stellen in dem benachbarten Damerow und in dem gegenüberliegenden Klink, an den Ufern desselben Sees, entdeckt. Alle solche Stätten haben das Eigenthümliche, daß sich an denselben außer großen Massen von Ueberbleibseln aus der Steinperiode Alterthümer aus allen Perioden der heidnischen Vorzeit finden;" ferner, daß sie sich „in der Regel an Seeufern finden." Für uns hat die erstere Eigenthümlichkeit, die dem Steinschematiker freilich sehr unbequem sein muß, gar nichts Auffallenndes, sondern nur sehr Natürliches, da bei Handwerkern, welche Steinmaterial für die roheren nördlicheren Barbaren bearbeiteten, Metallgeräthe ja von Hause aus vorauszusetzen sind.

Die alten Steinkünstler.

Kohl äußert sich*) über „die alten Steinkünstler" treffend folgendermaßen: „Sie übten mit Sicherheit und Leichtigkeit eine Kunst, die wir ihnen jetzt nicht mehr nachzuüben vermögen. Ein Alterthumsfreund erzählte mir, er habe eine Summe von zehn Thalern an Drechsler und Steinschneider als Preis für Denjenigen ausgeboten, der im Stande wäre, ihm eine Pfeilspitze von Feuerstein in der Art der antiken Sachen herzustellen; — aber keiner habe die Aufgabe zu lösen vermocht. Die Gelehrten glauben freilich genau zu wissen, wie die Sachen gemacht wurden, aber keiner kann es nachmachen. Es ist schade, daß sie nicht einen Künstler darauf einüben oder aus den vielen barbarischen Ländern, die noch heutiges Tages im Steinalter stehen, einen Steinkünstler kommen lassen, um uns die Sache vorzumachen." Daß die alten Steinkünstler wanderten, kann also nicht auffallen, ebenso wenig, daß sie einem gebildeteren Volke angehörten.

Neben den Steinwerkstätten sind unzweifelhaft auch die neuerdings öfter entdeckten Erzgießereien,**) welche an Stellen, wo weder Kupfer noch Zinn heimisch ist, zu Tage treten, für die Bestimmung der alten Landhandelsstraßen nach dem Bernsteinlande von Wichtigkeit und im Interesse der Sache sind derartige Entdeckungen besonderer Aufmerksamkeit zu empfehlen.

Die griechisch-italische Terracotta in Mecklenburg.

Es weisen nun in Mecklenburg auch andre Funde entschieden auf eine alte Handelsverbindung der Ostseeküste mit Italien hin. Unter ihnen ganz besonders eine Terracotta, welche um das Jahr 1845 bei dem mecklenburgischen Dorfe Friedrichsdorf, in der Nähe von Bukow, etwa eine Stunde vom Strande der Ostsee in einer Mergelgrube gefunden wurde und ein Reliefgesicht aus gebranntem röthlichen Thon darstellt. Ein Archäologe[136] gab folgende Erklärung über sie ab: „Mittelalterlich ist der Kopf

*) Hinsichtlich des nordischen Museums zu Kopenhagen in seinen: Reisen in Dänemark u. s. w. Band 2. Leipzig 1846. S. 55.

**) In diesen Erzgießereien wurden wohl nur die größeren Sachen von den reisenden Arbeitern gegossen. Die kostbaren gegossenen Schwerter aus Bronze, von denen einige am Griff sogar ziemlich deutliche Spuren der Emaillirung zeigen (wie die von Retzow und Tarnow in Mecklenburg), wurden wohl in der Heimat gefertigt und gelangten durch den Handel nach dem Norden.

nicht; dagegen spricht sein Styl durchaus. Römisch ist der Kopf nicht; dafür ist sein Styl zu strenge. Ich finde den Kopf sehr ähnlich den Bildungen griechischer Terracotten der mittelitalienischen Niederlassungen. Namentlich habe ich gesehen und besitze selbst verschiedene im alten Pästum gefundene Terracotten ganz desselben Styls und möchte ich den in Mecklenburg gefundenen Kopf für ein Werk der unter griechischem Einfluß ausgebildeten Kunst der in der Gegend Campaniens wohnenden sabellischen Völker halten; namentlich hat eine meiner Terracottenfiguren fast genau denselben Ausdruck. — Die Frage, wie dieses Stück nach Mecklenburg gekommen, ist nicht schwer zu beantworten. Pästum, am Meere gelegen, verdankte seinen alten Reichthum seinen Handelsverbindungen. Pästanische Kaufleute können zur Ostsee gekommen sein, und sollte es mich wundern, wenn Mecklenburg nicht noch mehr Stücke besäße, in denen sich pästanischer Ursprung wiedererkennen läßt. Unser Kopf ist zwischen 250 u. 150 v. Chr. angefertigt."

Einfluß der Etrusker auf die Celten.

So werden also auch Archäologen zu Vermuthungen über eine directe Handelsverbindung Italiens mit der Ostseeküste genöthigt, und der Nachweis eines Handels der Etrusker nach dieser Gegend und einiger etruskisch-celtischer Werkstätten auf der Handelsstraße hierher gewinnt dadurch einen nicht geringen Halt.

Man hält nun die Etrusker für die Lehrmeister der Celten in der Metallarbeit, so daß also die Celten nicht die bloßen Hausirer mit etruskischen Fabrikaten gewesen sind. Es zeige sich nämlich da, wo Geschmack und Erfindung der Form noth thun, bei den im Norden und in celtischen Ländern gefundenen Metallgeräthen und in den Verzierungen eine so deutliche Verwandtschaft mit den Arbeiten anderer Länder, besonders Italiens, daß der Einfluß der südlichen Erzarbeit auf den Norden unwiderleglich erscheine.[137] Dabei ist zu bemerken, daß die Etrusker durch ihre Tüchtigkeit in der Metallarbeit und im Erzguß berühmt waren und in dieser Beziehung großen Einfluß auf ganz Italien und selbst auf Griechenland übten. Daß sie ihrerseits wieder auf phönizische Grundlage oder doch unter der Einwirkung phönizischer Cultur standen, ist schon erwähnt. Durch diesen Umstand wird es sich zum Theil erklären, wenn auch die Massalioten ähnliche Fabrikate und Muster, wie die Etrusker, unter den Celten verbreiteten. Denn auf alle Celten haben die Etrusker allein keineswegs Einfluß geübt. Mit Sicherheit kann das nur von den Alpencelten behauptet werden. Die gallischen Celten standen vorwiegend unter phönizisch-griechischer Einwirkung. Es gingen zwar auch etruskische Straßen über die Schweiz und vorzugsweise wohl den Rhein entlang*) nach dem Zinnlande und es mögen auf diese Weise die Etrusker eine Zeitlang die westlichen Celten mit Waaren versorgt haben, ihnen vielleicht auch in der Technik zum Muster gewesen sein. Die Massalioten machten ihnen aber hier frühzeitig Concurrenz.

Etrusker und Massalioten in Concurrenz.

Es fällt überhaupt das Ende der Blüthe des etruskischen Handels nach dem Norden in die Blüthezeit von Massalia. Mit dem Sinken der etruskischen Macht in Italien selber, welches spätestens seit 309 v. Chr. zu datiren ist, nahm auch ihre alte handelspolitische Bedeutung im Auslande ab. Diese durch die Natur der Dinge gebotene Vermuthung findet in thatsächlichen Verhältnissen, nach welchen Massalioten die Concurrenten der Etrusker in Oberitalien wurden, ihre Bestätigung. Es beherrschte nämlich, wie die Ausgrabungen erweisen, die gewöhnliche massaliotische Courantmünze nicht nur das Gebiet der oberen Rhone, sondern auch die ganze Lombardei.[138] Dieser Umstand ist für die vorwiegend kaufmännische Bedeutung Massalia's in Oberitalien entscheidend.

Auch unter anderen Gesichtspuncten drängt sich der Gedanke auf, daß Etrurien und Massalia um den Landhandel einen gegen-

---

*) Auch neuerdings gemachte Alterthumsfunde weisen darauf hin. So wurde im Jahre 1863 bei Medlach, zwischen Trier und Saarbrück ein Fund gemacht, welcher nach der Mittheilung des Herrn Lohde (wie ich in der Neuen Preußischen Zeitung, Beilage zu No. 66 vom Jahre 1866 lese), „zugleich mit einem ins hiesige (Berliner) K. Museum gelangten goldenen Armband und anderen Schmuckgegenständen auch eine Kanne von offenbar etruskischer Technik enthielt. Es erinnerte dieser Fund von Neuem an die aus gallischen und helvetischen Fundorten bereits mehrfach bezeugte Auffindung etruskischen Metallgeräths, wie solches in der schönen bronzenen Amphora aus dem Saargebiet im hiesigen K. Antiquarium, in den Bronzen aus Grächmyl im Canton Bern und in den neulichen Funden der Umgegend von Dürkheim die vormalige Kunstliebhaberei jener Gegenden in sprechender Weise uns kundgiebt. Willkommen war es, daß Herr Gerhard hierbei auf einen vom Dr. Lindenschmitt zu Mainz ihm zugegangenen genauen Bericht über den gedachten Dürkheimer Fund (Archäol. Anzeiger No. 206, Beilage 5) verweisen und aus den begleitenden Abbildungen den etruskischen Charakter der dortigen Fundgegenstände neu bestätigen konnte."

seitigen Kampf geführt haben müssen. „Die vereinzelten Spuren der italienischen Alphabete, sagt ein berühmter neuerer Inschriftenforscher,[139] die wir in Vaucluse und am Großen Bernhard, bei Innsbruck und im Murthal zerstreut vorfinden, sind ebenso viel Spuren des Culturzuges, der von den Thälern des Arno und Po ohne Zweifel auf den für und durch den Handel gebahnten Straßen an und über die Alpen vordrang. So thöricht es wäre, all die Stämme, bei denen wir diese Schrift finden, darum für etruskische zu erklären, so gewiß es vielmehr ist, daß die Namen inankuesi und prikou auf den provençalischen und salassischen Münzen rein keltisch sind, so sichere Zeugen sind sie dafür, daß die etruskische Civilisation vor der römischen Machtentwickelung eine ähnliche Stellung zu den nördlichen Alpenländern behauptete, wie etwa die massaliotische gegen Gallien, und es ist mehr als wahrscheinlich, daß beide Handelsvölker sich nicht bloß zur See, wie bekannt, sondern auch im Landhandel beständig Concurrenz machten." —

Wir wenden uns jetzt wieder zu dem Urculturvolke des Mittelmeeres, den Phöniziern, deren Einfluß in religiöser wie industrieller Beziehung auch auf die Griechen stark gewirkt hat, zurück, um unserem Bilde vom Landhandel der Vorzeit einen noch breiteren Hintergrund zu geben und durch sie auf die westlichen Bernsteinstraßen zu gelangen. Der Handel der Phönizier nach dem Norden.

Es ist neuerdings erwiesen, daß Phönizier des Zinnes wegen nicht nur nach „Britannien" reisten, sondern daß sie auch darüber hinaus bis zur jütländischen Halbinsel, ja vielleicht bis Skandinavien und noch weiter vordrangen und Factoreien anlegten. Kupferne und bronzene Geräthe, welche phönizische Künstler in größerer Mannigfaltigkeit zu Tempelgeräthen wie zum profanen Gebrauch anfertigten, gingen als ein Hauptgegenstand des Handels nach den Berichten alter Autoren bis nach Britannien.[140] Ebenso Töpferwaaren und Salz; Glasperlen; vielleicht auch bunte Zeuge.[141]

Nach Skandinavien waren es — da hierüber die schriftlichen Berichte fehlen, so können natürlich nur die Ausgrabungen sprechen — besonders bronzene Sachen, Waffen und auch Handwerksgeräth. Wie die Phönizier nach Britannien und den benachbarten Inseln das Verlangen nach Zinn und nach Irland auch das nach Gold,[142] so führte sie nach der cimbrischen und nach Skandinavien das Bestreben, für ihren Handel um geringe Werthsachen den vielbegehrten Bernstein und daneben auch die schönen Pelzwaaren des Nordens zu erhandeln. Das Bernsteinland der Alten nun war nicht die gegenwärtige Küste der Provinz Preußen, sondern vorzugsweise der Fuß der cimbrischen Halbinsel, also das heutige Holstein, und die dänischen Inseln, vielleicht auch die mecklenburgische Küste, wie neuere Untersuchungen[143] zu erweisen scheinen. Die Ausfuhrgegend kann immerhin auch an der preußischen Küste zu suchen sein, nicht aber dasjenige Bernsteinland, von dem die Alten berichten.

Die Spuren der Phönizier im Norden.

Die Spuren phönizischen Handels und phönizischer Ansiedlungen an den Küsten Skandinaviens[144] sind noch jetzt nachweisbar.

Wie überall, so gründeten die Phönizier auch in Skandinavien Colonien und übten ihren Religionscultus, den Baalsdienst, welcher nicht ganz undeutliche Spuren hinterlassen hat. Zwar möchte ich nicht behaupten, daß auch die Feier der Sonnenwende bis auf die Phönizier zurückgeht.[145] Wohl aber sind andre Spuren dieses Baalsdienstes vorhanden. Unter anderen das sogenannte Kivikmonument, ein Stein auf Schonen, welcher die bildliche Darstellung phönizischen Cultus unzweideutig eingegraben zeigt. Bei Lund wurde ferner ein sogenannter Kesselwagen von Bronze gefunden, welcher fast ganz einem zum phönizischen Cultus in Jerusalem nöthigen Apparate ähnlich ist, von dem das alte Testament berichtet. Auch andere Tempelgefäße augenscheinlich phönizischen Ursprungs hat man, wie schon auf den vorhergehenden Seiten bemerkt wurde, im Norden aufgefunden. Ferner sind die Verzierungen der im Norden ausgegrabenen Bronzegeräthe den echt phönizischen entschieden ähnlich, ein Umstand der für die kritisch-comparative Forschung von großer Wichtigkeit ist. Ein hoher Grad von Geschicklichkeit zeichnet alle diese Geräthe aus, besonders die zahlreichen Schmucksachen für Frauen.

Der gelehrte Nilsson macht aus diesen Schmucksachen den Schluß, daß die hier stationirenden Händler es sich angelegen sein ließen, nicht nur zierliche Waffen, sondern auch geschmückte Frauen zu haben. Sie haben nach ihm sogar Frauen ihres eignen Stammes mit nach dem Norden gebracht, worauf die gefundenen Armbänder, welche nur für sehr dünne Handgelenke gepaßt haben können, hinweisen sollen. Allerdings haben die Semiten einen dünnen Knochenbau, auch nahm das schöne Geschlecht bei den Phöniziern wie bei den Semiten eine geachtere

Stellung ein, was bei den Germanen nicht immer der Fall war. Diese Gesichtspunkte sind aber nicht genügend, den Beweis zu liefern, daß die Phönizier ihre Frauen aus der Heimat bis zum Norden mitgenommen haben sollten. Auch stehen unsere Bemerkungen am Anfange des siebenten Abschnittes der in sich sehr unwahrscheinlichen Annahme entschieden entgegen. — Weit wahrscheinlicher ist es, daß der Name des phönizischen Baal in dem Namen des Baltischen Meeres (für Ostsee), des Ballersteins bei Falköping und in anderen noch heute nachklinge. Auch das bei den Germanen so beliebte Bier, jenes aus Getreide bereitete Getränk, von welchem schon Pytheas um 350 v. Chr. aus diesen Gegenden berichtet, war höchst wahrscheinlich durch die Phönizier, die seine Bereitung von den Aegyptern erlernt hatten, in jene Gegenden gebracht worden: die gewöhnliche Annahme von den Erfindern des Bieres ist daher keineswegs ebenso richtig als sie weit verbeitet ist. Höchst wahrscheinlich haben die Nordvölker auch das Salzen der Fische und einige Fangarten beim Fischen von den Phöniziern gelernt.[146]

Diese und noch andre bedeutsame Zeichen weisen entschieden darauf hin, daß die Phönizier an verschiedenen Puncten der südlichen und westlichen Küste Skandinaviens ehemals Handels-Niederlassungen besaßen.

Auch in Mecklenburg scheinen sie oder die Etrusker feste Ansiedlungen gegründet zu haben. Wir bemerkten schon oben, welcher seltsame Fund bei Peccatel gemacht worden ist, wo man eine phönizische oder etruskische Menschenopferstätte mit ihrem (zum Theil einem bei Lund gefundenen ganz ähnlichen) Apparate aufdeckte.

Ob die Pfahlbaute bei Wismar eine Station phönizischer oder etruskischer Kaufleute war, ist nicht sicher zu bestimmen. Es spricht zwar nichts dagegen und sogar die Analogie der schweizerischen Pfahlbauten dafür; man dürfte daher auch hier an celtische vom Süden her kommende Händler und an etruskischen Handel denken. Es ist jedoch auch nicht unmöglich, daß einheimische Barbaren hier an der Küste des Fischfanges wegen sich Hütten im Wasser erbauten.

Bei unbefangener Betrachtung ist das Vordringen und die Handelsthätigkeit der Phönizier bis nach Skandinavien nicht zu leugnen. Nur absprechende Bequemlichkeit und das unangenehme Gefühl, früher vertheidigte Ansichten nun aufgeben zu müssen, wird ferner Opposition dagegen zu machen suchen. Allen Folgerungen, welche der verdienstvolle Nilsson aus dem eben vorgetragenen Resultate macht, kann ich mich freilich auch nicht anschließen. Deshalb aber das Ganze seiner Leistung kurzweg zu verwerfen, wie es geschehen ist, halte ich, und hoffentlich auch der Leser dieses, für Unrecht. Es spricht ja nicht einmal die Wahrscheinlichkeit gegen Nilsson, wenn wir wissen, daß die Phönizier die Umschiffung Afrikas unternommen haben. Eine lange Dauer der Anwesenheit der Phönizier in Skandinavien ist freilich nicht anzunehmen. Die mit der Zeit immer lebhafter werdende Handelsthätigkeit auf den Landstraßen und das höchst wahrscheinliche Eingreifen der celtischen Bevölkerung in den Transport der Waaren seit frühen Zeiten macht es wahrscheinlich, daß schon mit dem Aufblühen von Marseille kein südländischer Kaufmann mehr über Schleswig-Holstein hinaus nach dem Norden vorgedrungen ist.

Die Wege der Phönizier nach dem Norden.

Ueber die Art und Weise, wie die Phönizier in die Nordsee und nach Skandinavien bis zur Ostsee gelangten, herrschen verschiedene Ansichten. Früher behauptete man allgemein, sie seien zur See durch das atlantische Meer gefahren; in neuerer Zeit wurden aber aber beachtenswerthe Stimmen laut,[147] welche die Seefahrten der Phönizier im atlantischen Meere sehr einschränkten und die Wahrscheinlichkeit phönizischen Landhandels stark betonten.

Es ist ein reiner Seeverkehr der Phönizier von Cadix aus nach dem Norden thatsächlich auch nicht recht wahrscheinlich. Die großen Schwierigkeiten der Seefahrt von Cadix bis nach Jütland sind dabei nicht gering anzuschlagen. Ferner ist es eine auffallende Thatsache, daß die phönizischen Colonien in Spanien alle an der südöstlichen Küste lagen, nicht auf der nördlichen, wo sie bei einem vorzugsweisen Handel zur See doch auch zu suchen wären.

Die Phönizier in Spanien.

Im mittleren Spanien hingegen sind neuerdings höchst interessante Spuren von ihnen oder den Carthagern gefunden worden. Ich lese darüber in der Kölnischen Zeitung vom 25. October 1865 Folgendes:

Man schreibt der Pariser „Presse" aus Hieudelaencina: Bergleute, welche in dem spanischen Silberbergwerke, genannt die „weiße Kieselgrube," die zum größten Theil seit langer Zeit der Familie Orfila gehört, arbeiteten, haben so eben eine Entdeckung gemacht, welche die Kunst und die Alterthumskunde in gleichem Grade interessirt. Indem sie ihre unterirdischen Stollen trieben, befanden sie sich plötzlich in Gängen, deren Ursprung sich in die älteste Zeit hinein verliert. Es bestand dort eine vollständig bergmännische Bearbeitung, deren Geräthe man in durchaus gut erhaltenem Zustande gefunden, so daß man constatiren konnte, daß es kein römisches, sondern ein carthagisches oder phönizisches Werk war. Dort fanden sich Hacken, Erzsiebe und vor Allem ein Schmelzofen und zwei Schmieden, welche das Interesse der Ingenieure in hohem Grade erregten. Alle diese Gegenstände wurden sorgfältig gesammelt und werden es daher ermöglichen, die wissenschaftlichen Untersuchungen weiter zu führen, als es nach einer oberflächlichen Prüfung geschehen konnte. Besonders genau wird man die merkwürdigen Geräthe und Kunstgegenstände zu prüfen haben, welche die Nischen einer Rotunde im Mittelpunkte des Bergwerkes einnahmen. Diese Rotunde scheint der den Göttern geweihte Ort in den Minen gewesen zu sein. Es gab dort drei Statuen, eine sitzend und von halber Lebensgröße, die beiden anderen stehend und etwa eine Elle groß. Die Statuen erinnern weder an griechische noch an römische Kunst, nähern sich aber derjenigen, welche im Jahre 1854 auf der anderen Seite des Gebirgs gefunden wurde und jetzt in der Armeria zu Madrid unter dem Namen des karthagischen Herkules aufbewahrt wird. Dieselben Zeichen finden sich auf einem Dreifuß und einem Koffer, die gegen die Wände der Rotunde gestellt waren. Die gelehrte Welt gerieth schon bei der Entdeckung von 1854 in Aufregnug; die jetzige wird sicher ein neues Licht in das Studium einer Civilisation bringen, die sehr mächtig war und nun fast ganz verschwunden ist. Die Geräthe, Werkzeuge und Kunstgegenstände bilden jetzt einen Theile des Cabinets des Herrn Lassery zu Valladolid. —

Wenden wir uns von dieser Abschweifung wieder zur Sache zurück, so ist zunächst zu bemerken, daß es an sich als gleichgültig erscheint, ob die Phönizier auch den Seeweg benutzt haben.[148] Ich gehe deshalb auf diese Controverse nicht weiter ein, weil ich für sie nirgends Beweise sehe und weil ich da, wo phönizische Küstenstationen am atlantischen Meere erwähnt werden, solche Punkte vermuthe, die auf dem Landwege vom Süden her erreicht werden mußten, ehe man zu Schiffe weiter nach dem Norden und nach benachbarten, ähnlichen Stationen sich wandte.

Die Strecke von der Gibraltarstraße bis zur Garonnemündung ist zu allen Zeiten eine sehr gefährliche für die Schiffahrt gewesen. Andrerseits zeigen Spuren auf Flußstraßen durch Spanien und Gallien hindurch hin, auf welchen die Küstenpunkte leicht erreicht werden konnten. Dies ist ein Moment gegen die regelmäßige Umschiffung Spaniens bei dem Verkehr nach dem Norden.

Man spricht jedenfalls nicht mit Unrecht von zahlreichen tyrischen Handelscolonien an den atlantischen Küsten, welche vor der Zeit Karthagos blühten. Wenn Cäsar noch erzählt: daß in denjenigen Ländern Britanniens, die er besuchte, viele Unterkönige herrschten, die aber größtentheils in Frieden mit einander lebten, und daß gerade diese Unterkönige es wären, welche sich nach altem orientalischen Brauche noch der Streitwagen bedienten, so verräth das Letztere[149] vielleicht ihre orientalische Abkunft, das Erstere aber, daß man vielleicht an Nachkommen der alten phönizischen Stationshäupter oder doch an deren Nachwirken zu denken habe.

Die Land- und Flußstraßen des phönizischen Handels.

Die Wege, auf denen die Phönizier nach diesen Küstenstationen gelangten, waren verschieden. Als die Ausgangspunkte sind sicher das alte Tartessus (jetzt Tortosa) an der Mündung des Ebro, ferner Narbo (jetzt Narbonne) und Massilia in Südgallien zu betrachten.

Die Ebrostraße.

Von der Ebromündung[150] aus zog die Straße den Strom entlang über Barcellona und Xerta nach dem jetzigen Städtchen Viana (Varia), in welchem die Tradition sogar noch einen Cultus der phönizischen Astarte — der römischen Diana, daher der Name Viana — kennt. Hier wird der Ebro schiffbar. Das alte Amanus, welches seinem Namen nach auf phönizischen Ursprung zurückgeht und beim heutigen Bilbao lag, war der Hafen, von dem aus die Waaren des Nordens zu Lande bis zum Ebro geschafft wurden, wenn der Seeweg um Spanien erspart werden sollte.

Die Garonnestraße.

Von Narbo in Südgallien aus zog wahrscheinlich eine Straße die Garonne entlang: in Toulouse wenigstens, wo die überseeischen Waaren die Flußstraße der Garonne verlassen mußten, um zu Lande weiter südlich nach Narbo transportirt zu werden, sind sehr viele phönizische Münzen gefunden worden; auch scheint der Name des alten Narbo phönizisch zu sein.

Massilia nnd die Phönizier.

Weit sicherer als die von Narbo ausgehende ist die Flußstraße oder vielmehr ein Flußstraßennetz des phönizischen Handels nachweisbar, welches in Marseille seinen Anfang nahm.[151]

Massilia oder Massalia, wie es die Griechen nannten, war von Joniern aus Phocaea in Kleinasien um das Jahr 600 v. Chr. gegründet. Die Entdeckung einer phönizischen Inschrift in Marseille, welche in einem Baalstempel gestanden haben muß, weist darauf hin, daß auch Phönizier zu Marseille ansässig gewesen sind. Da man jedenfalls nicht annehmen kann, daß die Jonier aus Phocaea trotz ihrer angeblichen Urverwandtschaft mit den Phöniziern — die Pelasger und die Philister, der bekannte phönizische Stamm, sollen dasselbe sein — phönizisch geschrieben und rein phönizischen Cult geübt haben, so ist es ganz unzweifelhaft, daß Phönizier in Marseille zu irgend einer Zeit ansässig waren. Und zwar nach unserer Ansicht wohl schon vorher,[152] ehe die Jonier sich hier ansiedelten, denn die Bedeutung der Phönizier von Tyrus und Sidon hatte um 600 v. Chr. in den westlichen Gegenden des Mittelländischen Meeres schon sehr abgenommen und zwar zu Gunsten der Carthager, welche die Nachfolger ihrer östlichen Landsleute wurden. Bald trat auch Carthago in Marseille zurück und um 350 v. Chr. begannen speculative Massalioten schon bis zum entferntesten Norden eigne directe Verbindungen anzuknüpfen und den Carthagern auch dort wie überall auf dem ihnen durch die geographischen und volkswirthschaftlichen Verhältnisse zugehörigen Handelsgebiete Concurrenz zu machen.

Seien es nun Alt-Phönizier vor den Phocäern oder Neu-Phönizier, also Carthager, welche gleichzeitig mit den Phocäern in Marseille eine Handelsstation hatten; das ist ohne Zweifel, daß eine solche Colonie in Marseille irgend einmal existirt hat; auch werden zwei Suffeten, ähnlich wie wir sie in Carthago sehen, als Häupter der Handelscolonie in der oben angeführten Inschrift erwähnt. Daß die griechischen Massalioten den reinen Baalscultus geübt, ist gar nicht wahrscheinlich; der den Phocäern bekannte Cultus der ephesinischen Diana stand jenem phönizischen nahe genug, um mit ihm verwechselt werden zu können. Ein Tempel der ephesinischen Diana hat auch thatsächlich nach Strabo in Marseille auf einer Insel gestanden; neben ihm zwei Dianensäulen, Schiffahrtszeichen ähnlich den Leuchtthürmen der Gegenwart, wie sie die Phönizier dem Hercules (Baal) geweiht und an der Nordsee verschiedentlich errichtet haben.

Achter Abschnitt.

Südostgallien und der Landhandel nach dem Bernsteinlande.

Das von Massalia ausstrahlende Flußnetz.

Die Handelsstraße der Phönizier und später der Massalioten ging die Rhone entlang. Bei der Mündung der Isere in die Rhone lassen sich dunkle Spuren sogar einer phönizischen Station nachweisen.[153] Da nun nach den Berichten der Alten[154] der Uebergänge von Gallien nach Britannien vier waren, nämlich an den Mündungen des Rhein, der Seine, der Loire und der Garonne, so hat der Handel von Marseille die weiteste Ausstrahlung von der Rhone aus gehabt, nämlich unzweifelhaft zur Loire, zur Seine und durch die Isere und die anderen östlichen Nebenflüsse der Rhone zum Rhein hin.

Die Straße, welche über die Isere zum Rhein führte, ist für uns von Wichtigkeit; in ihr haben wir den Hinweis zu der Straße, die nach Nordosten zu den schweizerischen Seen sich hinzog. Daß Phönizier ehemals an den Rheinmündungen Handel trieben, bekunden die schon erwähnten Herculessäulen, welche Tacitus noch gerüchtweise kennt,*) ganz deutlich.[155] Von den Flußmündungen aus suchte der Kaufmann dann weiter die Wege durch das Meer nach dem Nordosten und von Station zu Station wiesen ihm Leuchtthürme und andre Zeichen die richtige Steuerung an den gefährlichen Stellen.

Der germanische Urwald.

In Gallien und Germanien mußte übrigens der Mangel an gangbarer Straßen und die Größe und Menge undurchdringlicher Wälder einen Verkehr zu Lande auf Wagen für

*) Germania cap. 34: et superesse adhuc (an der Nordsee) Herculis columnas fama volgavit, sive adiit Hercules seu quidquid ubique magnificum est in claritatem ejus referre consensimus.

längere Strecken geradezu unmöglich machen. Noch ein halbes Jahrhundert n. Chr. giebt der ältere Plinius, den man den A. v. Humboldt der Römer nennen könnte, in seiner großen Naturgeschichte folgende Schilderung von dem germanischen Urwalde: Ganz Germanien ist, mit Ausnahme der Küstenstriche an der Nordsee, in welchen die Chauken wohnen, dicht mit Wäldern bedeckt, die durch ihren ewigen Schatten die Kälte des dortigen Klimas noch erhöhen. Am höchsten ragen sie empor nicht weit vom Gebiete der Chauken, wo sie besonders zwei Seen*) dicht umgeben. Hart an den Ufern derselben stehen mächtige Eichen, die ein ungemeines Wachsthum haben. Von den Wellen unterwühlt und von den Winden niedergeworfen, bilden diese Eichen durch ihre ineinandergeschlungenen Wurzeln große Inseln, welche in den See hinaustreiben. Solche Bauminseln fahren, wenn die gewaltigen Zweige der hingestreckten Eichenbäume vom Winde ergriffen werden, wie ein Schiff dahin und sind den römischen Flotten oft ein Gegenstand des Schreckens und der Gefahr gewesen. Denn wenn diese des Nachts sich vor Anker legten und dann wie gewöhnlich ihre Hintertheile dem Wasser zuwandten, fuhren mit den Wogen des Sees die Inseln oft gegen sie an, und man hatte so eine bedenkliche Seeschlacht zur Nachtzeit gegen die unheimlichen Feinde zu bestehn. In denselben nördlichen Landstrichen zeichnet sich der hercynische Wald durch die gewaltige Größe der Steineichen aus, die von dem Zahne der Zeit unberührt sind und gleich mit der Erschaffung Welt die Kraft der Unsterblichkeit erhalten zu haben scheinen. Andrer Wundergeschichten zu geschweigen steht es fest, daß die unter der Erde auf einander treffenden Wurzeln benachbarter Bäume mit dem Erdreich zu Hügeln sich emporbäumen, oder, wenn ihnen der Boden nicht folgt, in einander verschlungen bis zu den Aesten ihrer Bäume sich emporkrümmen und dabei portalartige Oeffnungen bilden, welche ganze Reiterschwadronen hindurchzulassen im Stande sind.

Der germanische und der amerikanische Urwald.

Soweit Plinius,[156] der um so zuverlässiger ist, weil er jene Gegenden mit eigenen Augen gesehen hat. Sein jüngerer Zeit-

*) Diese Seen bilden den jetzigen Zuyder-See, der damals in seiner jetzigen Gestalt noch nicht vorhanden war und nicht in directem Zusammenhange mit der Nordsee stand, welcher erst um 1164 n. Chr. durch eine große Fluth geschaffen wurde. Auch der Dollart wurde damals aufgerissen; der Jahdebusen gar erst im fünfzehnten Jahrhundert.

genosse Tacitus bestätigt seine Schilderung in vollem Maße. Deutschland ist auch nach diesem Schriftsteller voll von undurchdringlichen Wäldern, unzugänglichen Niederungen und Seen. Daß vor Plinius und Tacitus dasselbe der Fall gewesen, erscheint, wenn es nicht von Cäsar angedeutet wäre, für mehr als wahrscheinlich. Für uns haben diese Berichte ihre Bedeutsamkeit. Der germanische Urwald stand kaum hinter dem amerikanischen zurück, und der Handel zu Lande kann bei der durch Plinius geschilderten Beschaffenheit Germaniens, ähnlich wie der amerikanische Pelzhandel, ausschließlich nur den Flußstraßen gefolgt sein. Nur gezwungen und auf kurze Zeit konnte der fahrende Kaufmann den Fluß verlassen und den Landweg betreten, und zwar nur, um eine neue Wasserstraße zu suchen, auch wenn er dadurch einen Umweg machte.

Der nordamerikanische Pelzhandel.

Der Pelzhandel im englischen Nordamerika[157] giebt noch jetzt ein Bild davon, wie auf dem europäischen Continent der Landhandel durch die Barbaren hindurch ehemals betrieben worden ist. Die französisch sprechenden Canadier oder Mestizen, welche meist Abkömmlinge von französischen Canadiern und Indianern sind, spielen bei den nordamerikanischen Pelzhandel ungefähr dieselbe Rolle wie die Celten, welche den Handel bis nördlich von den Alpen und der Donau für die von uns behandelte Zeit in der Hand hatten. Sie stehen im Dienste der Hudsons-Bai-Compagnie und unterhalten von Canada und von den Forts an der Hudsonsküste aus den geregelten Verkehr mit den Indianern des inneren Landes, als dessen kostbarste Frucht die Pelzwaaren anzusehen sind, welche von den Indianern eingetauscht werden. Dieser Verkehr, welcher vor den Engländern schon durch die Franzosen, die hier bis zum Ende des siebenjährigen Krieges im Jahre 1763 herrschten, eingerichtet war, folgt bei der Beschaffenheit des Landes lediglich der Wasserstraße. Böte von 35 Fuß Länge und 5 Fuß Breite, welche aus zähem Holze gefertigt sind und außer der Mannschaft 30 bis 40 Centner zu tragen vermögen, dienen als Fortschaffungsmittel. Im ruhigen Wasser werden diese Böte, welche sehr elastisch sind und deshalb nur durch scharfe einschneidende Steine, nicht aber durch Stöße gegen runde Felsen bedeutendere Beschädigungen erhalten können,

Die canadischen Voyageurs.

auf eigenthümliche Manier gerudert und zwar mit einer außerordentlichen Geschwindigkeit. Staunenerregend ist die Ausdauer und Kraft, mittels welcher die Voyageurs trotz der ungeheuren

Schwierigkeiten der Schifffahrt auf den Binnengewässern dieser Länder durchschnittlich Tagereisen von 50 bis 60 englischen, also 11 bis 13 deutschen Meilen zu machen vermögen. Ueber niedrige Stellen müssen die Böte durch die bis an das Knie im Wasser watenden Leute gezogen oder vielmehr geschleift werden; bei Stromschnellen und über Felsen und Baumstümpfe, durch Morast und Dickicht werden sie durch Schlepptaue weiter geschafft. Wo der Boden der Gewässer völlig unpracticabel ist, werden Knüppel, zuweilen auch die Gebüsche vom Ufer untergelegt, um das Fortschleifen zu ermöglichen. Da endlich, wo die Schiffahrt ganz unmöglich wird, müssen Ladung und Fahrzeuge über Strecken des Festlandes, welche man Portagen d. h. Trageplätze nennt, geschafft werden. Oft, wenn der Weg sehr schlecht ist, muß er über diese Portagen zwei- bis dreimal gemacht werden, weil die Fahrzeuge allein schon bei dem ersten Gange die Kraft von mehr als der Hälfte der Bemannung in Anspruch nehmen. Von der Ladung hat jeder Mann ein Gewicht von mindestens 180 Pfund zu tragen, welches in kreuzweis über den Vorderkopf gelegten Lederschlingen geschieht, so daß die Hände frei sind, um einen Weg durch die Zweige der stehenden Bäume und über die liegenden Stämme und Aeste zu bahnen. Gewöhnlich wird um 1 Uhr mit dem Rufe des Führers: lève, lève, lève! aufgebrochen und im Laufe des Tages meist nur zweimal, zum Frühstück und Mittagsessen, gelandet, so daß der Tag durchschnittlich in 18 Stunden Arbeit und 6 Stunden Ruhe eingetheilt ist. Die Voyageurs ertragen diese fast unglaublichen Anstrengungen ohne Murren und meist mit solcher Lustigkeit, wie wenig andere Menschen sie kaum am ersten Tage der Fahrt haben würden.

Die Beamten der amerikanischen Handelscompagnie.

Die im Dienst der Hudsons-Bai-Compagnie stehenden Leute,[158] welche den Pelzhandel in ihrem Territorium leiten und in demselben zugleich die untern Verwaltungsbeamten sind, bestehen aus Chief-Factors (Ober-Factoren), Chief-Fraders (Ober-Händler) und Clerks (Schreiber). Die Chief-Factors besorgen die Geschäfte der Compagnie auf den verschiedenen Stationen, und die Chief-Fraders leiten unter ihnen den Handel mit den Indianern; die Clerks dienen unter beiden. Den Officieren der Compagnie, welche im Innern ihrer Territorien überwintern, werden außer ihrem Antheil an dem Gewinn für ihren persönlichen Bedarf noch Luxusartikel, wozu man namentlich Thee und Zucker rechnet, unentgeltlich bewilligt; sie dürfen aber unter keiner

Bedingung irgend einen Privathandel mit den Indianern treiben. Der Sitz des Directoriums der Hudsons-Bai-Compagnie ist in London. Der Bruttowerth der jährlich-exportirten Pelzwerke, für welche London der Hauptmarkt ist, beträgt ungefähr 1,250,000 Thaler. Mit den Indianern wird der Verkehr durch reinen Tauschhandel, bei welchem man ein Biberfell als die Einheit des Münzfußes zu benutzen pflegt, vermittelt.

Die Pferde der amerikanischen Büffeljäger.

Zwischen dem jetzigen nordamerikanischen und dem uralten europäischen Landhandel die Parallelen zu ziehen, kann ich dem Leser wohl allein überlassen. Wenn auch in dem Handel, der von Marseille nach der Schweiz und weiter ging, eine solche feine Gliederung der Arbeit wie im nordamerikanischen, nicht vorhanden gewesen sein mag, und Ober-Factoren, Unter-Factoren und Clerks in einer Person vertreten gewesen sein mögen, so sind die canadischen Voyageurs doch sicher den gallischen Celten gleich zu stellen. Ob Letztere von der Schweiz noch weiter nach Norden zogen, ist nicht zu constatiren. Die roheren germanischen Celten mögen selbst den Handel weiter vermittelt haben. Auch in dieser Hinsicht lassen uns die unentwickelten nordamerikanischen Handelsverhältnisse der Prairien und Hinterwälder nicht im Stiche. In dem südlicheren Gebiete[159] der Hudsons-Bai-Compagnie, westlich vom Oberer-See beim Fort Douglas leben sehr viele mit indianischem Blute gemischte Canadier (Mestizen), welche zwar zum größten Theile ausgediente Voyageurs und Diener der Compagnie sind, denen aber alle Fähigkeit zum Colonisiren fehlt, weil sie eine unüberwindliche Neigung zum unstäten und umherschweifenden Jägerleben haben. Die Büffeljagd ist ihre Hauptarbeit: wenn sie zu ihr ausziehen, so nehmen sie ihre Frauen und Kinder mit und beobachten auf dem Zuge alle Regeln einer militärischen Expedition. Jeder Jäger besitzt außer seinem Reitpferde und den Zugthieren seiner Karren wenigstens noch ein eigenes Reitpferd, welches er nie anders als zur Verfolgung des Buffalo besteigt und mit aller der Sorgfalt und Auszeichnung behandelt, wie ehemals ein Ritter sein Schlachtroß. Ihre Pferde kommen meist aus den südlichen Prairien der vereinigten Staaten oder von den ehemaligen mexikanischen Provinzen, wo sie von den dortigen Indianern gestohlen werden und durch andre Indianer entweder durch Tausch oder wiederholten Diebstahl endlich bis hierher gelangen.

Ein ähnliches Beispiel gewährt für die europäische Vorzeit

der Pelzhandel. Die Germanen liebten bekanntlich die Pelzkleidung. Auch die im Binnenlande Wohnenden trugen Pelze aus geringeren Fellen, welche zum Theil mit werthvolleren Stücken besetzt waren. Diese kostbaren Felle kamen zu ihnen von den nordischen Küsten und vom Eismeer her und zwar durch Barbaren und durch Handel von Stamm zu Stamm. Durch die vielen binnenländischen Germanenstämme hindurch gelangten die glänzend dunklen Zobelfelle selbst bis zu den Römern hin.

Wenn nun Pferde als Handelsartikel durch Indianerstämme hindurch Hunderte von Meilen weit — und sei auch die Art und Weise des Erwerbes oft eine betrügerische — bis dahin fortgeschafft werden können, wo viel Nachfrage nach ihnen ist, wenn ferner in Europa Pelzwaaren vom hohen Norden lediglich durch Barbarenstämme bis zu den Alpen und noch weiter südlich gelangten; dann müssen doch wohl alle Zweifel an der Möglichkeit der Fortbeförderung von Waaren verschiedener Art durch das Binnenland Deutschlands von der Schweiz aus verstummen. Ich habe es nun auch nicht mehr nöthig, nach weiteren Seitenstücken für den Landhandel der europäischen Vorzeit zu suchen und wende mich zu Massilia und den Pfahlbauten zurück. —

Marseille und die Phönizier-Karthager.

Die Handelsblüthe der eigentlichen Phönizer hat im westlichen Theile des Mittelmeeres nicht allzulange gedauert und der Beginn desselben ist um das Jahr 1000 v. Chr. zu setzen, wenn wir für die Gründung von Gades (Cadix) nach der gewöhnlichen Annahme das Jahr 1048 v. Chr. nehmen. Die Carthager machten ihren asiatischen Landsleuten hier sehr bald Concurrenz und das mit Erfolg.

„Der Periode des ausschließlich unmittelbaren und directen Verkehrs der Phönizier des Mutterlandes bis an und wenig über die karthagisch-sicilische Meerenge hinaus entspricht, so bemerkt ein neuerer Gelehrter,[160] die erste Periode der Erdkunde des Westens; der Periode, in welcher sich die karthagischen Phönizier ihr neues Vaterland zum Stützpunkte eines neuen Handels bis an und wenig über die Meerenge von Gibraltar hinaus machen, an dem dann die Phönizier des Mutterlandes mittelbar und indirect Antheil nehmen, entspricht die zweite Periode der Erdkunde des Westens.“ Wir haben also unter den Phöniziern im Westen des Mittelmeeres seit 800 v. Chr. vorzugsweise Carthager und nicht die Alt-Phönizier zu verstehen. Was die Carthager den Alt-Phöniziern, bereiteten übrigens hier die kleinasiatischen Griechen, welche die Phönizier schon längst aus dem schwarzen Meere und aus dem Bereiche des griechischen Inselmeeres verdrängt hatten, bald auch den Carthagern selber.

Die Gründung Massilias.

Geht man nämlich auf allgemeine handelspolitische Gesichtspuncte zurück, dann liegt in der Ansiedlung von Griechen der unternehmungslustigsten Art in Südgallien um 600 v. Chr. doch eigentlich deutlich ausgesprochen, daß von jetzt an Griechen den Phöniziern auch im westlichen Theile des Mittelmeeres Concurrenz machen wollen und daß es ihnen gelingt, hier festen Fuß zu fassen.[161] Das scheint der Kern zu sein, wenn man von einer Gründung Marseille's durch die Griechen spricht. Die historische Ueberlieferung unterstützt diese Auffassung der Verhältnisse übrigens auf das entschiedenste, wenn wir lesen, daß die Massalioten im Jahre 536 v. Chr. bei Corsika mit ihren Rivalen, den Carthaginiensern und Etruskern, eine Seeschlacht, aus der sie unbesiegt*) hervorgingen, zu bestehen hatten.[162] Mögen einzelne Phönizier oder vielmehr Carthager zu Marseille aus Handelsrücksichten ansässig geblieben sein, das jedenfalls ist sicher: wenn Griechen und zwar von dem durch Handelslust berühmten ionischen Stamme in einer Gegend der westlichen Mittelmeerküste, welche Phönizier gewiß schon längst aufgesucht hatten, bald überwiegende Geltung zu erlangen vermögen, dann liegt darin auch ausgesprochen, daß diese Griechen nun auch den von hier ausstrahlenden Handel und zwar auch den nach dem Norden vorzugsweise in die Hand bekamen.[162] Der Handel der Massalioten auf den alten phönizischen Straßen nach Norden muß älter sein, als die Reise des Pytheas; er datirt schon seit der Zeit, da die Seeschlacht bei Corsika geschlagen wurde.

Ein geistvoller deutscher Gelehrter**) bemerkt über die Gründung Massilia's durch die Phocäer Folgendes: „In Gallien und Iberien kam es auch während der Zeit, da die Bedrängniß Ioniens durch die Lyder anfing, zu städtischen Gründungen der Phocäer, die sich bis dahin mit kleinen Handelsniederlagen begnügt hatten. Die Rhodanosmündung war ihnen für Land-

*) Ernst Curtius in seiner Griechischen Geschichte. Band I. Berlin, 1857. S. 368 f.

) Wenn Thucydides I, 13: **Φωκαῆς τε Μασσαλίαν οἰκίζοντες Καρχηδονίους ἐνίκων ναυμαχοῦντες diese Schlacht meint — und ich glaube es —, dann gingen die Massalioten sogar als Sieger aus dem Kampfe hervor.

und Seehandel besonders wichtig und mit ionischer Geschmeidigkeit wußten sie sich hier einzunisten, um in allem Frieden dauernde Verbindungen anzuknüpfen. Die Sage vom Euxenos, der, von dem gallischen Häuptlinge zur Hochzeitfeier eingeladen, statt des einheimischen Freiers von der Braut erwählt wird, schildert die Zuneigung, welche sich die Fremden bei den Landeskindern zu erwerben wußten. Massilia war seit Ol. 45 im Celtenlande ein fester Sitz hellenischer Cultur, trotz der Anfeindung der seeräuberischen Stämme Liguriens und der punischen Flotte. Am Ufer wurden große Fischereien angelegt; der steinichte Boden um die Stadt selbst verwandelte sich in Wein- und Oelpflanzungen. Landeinwärts bahnte man die Straßen, welche die Producte des Landes an die Rhonemündung brachten; man legte in den celtischen Städten Handelscomtoire an, welche die Ladungen von britischem Zinn, das für Kupferarbeit einen unersetzlichen Werth hatte, nach Massalia förderten, von wo Wein und Oel, so wie Kunstarbeiten, namentlich Erzgeschirre, in das Binnenland geschafft wurden. Ein ganz neuer Horizont öffnete sich hellenischer Wißbegierde; kühne Entdeckungsreisen führten nach dem westlichen und nördlichen Oceane, wo die Erscheinung von Ebbe und Fluth zuerst den Scharfsinn der Griechen beschäftigte. Man erforschte die Heimat von Bernstein und Zinn und suchte das gewaltige Material neuer Weltanschauung wissenschaftlich zu bearbeiten."

Wenden wir uns von hieraus zu der Entwicklung des massaliotischen Handels und zwar vorzugsweise des Landhandels nach dem Norden.

Die massaliotischen Landhandelsstraßen.

Die Thatsache, daß durch die Rhone eine Hauptstraße des Verkehrs nach dem Norden bezeichnet wird, ist im Hinblick auf die schweizerischen Pfahlbauten von ganz besonderer Wichtigkeit. Es fragt sich nur, ob die Pfahlbauten der Knotenpunct des Verkehrs von der Rhone aus entweder über die Flußstraße des Rheins oder einer anderen Straße, eines Landweges nach dem Norden waren. Ich halte das Erstere nicht für unmöglich. Ich halte es aber auch ebenfalls nicht für unwahrscheinlich, daß die massaliotischen Waaren, wenn sie immerhin auch noch die alte Rheinstraße der Phönizier-Carthager entlang gingen, von den Stationen in den schweizerischen Seen aus leicht einen anderen geraderen Weg direct nach dem Norden suchen und einschlagen konnten, möge es nun durch die Massalioten selber oder durch die Celten Galliens und Germaniens geschehen sein.

Massilia's Handelsbedeutung im Allgemeinen.

Ehe ich hierauf weiter eingehe, muß ich für den Leser kurz nachweisen, daß Massilia wirklich ein bedeutender Handelsort und wohl im Stande war, den Carthagern starke Concurrenz zu machen, sie aus dem Handel über Gallien und den Rhein ganz zu verdrängen.

Einer der neuesten französischen Schriftsteller, welcher von Marseille's Handelsbedeutung spricht, Napoleon III., faßt in seiner Geschichte des Julius Cäsar I. S. 99 f. die Resultate der Forschung über die Entwicklung der phocäischen Colonie so zusammen: „Marseille hatte nur ein engbegrenztes Gebiet, aber sein Einfluß reichte weit in das Innere von Gallien hinein. Dieser Stadt dankt man die Acclimatisirung des Weinstockes und des Oelbaumes. Tausende von Rindern kamen alle Jahr den Thymian in den Umgebungen von Marseille abzuweiden. Die Marseiller Kaufleute durchstreiften Gallien in allen Richtungen um daselbst ihre Weine und die Erzeugnisse ihrer Manufacturen zu verkaufen. Ohne sich zu dem Range einer großen Seemacht emporzuschwingen, hatte die kleine phocäische Republik dennoch genügende Hülfsquellen, um sich bei Karthago in Achtung zu setzen; sie verband sich frühzeitig mit den Römern. Seit dem fünften Jahrhundert der Stadt Rom hatten die Marseiller Häuser in Syracus, wie später in Antiochien, Comptoire errichtet, die eine sehr große Handelsthätigkeit bezeugen."

Wir glauben, das Material hierüber noch etwas erweitern zu müssen.

Der Handel der Massalioten.

Am Zinnhandel nahm Marseille auch nach den ausdrücklichen Berichten der Alten frühzeitig Theil. Celtischer Landhandel — wir heben das besonders hervor — brachte das Zinn nach Marseille. Massalioten werden nun wohl schon frühzeitig den Spuren der phönizischen Carthager in eigner Person gefolgt sein. Daß ihre Stationen um 350 v. Chr., zu der Zeit, als Pytheas von Marseille seine berühmte Reise nach dem Norden und zum Bernsteinlande unternahm, sich über die Rhone hinaus erstreckt, ist mir unzweifelhaft. Man kann in der Reise dieses Massalioten keinen anderen Hintergrund suchen, als den, daß massaliotische Kaufleute nicht nur den Zwischenhandel, sondern auch den viel ergiebigeren Handel an der Quelle der nordischen Waaren selber in die Hand nehmen oder doch ohne Vermittlung der Carthager zu ihm gelangen wollten. Rein wissenschaftliche Staats-Expeditionen kennt erst die Neuzeit; die Reise des

Pytheas war vorwiegend eine handelspolitische. Daraus, daß Massalioten selbst einen erfahrenen Mann ausschicken mußten, um die Verhältnisse des Nordens zu erkunden, ergiebt es sich übrigens mit Sicherheit, daß die Phönizier von ihren Handelsverbindungen im Norden wohlweislich zu den Massalioten geschwiegen hatten. Pytheas mag immerhin den Phöniziern Manches für die Reise abgesehen haben; es ist mir aber undenkbar, daß die phonizischen Stationen ihn gastfreundlich aufnahmen und beförderten.[164] Ein Schiffer griechischer Nation konnte dem Handel der Carthager nur Concurrenz zu machen beabsichtigen; eine große Handelsstadt wie Marseille konnte nie eine freundliche Schwester von Carthago werden, wo ihr als dem näheren Hauptorte ja der Handel gebührte und erstes Ziel sein mußte.

Bekanntlich reiste Pytheas zwischen 366 und 327 v. Chr., also um 350, von Marseille aus nach dem Norden, bis Norwegen und Schweden. Er berührte dabei das bekannte Thule, über dessen Lage die Ansichten der Gelehrten noch heute so sehr auseinander gehen. Pytheas war ein ausgezeichneter Astronom: den Breitegrad von Massilia hat er bekanntlich so genau berechnet, daß er nur um wenige Secunden von den neuesten Berechnungen abwich; auch war er der erste, welcher die Lage des Nordpols am Himmel bestimmte.[165] Dieser gelehrte Astronom und Geograph legte die Resultate seiner Reisen wie es scheint in verschiedenen Schriften nieder. Es ist ihm aber gegangen wie dem Herodot und dem Venetianer Marco Polo, dem Leo Africanus und Anderen, die für Fabeler galten und noch jetzt gelten würden, wenn nicht die kritische Forschung und neuere Reisen ihre Angaben im Wesentlichen bestätigt hätten. Schon die alten Autoren hielten das, was Pytheas über die Völker und Länder des Nordens erzählte, zum großen Theil für erdichtet und sie beuteten ihn nach Bequemlichkeit aus. Daß sein Originalbericht unter diesen Verhältnissen innerlich und äußerlich litt, ist sehr natürlich. Aus den erhaltenen Fragmenten ist daher der Verlauf der Reise nicht mehr sicher festzustellen. Immerhin ist aber das Vordringen des Pytheas nach Norden ein unwiderleglicher Beweis dafür, daß die Massalioten schon um 350 v. Chr. daran dachten, am nordischen Handel direct theilzunehmen. Die Pfahlbauten in der Schweiz bezeichnen nun nach unserer Ansicht den Hauptpunct in der neuen Straße, die von hier sowohl den Rhein entlang als durch Deutschland quer hindurch zum Bersteinlande führen konnte.

Pytheas von Marseille.

Die Kunde über die Wege nach dem Bernstein- und Zinnlande ist übrigens auch durch die Massalioten, wenn nicht entstellt, so doch nicht dem gewöhnlichen Manne und den Ausländern mitgetheilt worden. Sie blieb im Besitze der einzelnen Kaufleute. Ist es nicht bezeichnend, wenn noch im Jahre 218 v. Chr. der römische Heerführer P. Cornelius Scipio, als er beim Ausbruch des zweiten punischen Krieges den Marsch Hannibals durch Gallien von der Provence aus hindern sollte, die Bewohner von Massilia vergebens[166] über Britannien befragte?

Massalia, Rom und Carthago.

Daß Hannibal überhaupt so leicht durch die celtische Bevölkerung Galliens bis zu den Alpen gelangt, hängt mit Verhältnissen zusammen, welche die handelspolitische Stellung Massalia's Rom und Carthago gegenüber betreffen.[167] Es war carthagische Handelseifersucht, welche von Spanien aus unter den gallischen Stämmen Freunde zu gewinnen und aus ihnen Feinde der Massalioten zu machen trachtete. Diese Politik ebnete dem Hannibal den gefährlichen Weg. Die Carthager verfuhren in Gallien nicht anders, wie neuerdings die Engländer aus ähnlichen Motiven in französischen und russischen Colonien. Als Befreier der gallischen Celten konnte Hannibal sich nicht proclamiren, denn hier war nichts zu befreien. Er war, wenn die Gallier nicht schon vor seinem Zuge bearbeitet waren und wenn sie mit den Massalioten Hand in Hand gingen, unrettbar verloren und wäre wohl nie bis zu den Alpen gelangt. Wenn ferner berichtet[168] wird, es habe Q. Maximus Aemilianus mit römischen Truppen einen Sieg über die Gallier erfochten, am Einflusse der Isere in die Rhone ein Tropäum aus weißem Stein errichtet und dazu zwei Tempel, einen des Mars und einen des Hercules erbaut; dann deutet das mindestens darauf hin, daß der Feldzug im Interesse der Massalioten geführt worden ist, daß jene Gallier in ihrer gewohnten Weise die Schifffahrt der Massalioten auf der Rhone und Isere belästigt hatten und daß jene „Tempel“ vorzugsweise zur Sicherung der Stromschifffahrt dienen sollten. Der Tempel des Hercules neben einem des Mars hierselbst ist wenigstens sehr auffallend.

Es erklärt sich andrerseits die Verbindung der Römer und Massalioten, die schon seit alter Zeit stattfand und im Jahre 388 v. Chr. durch ein besonderes Bündniß befestigt wurde, nur aus dem Interesse, welches für beide Theile den Carthagern, und vorher auch den Etruskern, gegenüber ein gemeinschaftliches wurde.

Daher auch wohl die Unterstützung, welche Massilia den Römern in ihren Kriegen öfter gewährte. Daher der spätere Aufschwung des massilischen Handels in Oberitalien auf Kosten der Etrusker. Daher ferner die große Auszeichnung, welche den Massalioten zu Theil wurde, wenn die Römer das Bild der ephesinischen Diana, und zwar in derselben Form und Stellung, wie zu Massilia, auf dem aventinischen Hügel errichten ließen.[169] — Die Handelsblüthe der phocäischen Colonie sank zwar seit der Eroberung Galliens durch Cäsar um etwas, Massilia überdauerte aber auch so noch die Weltstadt und wurde im sechsten Jahrhundert nach Chr. wieder ein Haupthandelspunkt am mittelländischen Meere.[170]

Massalioten und Gallier in der Schweiz.

Nach dieser Abschweifung, welche nöthig schien, um unsere Anschauung durch ein recht deutliches Bild der Handelsbedeutung Massilias besser zu unterstützen, wenden wir uns wieder zur Hauptsache, zum Landhandel der Massalioten zurück und fassen besonders die Wege desselben nach der Schweiz in das Auge.

Daß die Massalioten und Erzeugnisse ihrer Cultur bis nach der Schweiz gekommen sind, dafür liegen urkundlich Beweise in den Ausgrabungen vor. Bei Bern wurden Münzen und Medaillen von Bronze und Silber, in Marseille geschlagen und von griechischer Arbeit, gefunden; dazu eiserne Schwerter und andre Waffen nebst Geräthschaften verschiedener Art.

Unter den Münzen ist eine altmassilische Silbermünze,[171] die in Gräbern auf dem südöstlichsten Abhange des Roßfeldes bei Bern zu Tage kam, besonders interessant. Sie hat die Größe eines Obolus, ist ziemlich abgeschliffen und zeigt auf der convexen Vorderseite einen gelockten Kopf, auf der concaven Rückseite ein Rad mit vier Speichen, zwischen welchen unten die griechischen Buchstaben M A als die Anfangsbuchstaben des Prägortes Massilia vorkommen, jedoch nicht in der gewöhnlichen Reihenfolge, sondern rückwärts A M geschrieben. Nach der Bestimmung eines berühmten Münzkenners[172] müßte sie vor 400 oder 460 v. Chr. geschlagen sein, und nach demselben Gelehrten wurde das vierspeichige Rad (oder Kreuz) der eigenthümliche Typus der kleinen massaliotischen Silbermünze. In den eben erwähnten Gräbern, welche als Reihengräber zu den altceltischen gerechnet werden, fand man ferner Armringe von Glas, über welche sich ihr erster Beschreiber[173] also äußert: „in ihnen ist phönizischer Kultureinfluß oder doch eine Nachwirkung desselben kaum zu verkennen. Die Kunst, aus Glas Schmucksachen zu verfertigen, ist durch die Phönizier nach Gallien gebracht worden, und später mögen die griechisch-celtischen Massalioten vorzugsweise diesen Industriezweig betrieben und zum Handelsgegenstand gemacht haben. Eine Spur von Handelsverbindungen Massiliens mit den Celtohelvetiern scheint jedenfalls die durch ihren Fundort doppelt merkwürdige Münze zu verrathen."

Die Münzfunde.

Ich führte diese Stelle wörtlich an, um zu zeigen, daß auch da, wo kein besonderes Interesse dafür ist, Massalioten in der Schweiz zu suchen, schon für ältere Zeiten eine solche Verbindung angenommen wird.[174] Das massaliotische Tribolon, welches in Südgallien die gewöhnliche Courantmünze wurde, beherrschte nachweislich nicht nur „das Gebiet der oberen Rhone und die ganze Lombardei, sondern massaliotische Münzen oder Münzen nach diesem Fuß finden sich auch in der Gegend von Bern, bei Genf und im Wallis, jedoch an beiden Orten nicht zahlreich, ferner in großen Massen im Tessin und in Graubündten."[175] In der nördlichen Schweiz kommen sie wenig vor. Auffallend ist das nicht, da der Handel von hier nach dem Norden von den Celten höchst wahrscheinlich schon selbstständiger ausgeübt wurde. Außerdem münzten später die gallischen Städte selber, so daß es sehr erklärlich ist, wenn die nördliche Schweiz eher ein Markt für Münzen aus gallischen Städten, welche der Schweiz benachbart waren, als für massaliotische wurde. Die Anregung Massilias zu einem Landhandel nach dem Norden, den sodann gallische Städte und Händler in die Hand nahmen, ist als ausgemacht anzusehen, auch wenn nicht eine einzige Münze in der Nordschweiz gefunden wäre.

Massilische und gallische Münzen.

Die südgallischen Städte waren zudem im Stande, ohne massilisches Geld selbstständig zu handeln und doch mit Massilia in enger Handelsverbindung zu bleiben. Das ganze narbonensische Gallien hat nämlich „ohne Ausnahme auf den Fuß von Massilia gemünzt;"[176] die älteren gallischen Münzen zeigen in Folge der Einwirkung Massilias und anderer griechischer Colonien auch die Schriftzeichen des griechischen Alphabets.

Es ergiebt sich daraus, daß die Vertheilung massaliotischer Münzen für den Weg des massaliotischen Handels oder doch massaliotischer Handelsproducte keineswegs maßgebend ist und daß sie unseren Ausführungen nicht entgegensteht. Dann zumal nicht, wenn wir bedenken, daß die Erde noch genug beweisendes Material bergen kann, und daß bei einem Handel von Stamm zu Stamm und bei dem vorwaltenden Tauschhandel im Norden die Spuren gallischer und massaliotischer Münzen von der Nordschweiz nach Norden zu natürgemäß immer seltener werden müssen. Und daß von den nördlichen schweizerischen Steinwerkstätten aus vorwiegend Handel nach dem Norden getrieben wurde, werden wir bald sehen.

Nicht nur massilische, auch gallische Münzen lassen sich außerhalb Frankreichs nachweisen. Ein lebhafter Verkehr nämlich hielt die gallischen Celten ebenso sehr unter einander als mit den Nachbarn in Verbindung, und so wanderte anfänglich das von ihnen gemünzte Geld von Westen nach Osten, bis die östlichen Völkerschaften auch ihre eignen Münzen zu schlagen anfingen. In Böhmen und in Baiern, ferner in Baden, in Würtemberg und in der Schweiz sind zahlreiche Funde von goldenen und silbernen Münzen, den sogenannten Regenbogenschüsselchen, gemacht worden, denen massenhafte derselben Art in Frankreich und zumal in Lothringen zur Seite stehen. Besonders eine Art ist auffallend, weil sie eine Inschrift *(KAA)* hat, welche auf ein Volk Mittelgalliens zurückzuweisen scheint. Die naive und unkritische Forschung meinte bis in die neuere Zeit, diese Münzen seien von dem betreffenden Volke zuerst im Osten geschlagen worden, sie seien gewissermaßen Rastenzeiger auf einer langen Völkerstraße, seien auf derselben bei dem Zuge vom Osten zum Westen als Spuren der Wanderung zurückgelassen worden. Es kann von einer solchen Wanderung aber nicht die Rede sein, sondern jene Münzen sind vom Westen, von Gallien ausgegangen und wahrscheinlich zwischen 300 u. 60 v. Chr. durch Handel und Verkehr in die genannten Länder gelangt. Vielleicht wird sich für diesen Landhandel gallischer Celten nach Osten, der mit dem von den Pfahlbauten ausgehenden zusammenhängen könnte, durch größere Aufmerksamkeit auf die Münzfunde noch Genaueres feststellen lassen.

Gallische Münzen außerhalb Galliens.

Schließlich ist zu bemerken, daß das Fehlen von Münzen an solchen Stellen, wohin ein münzendes Handelsvolk gedrungen sein kann, keineswegs gegen die Möglichkeit eines solchen Handels spricht, und daß, wenn an den Ostseeküsten, in Holstein und in Norddeutschland die Münzen von Celten und Massalioten fehlen, dieser Umstand ebenso wenig auffällig ist, wie das Fehlen phönizischer Münzen in diesen Gegenden. Mit den rohen Barbaren des Nordens war in damaliger Zeit nur ein Tauschhandel möglich; er lag in dem Interesse auch der Celten und anderer Handelsleute, die von Süden her ja deshalb kamen, um die werthvollen Producte des Nordens gegen die Erzeugnisse ihres Kunstfleißes auszutauschen, die für sie selbst wenig Werth haben konnten. —

Celtischer und massaliotischer Kunstgeschmack.

Wie im Münzwesen so sind auch in den meisten Industriezweigen Massalioten die Lehrmeister der südostgallischen Celten gewesen. Auch in der Metallarbeit, wenigstens hinsichtlich der Façonnirung und Ornamentik, durch welche rein celtische Artikel sich keineswegs auszeichnen;[177] ferner in der solideren Bearbeitung. Wenngleich es nämlich feststeht, daß die Alpen-Celten das beste damalige Eisen hatten, so gilt das nicht auch für die gallischen Celten; und überdem muß, auch wenn es von allen Celten gilt, die Schmiedekunst bei ihnen schlechter gewesen sein, als der Stoff, wenn z. B. ihr Schwert noch bei dem Einfalle in Italien als unbrauchbar geschildert wird.[178]

Der Character des massaliotischen Kunstgeschmacks.

Auf welche Grundlage geht nun seinerseits der massaliotische Kunstgeschmack zurück?

Es ist von Hause aus beachtenswerth, daß massaliotische Münzen ein vierspeichiges Rad*) zeigen und daß ein solches auch auf Denkmälern in Schonen, welche man nicht mit Unrecht den Phöniziern zuschreibt,[179] gefunden wird. Gallisch-celtische Münzen zeigen dasselbe Rad und dabei Sonnen, die mit Ringen umgeben sind. Hier ist es freilich fraglich, ob nicht die Carthager das Vorbild gewesen sind, wenn wir z. B. ähnliches Ledergeld, wie es die Carthager hatten, auch bei Galliern erwähnt finden.[180]

Wenn nun der massilische Geschmack in Formung und Verzierung von Geräthen allerlei Art auf die Phönizier zurückweist, so ist kein Zweifel über die Ursache einer solchen Abhängigkeit möglich. Schon oben haben wir den Einfluß der Phönizier auf die Etrusker besprochen. Auch aus rein volkswirthschaftlichen Gründen ist der Beweis durchführbar, weshalb alle nach dem Norden handelnden Nationen und weshalb alle Nachfolger der Phönizier und Etrusker im Handel nach dem Norden die phönizischen und etruskischen Waaren nachahmen mußten.

Volkswirthschaftlicher Gesichtspunct.

Es erscheint nämlich als unzweifelhaft, daß die Nachfrage

*) Das Rad gilt als ein Symbol des Sonnencultus. Auf celtischen Münzen kommt es öfter mit einer Aehre zusammen vor.

der nordischen Barbaren, denen die phönizischen Waaren bekannt und erprobt waren, sich auf Gegenstände erstrecken mußte, welche den schon bekannten gleich oder ähnlich waren. Die Anknüpfung von Handelsverbindungen durch andre Völker an Stelle der Phönizier war nur dann möglich, wenn man dieselben Waaren zu Markte brachte, an welche die Barbaren durch den phönizischen Handel gewöhnt waren. Grade an dem, was ihnen einmal erprobt ist, halten Ungebildete am zähesten fest. Das zeigten späterhin ja auch die Germanen an den römischen Grenzen, die im Handel mit den Römern lieber das alte Silbergeld nahmen, als die neuen bequemeren Goldmünzen.[181] Es ist demnach aus allgemeinen volkswirthschaftlichen Momenten erklärlich, wenn die Nachfolger der Phönizier bei dem Handel nach dem Norden die phönizischen Producte so sehr wie möglich nachzuahmen suchten. Es erklärt sich daraus ferner der schon hervorgehobene Umstand, daß die Bronzegeräthe des ganzen Nordens, sie mögen nun durch Etrusker oder Griechen oder Massalioten oder Celten auf den drei großen Bernsteinstraßen nach dem Norden gekommen sein, überall denselben Geschmack, denselben Charakter der Verzierungen zeigen.

Der angebliche celtische Kunstgeschmack.

Es ist sogar die übereinstimmende Ansicht der französischen und englischen Alterthumsforscher, daß *alle Bronzegeräthschaften*, von der eigenthümlichen Form und Ornamentation, wie sie auch in der Schweiz sehr häufig zum Vorschein kommen, (vgl. z. B. Figur 37) so viel ihrer in den vormals celtischen Ländern gefunden werden, von keinem anderen Volke als den Celten herrühren. Das ist in mancher Beziehung richtig, in mancher aber nicht. Es ist überhaupt eine zu allgemein gehal-Behauptung, sowohl chronologisch als räumlich. Vor den Celten haben, wie wir sehen werden, die Culturvölker am Mittelmeer jene Waaren gefertigt. Man kann in keinem Falle ohne Weiteres alles in ehemals celtischen Landen gefundene eigenthümliche Bronzegeräth als eine Arbeit der Celten bezeichnen. Das ist ebenso unrichtig, als wenn die dänischen Gelehrten behaupten, alles Steingeräth, daß dem auf ihren Inseln und in ihren Provinzen gefundenen ähnlich sei, rühre von den dänischen Inseln her. Die Wissenschaft kann nicht dazu benutzt werden, einzelne Länder in patriotischem Interesse zu Mittelpunkten der Industrie und des Handels der Vorzeit zu machen.

Noch zur Zeit der Schlacht bei Cannae im Jahre 216 v. Chr.

fertigten die Carthager Schwerter gleich denjenigen, welche im Norden aus der Erde aufgegraben werden![182] Die Verzierungen an den Waffen finden sich ferner in so origineller Weise bei keinem indogermanischen und keinem ostindischen Volke:[183] es sind aber überall die viel umher gekommenen Phönizier und nächst ihnen die Etrusker, welche in dieser Hinsicht den Ton angegeben haben und später noch das Muster geblieben sind, auch für die nach dem Norden handelnden Celten.

Ich schließe meine Bemerkungen über den Landhandel der Vorzeit nicht, ohne noch die Ansicht eines neueren tüchtigen Alterthumskenners*) über die Celten und den Handel in ihren Ländern kurz hierherzustellen. Derselbe tritt ebenfalls entschieden gegen die Meinung auf, welche alle nordischen Bronzegeräthe den Celten zuschreibt, indem er sagt: „Manche Objecte, besonders von dänischen Funden, zeigen in Form und Verzierung eine wahrhaft classische Schönheit, die der Hand eines griechischen Künstlers Ehre machen würde, und in der That finden sich ganz gleiche Gegenstände in Griechenland, besonders aber in Italien, namentlich in etruskischen Gräbern. Die außerordentliche Uebereinstimmung der Formen und Ornamente in den verschiedenen, weit auseinander liegenden nördlichen Ländern wie der Schweiz und Dänemark, Ungarn und England weist auf einen gemeinsamen Ursprung und Ausgangspunkt hin, von dem die Gegenstände selbst oder doch die Muster ausgingen; zudem setzen manche z. B. die gewalzten Bleche, aus denen Gefäße gefertigt sind, die mit der Maschine gearbeiteten Nägel u. s. w. entschieden einen fabrikmäßigen Betrieb voraus. Wir werden so auf die Culturvölker hingewiesen, mit denen die Bewohner unserer Länder durch den Handel in Berührung kamen, auf die Phönizier und Etrusker. — Letztere waren durch ihre großartige Metallfabrikation ausgezeichnet. — Sie bildeten die Kunst unter griechischem Einflusse zu bedeutender Höhe aus, doch blieb ihr immer der ursprüngliche asiatische Character aufgeprägt; neben den Schöpfungen der höheren Kunst aber zeigt sich in der Masse ihrer Erzeugnisse ein handwerksmäßiger Styl. Hier sind höchst wahrscheinlich die Muster für die nördlichere Bronzecultur zu suchen, die dann mit verschiedenen Abänderungen im Detail nachgebildet

*) E. v. Sacken, Leitfaden zur Kunde des heidnischen Alterthums mit Beziehung auf die österreichischen Länder. Wien 1865. S. 132 ff.

wurden. Ein Theil der Bronzen, die man in unseren Ländern findet, ist sonach als fremdes, wahrscheinlich etruskisches Fabrikat anzusehen, die große Masse der Gegenstände aber wurde wahrscheinlich theils von fremden Wanderarbeitern, theils von Einheimischen, welche die Kunst erlernten hier zu Lande gearbeitet." So kommen also auch Forscher ohne Berücksichtigung der Pfahlbauten zu der Annahme von Wanderarbeitern, fahrenden Handwerkern (Etruskern, Massalioten oder Celten), zu welcher wir unsrerseits durch die Betrachtung der Pfahlbauten gezwungen wurden; unsere Erklärung der Werkstätten auf der Gehmlitz und bei Damerow erhält dadurch gewiß einen festeren Boden. —

Die Schweiz ein Knotenpunct des nordischen Landhandels.

Wenn die Massalioten und Gallier nun auch aus ganz verständlichen Gründen dieselben Waaren wie ihre Vorgänger nach dem Norden lieferten, so ist damit freilich noch nicht erwiesen, daß ihre Waaren auch den alten Wegen folgten.

Der Natur der Sache nach, so scheint es, mußten die massaliotischen Waaren frühzeitig die schon gebahnten nächsten Wege nach dem Norden suchen: sie mußten also der Rheinstraße folgen; der Weg vom Bodensee quer durch Deutschland war freilich noch näher. Für diese beiden Straßen war die Schweiz naturgemäß ein wichtiger Knotenpunct. Das ist übrigens schon verschiedentlich vermuthet worden, und ich glaube es besonders hervorheben zu müssen. Die Einen[184] zweifeln z. B. nicht daran, „daß der Bernstein zu Schiff bis an die Mündung der Oder oder der Elbe gebracht wurde oder auch später blos nach Schleswig ging; von dort gelangte er entweder auf Flüssen oder Landstraßen nach Massilia, wo die Phoiniker ihn kauften oder wurde dort von den armorischen Venetern abgeholt, die ihn über den Bodensee ihren adriatischen Stammgenossen zugehen ließen." Wenn wir uns auch gegen die hier angenommene Stammverwandtschaft der nordwestgallischen Veneter mit den adriatischen und ebenso gegen die Annahme eines directen Handels zwischen beiden erklären müssen, so dürfen wir doch auch wieder hervorheben, daß schon eine reine Vermuthung in dem Bodensee einen wichtigen Knotenpunct in einer alten Landhandelsstraße sieht.

Andre[185] machen wieder die Bemerkung, daß für die Phönizier in Massilien der Weg der massilischen Land- und Wasserstraßen nach dem Norden und zumal bis zu den Rheinmündungen zu lang gewesen sei, „als daß die Phönizier eine Kette von Stationen hätten sollen unterhalten und sich mit den verschiedenen

Völkerschaften allen in das nöthige friedliche Verhältniß setzen können. Ihr Verkehr mit dem Norden war also hier durch die Völker Galliens vermittelt." Was von den Phöniziern in Massilia gilt, kann jedenfalls auch von den Massalioten selber angenommen werden. — Die große Landstraße von Massilia aus wird ferner von W. Wackernagel ganz deutlich bezeichnet, wenn er von der großen westlichen Bernsteinstraße — die nach unseren obigen Ausführungen aber in mehrere zerfiel — sagt: sie wendete sich von Norden aus südwestlich und brachte den Bernstein nach alten Zeugnissen „zuerst zu den sogenannten Teutonen oder auch zu Schiff nach der cimbrischen Halbinsel, dann quer durch das germanische und gallische Festland an die Mündungen der Rhone, nach Massilia also, dem Heimatsorte des Pytheas."

Die Landstraße von der Schweiz nach dem Norden.

Wir finden demnach das schon als bloße Vermuthung und als nothwendige Folge früherer Combinationen ausgesprochen, was wir auf anderem Wege zu ermitteln und zu beweisen suchten: ein Umstand, der unseren Nachweis der schweizerischen Pfahl- als Handelsstationen gallischer Kaufleute in hohem Grade empfiehlt. Auch dann, wenn wir nur die industriellen Anlagen in den Pfahlbauten selber und nicht zugleich das aus Frankreich stammende Material nachzuweisen vermocht hätten, wäre es nach jenen Bemerkungen früherer Forscher schon durchaus berechtigt, in den schweizerischen Pfahlbauten die Knotenpuncte des massaliotischen durch die Celten vermittelten Landhandels nach dem Norden anzunehmen, berechtigter jedenfalls, als hier ein Volk zu suchen, welches das seltsamste Leben geführt, an einigen Stellen sogar die Bronze- und Eisenzeit auf Seewohnungen erlebt haben müßte.

Die Celten also, welche auf den Pfahlbauten wohnten, waren nicht ein Volk, sondern eher eine Kaste, waren Industrielle und Händler. Das widerspricht dem Character des Volkes auch keineswegs. Von Hause aus dazu nicht unbefähigt, die Hausirer des alten Europa zu sein, wurden sie es durch die ihnen einwohnende Lust nach Abenteuern und Gewinn sehr leicht unter Anregung der Massalioten und Etrusker. Dadurch daß sie nicht nur in ihrer Heimat fabricirten, sondern auch auf ihren Reisen Material mitnahmen, um es mit ihrer gewohnten Geschicklichkeit z. B. auf den Seehütten zu verarbeiten, legen sie Zeugniß von einem Fleiße ab, der ihnen nicht insgemein zugeschrieben zu werden pflegt.

Die Seen in Südbaiern, welche Pfahlbauten aufweisen, scheinen theils ein Punct für den Zwischenhandel der gallischen Celten zu ihren Stammverwandten in Süddeutschland, theils überhaupt der Uebergang von den Alpen zum Norden und als solcher der Sitz andrer Handelscelten gewesen zu sein. Die Straße nach dem Norden führte wahrscheinlich die Iller, die Donau, die Rednitz und Regnitz, dann die Saale entlang in die Elbe and bis zur Mündung derselben. Vielleicht sprang sie schon vorher im Laufe der Elbe ab und folgte der Straße, welche die Havel anweist, bis zur Trebel, in deren Nähe bei Demmin sich ja auch Spuren von Pfahlbauten zeigen; von da aus wandte sie sich nach der Küste von Mecklenburg. Ich spreche diese Vermuthung nicht ohne Grund aus; die Bodenconstruction unterstützt sie schon; Pfahlbautenfunde, wenn noch Spuren erhalten sind, werden sie weiter bestätigen. In der Römerzeit ist dieselbe Straße, wenngleich unter anderen Bedingungen, in ihrem nördlichen Theile gangbar geblieben: das wird sich noch unschwer aus gewissen Fundstellen germanisch-römischer Alterthümer nachweisen lassen.

Das Bernsteinland der westlichen Handelsstraßen.

Der Zielpunct aller westlichen Straßen war das Land, in welchem der Bernstein erhandelt werden konnte. Dies Land ist verschieden bestimmt worden. Vorzugsweise aber hat man es an der preußischen Küste gesucht, weil hier bis in die neuesten Zeiten der meiste Bernstein gefunden wird. Das ist aber ebenso irrig, als wenn man bei dem Bernsteinhandel der Phönizier und ihrer Nachfolger vorzugsweise an directen Seeverkehr denkt.

Das „Bernsteinland" der Alten kann für die westlichen Straßen nur die cimbrische Halbinsel gewesen sein,[186] also Jütland und Schleswig-Holstein.

Nicht einmal im späteren Mittelalter haben die Nord- und Ostsee einen unmittelbaren Seeverkehr mit einander gehabt. Die englischen Kaufleute bezogen ihre Waaren aus der Ostsee nicht durch das stürmische und gefährliche Kategat, sondern über die cimbrische Halbinsel hinweg vermittels der Schley und Eider. Schleswig war nach Adam von Bremen der alte Haupthafen des Ostseehandels und wird selbst bei arabischen Schriftstellern als eine wichtige Handelsstadt, „von der aus viele Schiffe nach Griechenland (Rußland) segelten", bezeichnet. Es erhob sich auch zum Hauptstapelplatz für die aus dem Norden und Nordosten kommenden Waaren, welche von hier aus nach dem gegenüberliegenden Hollingstedt geschafft wurden, wo die Engländer sie in Empfang nahmen und weiter verschifften oder in ihren Packhäusern aufstapelten. Sogar Preußen, welche Bernstein nach Schleswig zum Verkauf brachten, finden wir im Mittelalter genannt. Später, als die Schley unfahrbar wurde, zogen sich die englischen Kaufleute nördlicher nach Ripen in Jütland, bis die Vervollkommnung der Schifffahrt zuletzt zur Umschiffung der Halbinsel führte.

Viel unwahrscheinlicher noch ist ein directer Seeverkehr zwischen dem Mittelmeere und der Ostsee vor Christi Geburt. Wenn preußischer Bernstein auch immerhin schon in der frühesten Zeit in den Handel kam, so ist die preußische Küste deshalb noch nicht der Markt, das Bezugsland desselben gewesen. Der Bernstein, welcher übrigens auch auf der cimbrischen Halbinsel und auf den dänischen Inseln gefunden wurde, ging vielmehr über Schleswig-Holstein dem Süden zu, durch Vermittelung des Landtransportes über den Fuß der cimbrischen Halbinsel hinweg, nicht durch directen Seeverkehr um Jütland herum.

Die Nordsee ehemals und jetzt.

Die Vorstellungen, welche man sich bisher von den Handelsverhältnissen der Vorzeit in der Nord- und Ostsee machte, sind wohl meist deshalb so unsicher, weil die Küstengegenden dieser Meere damals wahrscheinlich anders als jetzt beschaffen waren.

Frankreich und England waren ehemals ein zusammenhängendes Land. Noch jetzt existirt eine Sage auf Sylt und am Nissumfjord in Jütland darüber, daß der Canal, welcher jetzt beide Länder trennt, durch eine große Fluth durchbrochen worden sei. Die Geologie hat erst in neuerer Zeit für diese in der Sage erhaltene Thatsache den eigentlichen Beweis gebracht, und zwar in folgender Weise.

Die Marschbildungen an der holländischen Küste können nur in einem ruhigen Meerestheile entstanden sein. Jetzt ist jener Theil der unruhigste; er konnte aber nur dann der ruhigste Theil des Meeres sein, wenn der Canal noch nicht existirte. — Es ist ferner ein allgemeingültiges Gesetz, daß alle Flüsse mit ihren Mündungen nach der Gegend hinziehen, von woher ihnen die Fluth kommt. Der Rhein z. B., welcher jetzt nach Westen zu mündet, strömte, wie wir schon sahen, noch in der Römerzeit nach Norden, in den jetzigen Zuyder-See. Wäre die Fluth seit alter Zeit aus dem Canal gekommen, hätte also der Canal schon früher existirt, dann mußte der Rhein schon Jahrtausende vorher vor der Mündung seinen Lauf nach Westen nehmen. Endlich stimmt nicht nur die geologische Beschaffenheit der beiderseitigen Ufer Englands und Frankreichs auf das Genaueste überein, sondern auch die fossilen Reste darin sind durchaus gleichartig. Die später eintretende Fluth, welche England von Frankreich abriß, überdeckte auch uralte Gräber, welche die unverwerflichsten Zeugen dafür sind, daß sie vor jener großen Naturrevolution aufgeworfen wurden, daß also das Land vor dem Durchbruche bereits bewohnt war. Es bildete die Nordsee demnach einst eine große Meeresbucht, einen ungeheuren Golf, in welchen Rhein, Weser und Elbe, Themse und andre Flüsse, an ihren Mündungen große Deltaländer bildend, sich ergossen. Auch Helgoland lag damals noch nicht so vereinsamt. Ein langes Klippenriff, welches, von Helgoland ausgehend, in verschiedenen Richtungen hinstreicht, von denen zwei fast parallel auf einer Länge von 30 Meilen verlaufen und zu den jütischen Riffen hinaufgehen, bildete die äußerste Grenze des großen Elb- und Weserdeltas zur See hin.

Der Durchbruch des Canals ist im Laufe der Jahrhunderte nach und nach vorbereitet worden; eine große Fluth, welche durch Senkung des Bodens veranlaßt wurde, zerriß endlich den letzten Rest des schmalen Landstriches zwischen England und Frankreich. Aus verschiedenen Gründen muß dieser Durchbruch zwischen 360 und 1000 v. Chr. eingetreten sein; jene Cimbern, welche nach Aristoteles um 388 v. Chr. auf der Balkan-Halbinsel auftreten und von einer furchtbaren Ueberschwemmung reden, welche sie zur Auswanderung gezwungen, vermögen den Zeitpunct vielleicht näher zu bestimmen.

Noch neuerdings hat man an der Nordsee Spuren uralter Cultur auf versunkenem Grunde gefunden: wahrscheinlich dehnte sich die Nordseeküste von Bockum bis Schleswig hin noch zur Römerzeit um einen halben Grad weiter nach Norden aus. —

Der große Jahrmarkt des Nordens.

Das Alles wirft gewiß ein bedeutsames Schlaglicht auf die ehemaligen Seewege nach dem Norden und dürfte viele widersprechende und uns bisher unverständliche Angaben der alten Geographen in ein richtigeres Gefüge bringen können. Auch die Ostsee hatte ehemals eine etwas andre Gestalt, als jetzt. Die schleswigsche Landschaft Schwansen z. B. war ähnlich wie Schonen, welches wir schon weiter oben erwähnten, eine Insel; ebenso der Nordosten Holsteins, das sogenannte Oldenburger Land.

Diese Oldenburger Insel hing ferner mit Fehmarn zusammen und auf ihr, bei der Stadt Heiligenhafen und beim ehemaligen See Siggen, ist höchst wahrscheinlich der im germanischen Heidenthum hochheilige Cult der Nerthus, der als vereinigender Mittelpunct vieler Stämme bezeichnet wird, zu suchen. Wenn das Opferfest der Göttin gefeiert wird, dann ruhen die Waffen und es ist Friede: und dann tritt — wie wir nach Analogie der Märkte und Messen des Mittelalters zu Tacitus hinzufügen können — die Zeit der großen Messe für den Handel zwischen dem Norden und Süden ein. Der germanische Nerthus-Cult soll auf celtischer Grundlage ruhen; er reicht also auch direct in die Zeit der Pfahlbauten hinein.

Die nordischen Messen des Mittelalters sind nicht anders entstanden, denn die drei hohen Feste im Jahre, an welchen die öffentlichen Opfersammlungen der heidnischen Skandinavier stattfanden, fielen nicht nur mit den großen Gerichtstagen, den Landesthing's, zusammen, sondern auch mit Markt und Messe (markadr oc kaupstefna), wie in den nordischen Sagen erzählt wird. Das Christenthum hat später daran angeknüpft und nichts geändert. —

Die Handelsstraßen des Nordens.

Alle Waaren, welche auf den Nerthus-Messen zum Austausch und zum Vertriebe nach dem Süden kamen, kann ich nicht genauer anführen, weil für die ältere germanische und für die vorgermanische Zeit die Berichte darüber fehlen. Vorwiegend waren es die kostbaren Pelzwaaren und der theure Bernstein. Möglicherweise auch Honig, Wachs, Seeotterfelle und Salz, welche die Araber in späteren Zeiten, wie in arabische Nachrichten zu lesen ist, gegen ihre Handelsartikel von den Küsten der Ostsee her erhielten. Wenn wir den Handel der Germanen mit den Römern in das Auge fassen, dann werden die Handelsartikel, welche den classischen Völkern zuströmten, noch zahlreicher: da finden wir Zuckerrüben, die Kaiser Tiberius alljährlich für seine Tafel kommen ließ; Gänsefedern, die sehr theuer bezahlt wurden; Laugenseife, eine Erfindung des Nordens, zum Färben der Haare; die röthlich-goldenen Haare der Germanen zu Perüquen für die Römer und Römerinnen; Schinken; Pastinakwurzeln und andres Gemüse.

Der Bernsteinverbrauch bei den Alten.

Was den Bernstein, den wichtigsten aller dieser Handelsartikel, betrifft, so wird das „Electron" zwar schon bei Homer erwähnt, es ist aber zweifelhaft, ob der wirkliche Bernstein oder nicht vielmehr ein eigenthümliches Metall gemeint ist. Die griechischen Tragiker kennen das nordische Harz aber sicher und heben unter seinen Vorzügen besonders den durchscheinenden Glanz hervor. Die sonderbarsten Mythen wurden an den Bernstein geknüpft, besonders an seine Entstehung; daß er aus dem Norden kam, darin war man einer Meinung. Diodor, ein Historiker aus der Zeit des Augustus, erzählt z. B., daß oberhalb Galliens im Ocean eine Insel, Basileia genannt, liege und daß die Wellen reichliches Electrum, welches nach seiner Ansicht sonst nirgends gefunden wird, auf diese Insel auswerfen; die Bewohner sammeln es am Strande und führen es nach dem gegenüberliegenden Festlande aus, von wo aus es bis nach Italien und Griechenland gelangt — also Andeutung des Landhandels —. Nach einem ebenfalls zu Augustus Zeit abgefaßten geographischen Lehrgedichte des Dionysius Periegetes sind es Celten, welche den Bernstein sammeln. — Der Verbrauch des kostbaren Harzes war bei den Alten ein ziemlich starker und die Nachfrage gewiß dem entsprechend. Vorzugsweise diente es als Schmuck; die Farbe und Durchsichtigkeit entschied hier über den Werth. Am meisten gesucht waren Stücke, welche an Farbe dem Falerner Wein ähnlich sahen. Das sanfte Goldgelb des Bernsteins wurde sogar Mode. Nero nämlich nannte das Hauptthaar seiner Gemahlin Poppaea nach ihm, und die römischen Matronen strebten seitdem so sehr nach dieser Farbe ihrer Haare, daß die Perüquen aus dem Haare deutscher Mädchen ein gesuchter Handelsartikel wurden. Auch Bildnisse wurden aus Bernstein gefertigt. Nächst der luxuriösen fand der Bernstein auch praktische Verwendung, besonders als Heilmittel — wohl in Folge der ihm einwohnenden electrischen Kraft. Erwachsene bedienten sich seiner bei verschiedenen körperlichen Leiden. Als Amulet am Halse getragen sollte er Fieber und Krankheiten besonders bei Kindern heilen. Gerieben und mit attischen Honig vermischt war er den Ohren und Augen heilsam; zu Mehl gestoßen und so genossen oder auch mit Mastix (einem anderen wohlriechenden Harze) aus Wasser getrunken sollte er Magenfehler curiren.

Der Preis des Bernsteins muß bei den Alten sehr hoch gewesen sein, wenn von Plinius erzählt wird, daß das kleinste Bildniß eines Menschen aus diesem Stoffe theurer bezahlt wurde, als ein lebendiger kräftiger Mensch. Das größte Stück, welches im Alterthum genannt wird, wog 13 Pfund und kam durch einen römischen Ritter, der persönlich in das Bernsteinland gereist war, unter Nero's Regierung nach Rom.

Die Bernsteinaüsbeuie an den Ostseeküsten.

Ueber die Höhe des Ertrages und der Ausfuhr von Bernstein erfahren wir bei den Alten natürlich nichts. Wir müssen uns deshalb an die Gegenwart wenden, um hierüber Aufschluß zu erhalten, indem wir gewiß mit Recht voraussetzen, daß der Ertrag ehemals bedeutender war als jetzt, weil der Consum bei den Alten ein ungleich größerer, als es bei uns der Fall ist, gewesen zu sein scheint.

Die Menge des innerhalb der dänischen Staaten jährlich gesammelten Bernsteins ist noch jetzt beträchtlich und beträgt zwischen 1500 bis 2000 Pfund, was eine Summe von ungefähr 20 bis 30,000 Thalern ausmacht. Der dänische Bernstein geht jetzt meist nach Königsberg und von da als preußischer nach Constantinopel. Preußens Küste ist dadurch in den Augen Vieler das alleinige Bernsteinland geworden. Aber im Gegentheil; auch die Nordsee wirft Bernstein aus. Allerdings ist die Masse des Bernsteins in Preußen, welchen man hier nicht bloß vom Strande auflieſt sondern auch ganz bergmännisch durch Graben gewinnt, die bei weitem bedeutendste. Ehemals, als die Bernsteingewinnung von der Regierung selbst ausgeübt wurde, stand die Strandbevölkerung unter der strengsten Controle. Mit 18 Jahren mußte die männliche Bevölkerung einen Eid, den sogenannten Strandeid, leisten und darin sogar sich verpflichten, Vater, Mutter und Geschwister anzuzeigen, sofern diese etwa Bernstein heimlich auflesen und behalten sollten — ein die Natur empörendes und alle Moralität untergrabendes Verlangen, welches übrigens im Jahre 1764 wieder aufgehoben wurde. Friedrich der Große setzte auf die Entwendung eines gewissen größeren Maßes die Todesstrafe. — Im Jahre 1811 endlich verpachtete die preußische Regierung das lästige Regal und gewann daraus bald 17,000 Thaler jährliche Einnahme.

Die Menge des gewonnenen Bernsteins ist leider weder für Dänemark noch für Preußen ganz genau festzustellen, weil der unterschlagene nicht sicher zu schätzen ist. Für den Ertrag in ganz Preußen kann man die Pfundezahl jährlich auf 150,000 Pfund annehmen, wobei der Durchschnittspreis, sowohl des Gegrabenen als der Seewaare auf 3½ bis 4 Thaler pro Pfund zu berechnen wäre, die Summa des Ertrages also 500,000 bis 600,000 Thaler ausmachen würde. In früheren Zeiten wurde die rohe Waare durch Fuhrleute über Krakau nach Constantinopel geschafft. Später ging der Bernstein aber nach Berlin, wo ihn Spediteure durch Eilwagen alle Wochen zweimal weiter beförderten. Jetzt wird er vermittels der Eisenbahn nach Triest gesandt und von dort per Dampfschiff nach Constantinopel befördert, und zwar sind es grade die besten Stücke, im Preise von 12 bis 80 Thaler pro Pfund, welche man dorthin verschickt.

Sonach haben von den alten Bernsteinstraßen in der neuesten Zeit die westlichen alle Bedeutung verloren, während die mittlere (adriatische) noch jetzt und die östliche noch bis in die neuere Zeit befahren worden ist.

Der Preis der Pelzwaaren.

Was die Pelzwaaren betrifft, so scheinen die Schafpelze ehemals nur einen geringen Werth im Norden gehabt zu haben, sofern sich aus dem Preise von Schafpelzen zu Karl's des Großen Zeit darauf ein Rückschluß machen läßt. Der Pelz Karl's des Großen, der in einfachen Schaffellen bestand, hatte 1 Thaler $4\frac{4}{7}$ Silbergroschen, nach damaliger Bezeichnung einen Solidus, gekostet; das stimmt zu einer Urkunde vom Jahre 879, in welcher zwei Pelze auf 2 Sol. (2 Thaler $9\frac{1}{7}$ Silbergroschen) geschätzt werden. Der Werth eines Marder- oder Otterpelzes war schon damals ein ungleich höherer, wenn ein Rock mit solchem 34 Thaler $17\frac{1}{2}$ Silbergr. (30 Sol.) nach einer Bestimmung Karls des Großen vom Jahre 808 kostete. Ein Eichhörnchenpelz kam dagegen nur auf 11 Thaler $15\frac{5}{7}$ Silbergr. (10 Sol.) zu stehen.*)

Es scheint fast, als ob der Mangel genauerer Mittheilungen über die Landstraßen nach dem Norden Schuld daran ist, weshalb die Vorstellung vom Landhandel so wenig Freunde und die Ansicht vom directen Seehandel so viele Anhänger fand.

Grund des Mangels schriftlicher Berichte über den Landhandel der Vorzeit.

Woher kommt es nun aber, so wird der denkende Leser schließlich fragen, daß in den erhaltenen classischen Autoren so wenig über den Landhandel der Vorzeit nach dem Norden berichtet ist? 187

Die Antwort darauf ist deshalb noch nicht gegeben, weil die Frage noch nicht präcise gestellt ist. Versuchen wir sie aber trotzdem.

Der Untergang einzelner Schriften kann unmöglich als ein genügender Grund zu dem auffälligen Mangel an schriftlichen Berichten über den Landhandel der Vorzeit angeführt werden.

---

*) Vgl. J. H. Müller, Deutsche Münzgeschichte. Bd. I. Leipzig 1860. S. 366.

Wohl aber ist der Umstand sehr beachtenswerth, daß fast alle erhaltenen Nachrichten über den ehemaligen Handel nach dem Norden augenscheinlich fabelhaft sind, sofern sie irgendwie etwas Genaueres anzugeben unternehmen. Die phönizische Handelsgeschichte giebt auch hierüber Aufschluß, und einzelne Beispiele aus ihr sollen uns auf den richtigen Weg in dieser Frage leiten.

Die phönizischen Handelslügen.

Den Werth der gesuchten Erzeugnisse des fernen Orients, so bemerkt der gelehrte Orientalist Movers,[188] wußten die phönizischen Händler durch märchenhafte Aussagen über die Herkunft derselben zu steigern. Fabelsagen, deren manche zugleich auch die schlaue Absicht bekunden, den Zugang zu der Heimat der phönizischen Monopolwaaren in schreckhafter Weise darzustellen, knüpfen sich an fast alle aus fernen Ländern gebrachten Artikel des phönizischen Handels. Sie wurden von den Alten „phönizische Lügen", „phönizische Dichtungen" genannt und sind gewiß zum Theil von den Phöniziern zu dem angedeuteten Zwecke erfunden. So hieß es von den Weihrauchbäumen Arabiens, daß sie von geflügelten Schlangen, welche bekanntlich auch den Juden die Reise durch die arabische Wüste nach Aegypten so schauerlich machten, bewacht würden; um sie zu vertreiben, holten arabische Karawanen alljährlich den stickenden Styrax aus Phönizien, welcher, wenn man ihn unter den Weihrauchbäumen anzünde, die Schlangen verscheuche. Oder es wird erzählt: der Zimmt — später sind es die Diamanten Indiens — werde von Vögeln in ihren Nestern auf unzugänglichen Felsen geborgen. Es legten nun die Araber große Fleischstücke am Fuße der Berge nieder; die Riesenvögel holten dann diese Stücke in ihre Nester, welche letzteren aber, zu schwach die Masse zu halten, mit dem Zimmt in das Thal niederstürzten und so eine Beute der Menschen würden. Herodot, welcher für diese Fabel der älteste Gewährsmann ist, deutet hier wie bei anderen ähnlichen handelspotitischen Fabeln auf Phönizier wenigstens als seine Quelle hin.

Es ist unter diesen Verhältnissen nicht wunderbar, wenn die Griechen bis Plato's und Alexander's des Großen Zeit noch die Säulen des Herkules als die Westgrenze des Erdkreises im Westen betrachten.[189]

Das Schweigen der andern Handelsvölker.

Nicht besser wie die „Phönizischen Lügen", welche bei den Alten sprüchwörtlich wurden, sind einzelne Berichte andrer Handelsvölker über entferntere Gegenden des Verkehrs. Wenn es auch nicht immer Absicht[190] war, den Thatbestand zu entstellen, dann that die wundersüchtige Tradition allein schon das ihrige, um ihn zu gestalten. So wurde der sehr alte Landverkehr zwischen den Griechen und den Völkern des Nordens und Nordostens von Europa nur in jener obenerwähnten Sage von den Gesandtschaften der Hyperboreer nach Delos überliefert. Es hielten gewiß auch die griechischen Kaufleute aus Neid und Eifersucht, um die Vortheile der Verbindung allein zu genießen, ihre Handelsbeziehungen zu den nördlichen Barbarenvölkern geheim. Dasselbe scheint ferner als Grund obzuwalten, wenn die Reisen des Charon, Himilco und Pytheas theils nur fragmentarisch, theils nur entstellt in das größere Publikum kamen. Diese zu Handelszwecken ausziehenden Reisenden theilten ihre Erlebnisse eben nur den bei der Expedition zunächst Betheiligten genau mit. Dasjenige dagegen, was allgemeine Beachtung finden konnte und in weiteren Kreisen dann auch wirklich bekannt wurde, war derartig, daß man es mehr bezweifelte, als zur Grundlage eingehender Forschungen machte. Auf der geographischen Tradition des Mittelalters haben ähnliche Verhältnisse lange Zeit schwer und hindernd gelastet. Wie lange wurde Marco Polo für ein Schwindler gehalten! Günstige Verhältnisse erst führten zur Bestätigung der Berichte des verschrieenen Venetianers, während leider die wichtigsten Fragmente aus der alten Zeit, unter ihnen die des Pytheas, noch heute halbgelöste Räthsel sind.

Sonach konnte und durfte uns der Mangel ausführlicher schriftlicher Bericht über den Landhandel der Vorzeit nicht abhalten, die fragmentarischen Andeutungen an der Hand der Ausgrabungen zu verwerthen; konnte uns dieser Mangel auch nicht dazu bewegen, die Alterthümer in den Pfahlbauten, bei welchen ein handelspolitisches Verhältniß so unverkennbar zu Tage trat, in eine Urzeit, in eine Zeit, wo es noch keine Schriftberichte gab, zu versetzen.

Neunter Abschnitt.

Der Untergang der Pfahlbauten.

Die Dauer der Pfahlbauten.

Die Pfahlbauten sind, wenn wir von einigen auf alle schließen dürfen, mindestens 300 Jahre bewohnt gewesen.

Es müssen nämlich die Pfahlhütten zwar den Funden nach, welche unmittelbar auf der Seekreide ruhen, vor der Bildung des Torfes erbaut worden sein, es muß aber andrerseits die Torfbildung noch während des Bewohntseins der Hütten eingetreten sein. Sehr interessante Umstände in einzelnen Ansiedlungen weisen darauf hin.

So sind bei Robenhausen im Pfäffikersee Abfälle aus den Wohnungen nicht unter, sondern in der Torfschicht selbst gefunden worden; die gefundenen Gegenstände müssen demnach noch während der Zeit, in welcher der Seeboden zu vertorfen begann, hinuntergefallen sein. Nach der gewöhnlichen Annahme ist ein Jahrhundert zur Bildung einer fußhohen Torfschicht erforderlich. Da nun bei Robenhausen die Torfschicht drei Fuß dick ist, so mögen die darüberstehenden Pfahlhütten mindestens drei Jahrhunderte lang bewohnt gewesen sein.[191] Im Moosseedorfsee hat man ein ähnliches Verhältniß beobachtet.[192]

Die Bildung des Torfes unter den Hütten scheint den Pfahlbauleuten übrigens sehr unbequem geworden zu sein. An einer Stelle ist es noch nachweisbar, daß man den Torf an seiner weiteren Entwickelung hindern wollte, indem man ein Lager von Kieselsteinen in ihn einsenkte.[193] Anders wenigstens ist die Bildung dieses Kiesellagers nicht gut erklärbar.

Der charakteristische Zweck der Seeansiedlungen und somit die eigentlichen Pfahlbauten haben nicht bis in die römische Zeit der Schweiz hinein gedauert. Wenn einige Seen in der Nähe

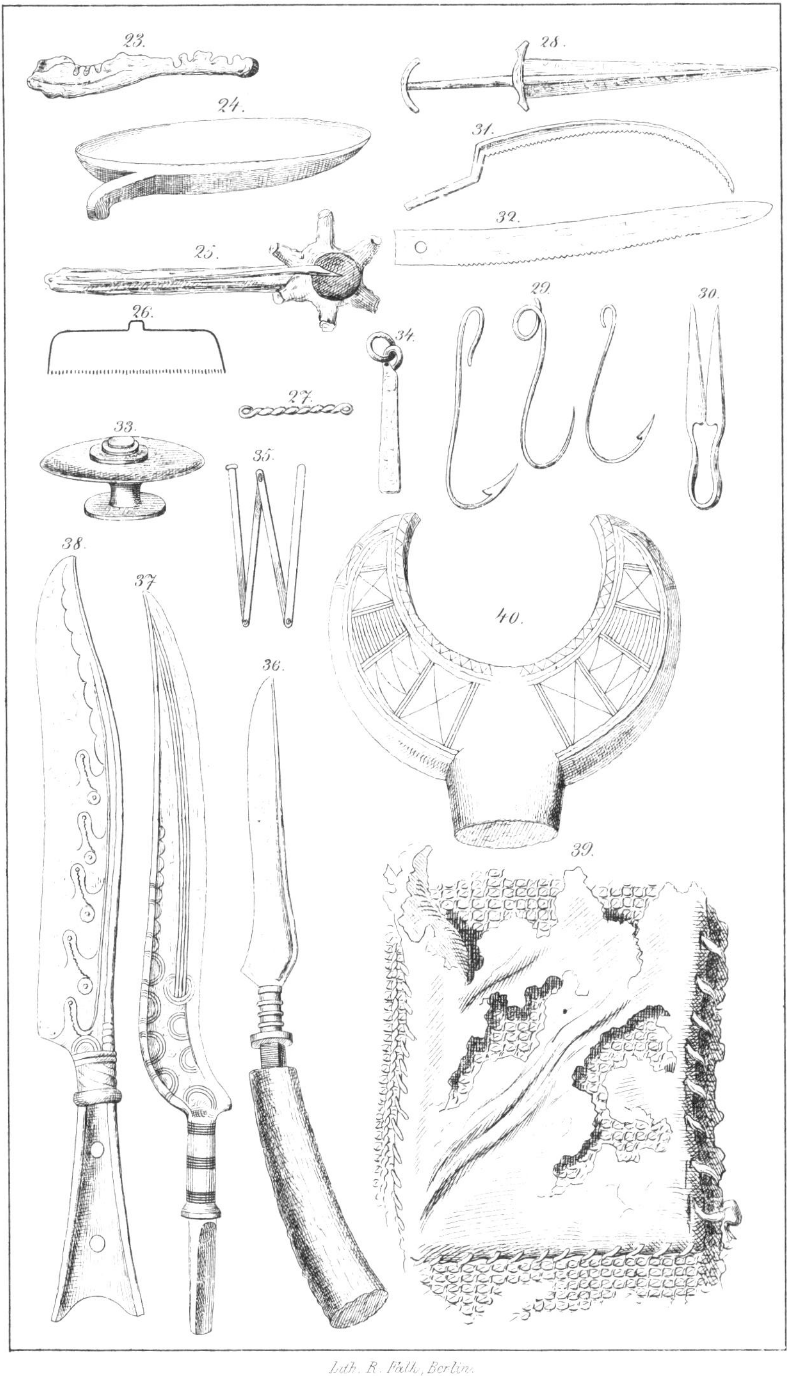

Lith. R. Falk, Berlin.

der Pfahlbauten auch römische Alterthümer aufweisen,[194] so ist das ein Zufall: warum sollten nicht zuweilen auch noch Römer und Celten die Pfahlhütten, welche stehen blieben, benutzt oder besondere Wohnungen in den See der Kühle wegen erbaut haben? —

Die Blüthezeit der Pfahlbauten.

Die Blüthezeit der Pfahlbauten hängt mit der Blüthezeit des Landhandels von Südostgallien nach dem Bernsteinlande zusammen. Die Blüthezeit des gallischen Landhandels seinerseits war bedingt durch den Verfall des Handels auf der adriatischen Straße, welcher naturgemäß von da an eintreten mußte, wo die Etrusker immer heftiger von Celten und Römern bedrängt wurden und endlich durch die Römer ihre Selbstständigkeit verloren, also zwischen 400 u. 300 v. Chr. Die Politik Massilias gegenüber den Etruskern und Carthagern trug jetzt die ersten reifen Früchte. Es hängt sogar die Reise des Pytheas mit der Eröffnung eines neuen Marktes im Norden oder doch mit dessen Erweiterung wahrscheinlich eng zusammen. Die Umstände fordern zu dieser Annahme auf, und die chronologischen Verhältnisse stimmen ebenfalls, weil diese Reise zwischen die Jahre 350 u. 320 fällt. Wir bemerkten schon oben, daß die Massalioten seitdem die Etrusker sogar vom oberitalischen Markte zu verdrängen verstanden. Daß nun auch der Handel nach dem Norden nicht mehr von Etrurien, sondern von Marseille aus und zwar nun auf einer directeren als der adriatischen Straße sich hinziehen mußte, ist unter den angedeuteten Verhältnissen mehr als natürlich. Zwischen 400 u. 300 v. Chr. beginnt also die Blüthezeit der schweizerischen Pfahlbauten; nach einer Dauer von ungefähr dreihundert Jahren ist sie zu Ende, denn zwischen 65 u. 58 v. Chr. wurden sie verlassen und verödeten. Dadurch wird ferner der auffallende Umstand: „daß*) sich mit Bezug auf die Construction der Pfahlbauten zwischen denjenigen der frühesten und denjenigen der spätesten Zeit nicht der geringste Unterschied entdecken läßt" erklärlich. Bei einer zwei- bis dreitausendjährigen Dauer der Ansiedlungen, wie die gewöhnliche Annahme ist, läge darin allein schon ein Räthsel.

Die Einäscherung der Pfahlbauten.

Die Pfahlbauten sind zum Theil durch Brand eingeäschert worden, zum Theil hat man sie freiwillig aufgegeben. Der Brand wird besonders am Bodensee und überhaupt in dem nörd-

*) Vgl. Keller III. S. II.

lichen, von Germanien her zugänglicheren Theile der Schweiz beobachtet. Eine Ausnahme machen einige Ansiedlungen[195] im Untersee; ferner Wauwyl und Niederwyl. Auch diejenigen Ansiedlungen im Norden, welche niedergebrannt sind, scheint man vor der Ankunft des Feindes, der brennend und plündernd am Bodensee operirte, freiwillig aufgegeben zu haben; die schwächeren und ungesichertern im Untersee und die von Wauwyl nnd Niederwyl brach man vielleicht selber ab.

Es läßt sich noch nachweisen, vor welchem Feinde die Bewohner von den Seewohnungen wichen. Schon die Cimbern und Teutonen haben vielleicht auf ihrem Zuge durch die Schweiz einige Ansiedlungen im innern Theile zerstört. Daß in einzelnen Pfahlbauten keine Gegenstände römischer Cultur gefunden werden, ist ein Beweis dafür, daß sie schon vor der römischen Occupation aufgegeben waren; darunter auch die am Bodensee. Die Bewohner haben die Hütten übrigens nicht vertheidigt, auch da nicht, wo Brand sichtbar ist. Die Thatsache, daß in allen Pfahlbauten kaum ein halbes Dutzend menschlicher Gerippe sich fand, spricht, wie schon bemerkt wurde, dagegen. Uns ist dies eine höchst wichtige Bemerkung. Wie sollte ein Volk Pfahlhütten zum Zweck der Vertheidigung und der größeren Sicherheit gebaut und viele Jahrhunderte hindurch bewohnt und sie dann doch ohne jeden Kampf preisgegeben haben? Das ist, wie schon bemerkt, gradezu undenkbar. Wohl aber liegt in der hervorgehobenen Thatsache eine Unterstützung für unsere Auffassung. Der Handelsmann weicht scheu zurück und giebt seinen Handel auf, wo er Kriegsgefahren täglich vor Augen sieht. Und es waren Händler, die ihre Habseligkeiten packten und ihre Pfahlhütten verließen, sie dem Feinde preisgebend, ohne sich zu vertheidigen.

Cäsars Bericht über die Nordgrenzen der Schweiz.

Die Feinde nun, welche ihnen das Wohnen z. B. am Bodensee unmöglich gemacht haben müssen, waren die Germanen.

Ein Bericht Julius Cäsar's hierüber ist von der höchsten Wichtigkeit. Dieser sagt in den beiden ersten Capiteln seiner Tagebücher über den gallischen Krieg von den Helvetiern Folgendes: Aus demselben Grunde wie die Belgier, die in Folge ihrer fortwährenden Kämpfe mit den Germanen, ihren Nachbarn, die tapfersten der Gallier geworden sind, „zeichnen sich die Helvetier vor den übrigen Galliern durch Kriegstüchtigkeit aus, da sie fast täglich mit den Germanen im Kampfe liegen, indem sie dieselben von ihren Grenzen abhalten oder selbst in deren Gebiet als Angreifende einrücken.“ Orgetorix beredete, so fährt er dann später fort, die Helvetier um so leichter, ihre Sitze mit besseren in Gallien zu vertauschen, „als die Helvetier von allen Seiten durch die natürlichen Verhältnisse eingeschlossen sind: auf der einen Seite von dem sehr breiten und tiefen Rheinstrom, der ihr Gebiet von dem der Germanen trennt; auf dem andern von den Höhen des Jura; auf der dritten vom Genfer-See und dem Rhonestrome. — Daher geschah es auch, daß ihnen eine weniger freie Bewegung gegönnt war und daß sie ihre Grenznachbarn weniger leicht mit Krieg überziehen konnten: ein Umstand, der ihnen sehr schmerzlich war.“ Es wird dann weiter erzählt, wie die Helvetier im Jahre 58 v. Chr. aus ihrem Lande auszogen und ihre 12 Städte und 400 Dörfer selbst niederbrannten, auf dem Wege nach Gallien aber von Cäsar besiegt und zur Rückkehr gezwungen wurden.

Wenn auch die Schilderung Cäsars von täglichen Gefechten mit den Germanen vielleicht nicht wörtlich zu nehmen ist, so ersehen wir doch sicher aus ihr, daß es die Germanen waren, mit denen die Helvetier öfter in Krieg geriethen, theils indem sie sich gegen deren Einfälle vertheidigten, theils als Angreifer. Die Germanen drangen von Norden her vor. Es ist nun sehr merkwürdig, daß grade diejenigen Seen, welche von einem solchen Einfall am leichtesten berührt werden konnten, solche Pfahlbauten aufweisen, die durch Brand zerstört worden sind, und zwar der Züricher-, der Bieler- und der Bodensee. Die Pfahlbauten der inneren Seen verließen die Händler spätestens im Jahre 58 mit den abziehenden Helvetiern; sie zu verbrennen lag wohl kein Grund vor, auch sind die Germanen damals nicht bis zu ihnen vorgedrungen, daher sind sie unverbrannt und erst nach und nach im Wasser verschwunden. Unsere Combination nun ist durchaus gerechtfertigt, ebenso wie der Gedanke, daß die Kämpfe mit den Germanen, welche Cäsar schildert, die Ursache des Brandes gewesen sind. Die Vertheilung des Brandes wird so an einem historischen Momente erklärbar und verständlich und ist aus diesen Grund allen andern Annahmen vorzuziehen. Wenn einzelne dieser Ansiedlungen keinen Brand zeigen, so ist das nicht auffallend, da solche vorher eingegangen sein können und da das der Masse der eingeäscherten gegenüber nicht berechnenswerth ist.

Cäsars Bericht wird durch Ausgrabungen bestätigt.

Die Grenzkriege, welche Cäsar andeutet, haben sogar noch jetzt ein deutliches Andenken hinterlassen.

Es sind dies Erdwälle und Gräben[196] längs dem Laufe des Rheines von dessen Austritt aus dem Bodensee an bis in die Gegend, wo die Aar in ihn mündet. Man bemerkt dieselben auf Bergen und Anhöhen, sowie auf den Landzungen, welche die Krümmungen des Flusses bilden. Sie sind durch den Anbau der nachfolgenden Zeit oft sehr verwischt, stammen aber unzweifelhaft von Menschenhand und aus uralter Zeit her. Ihre Bestimmung war unzweifelhaft mit dem Kriegswesen zusammenhängend; noch jetzt werden sie von dem Volke Heidenschanzen genannt.

Die in diesen Schanzen gefundenen Alterthümer bestanden nur aus Thonscherben. Die daraus zusammensetzbaren Thongefäße stimmen nun in Form und Stoff völlig überein mit denjenigen, die man bei celtischen Ansiedlungen, z. B. bei Winterthur zahlreich im Schutte celtisch-römischer Wohnungen, gefunden hat; ganz genau auch mit denjenigen, welche neben Bronze-Geräth und gallischen Münzen aus Gräbern zu Tage gefördert sind. Dieser Umstand ist höchst wichtig, denn er erweist, daß die Schanzen noch bis in das erste Jahrhundert vor Christus benutzt wurden. Daß Geräthe von Eisen oder Bronze oder Stein und andrem Material nicht gefunden worden sind, fällt nicht auf, denn die Schanzen sind augenscheinlich nur zur Vertheidigung und zu vorübergehendem Aufenthalt bestimmt gewesen: in den Töpfen haben wir die Behälter der Nahrungsmittel, von denen man während des kurzen Aufenthaltes lebte, deutlich vor uns; die Celten ließen dieselben zurück, wenn sie geleert waren.

Die Lage der Heidenschanzen am Rhein.

Daß die Schanzen zur Vertheidigung und zu vorübergehendem Aufenthalte bestimmt waren, dafür spricht die Art ihrer Anlage auf das Entschiedenste. Ein gelehrter und scharfsinniger Militär, Rüstow, meint von der alten Befestigung gegenüber Rheinfelden, daß sie ein Brückenkopf zum Schutze eines Ueberganges vom linken ans rechte Rheinufer ist, also eine Stelle, von der aus Celten in germanisches Gebiet eindrangen. Das Uebergangsmittel war nach ihm nicht eine Brücke, sondern Fahrzeuge, und die Befestigung gehört nach ihm nicht in die Reihe der permanenten, sondern in die der passageren (vorübergehenden); sie hatte einen ganz vorübergehenden Zweck. — Mag nun die Schanze später auch den Germanen gedient haben, das geht sicher aus ihrer Anlage hervor, daß damals der Rhein die Grenze zweier sich bekämpfenden Nationen war. Und dieser Umstand, zusammen betrachtet mit den celtischen Urnen, weist entschieden auf die von uns angedeutete Zeit hin. Ferner auf die Zeit vor der Occupation durch die Römer, was andre leicht findbare Gründe bestätigen. Andre Schanzen wie z. B. die auf dem Kolfirst bei Flurlingen auf dem südlichen, linken Rheinufer, also in celtischem Gebiete, dienten wiederum nicht zum Schutze oder als Basis eines Angriffes, sondern lediglich zur Vertheidigung, als Zufluchtsort bei feindlichen, also bei germanischen Ueberfällen; sie bargen die Bewohner der Umgegend mit ihren Heerden und anderen Habseligkeiten. Aehnlich findet sich z. B. auch auf Rügen bei Stubbenkammer in der sogenannten Herthaburg ein Zufluchtsort, der die slavischen Einwohner bei den Einfällen der Dänen ehemals schützend aufnahm.

Der Ebersberg.

Auch der Ebersberg im Canton Zürich am Irchel bei Berg, nicht weit westlich von Schaffhausen hart am Rhein gelegen, einer der höchsten Puncte in diesen Gegenden und von Natur eine vortreffliche Warte, darf wohl unter die Grenzbefestigungen der Helvetier gerechnet werden.[197] Diese Befestigung scheint vom Feinde eingenommen und verheert worden zu sein, wenn es richtig ist, daß ein großer Theil der in ihr gefundenen Gegenstände die deutlichen Spuren von Beschädigung durch Feuer zeigt. Eiserne Geräthe sind zwar nicht gefunden; das spricht aber nicht gegen uns, denn es ist selbstverständlich, daß die abziehenden Helvetier ihre Waffen von Eisen und Bronze mit sich nahmen. Daher erklärt es sich ferner, daß vorzugsweise werthloses Thongeräth und nur geringfügige Bronzesachen gefunden worden sind. Daß hier zum erstenmale ein sogenanntes Mondbild zu Tage trat, hebe ich hervor.

Man vermuthet übrigens auch, daß, weil die gemachten Funde ganz denen in den Pfahlbauten gleichen, am Ebersberge eine Landansiedlung der Pfahlbaumenschen bestanden haben müsse. Der Grund ist aber keineswegs entscheidend und schließlich ist es für uns auch gleichgültig, ob wir am Ebersberge eine reine Befestigung oder eine Landansiedlung und einen industriellen Punct vor uns haben.

Im Allgemeinen gleichen die erwähnten Schanzen einem ähnlichen Netze von Vertheidigungsanstalten, welches in der Lausitz ebenfalls gegen eine feindselige fremde Race und zwar von Germanen gegen Slaven errichtet wurde.[198] Was dort die langen Wälle und Gräben, das leisteten in dem celtischen

Vertheidigungssysteme gegen die Germanen die Fluthen des Rheines. —

An dem vorstehenden Resultate über die von den Germanen ausgegangenen Verheerung der Pfahlbauten in der nördlichen Schweiz erklären sich nun noch manche andre dunkle Puncte in der Pfahlbautenfrage.

Die Steinansiedlungen in der Nordschweiz.

Woher kommt es z. B., daß grade der Bodensee und die nördliche Schweiz vorwiegend die Steinwerkstätten, die innere Schweiz aber mehr die Metallstationen enthält?

Dies Moment ist von nicht geringer Bedeutung und wird lediglich aus unserer Darstellung erklärlich. Damit der Leser jedoch nicht glaube, daß dieser Umstand von mir vielleicht einseitig hervorgehoben wird, will ich noch bemerken, daß dieselbe Thatsache auch andere Forscher neuerdings andeuten. „Die Pfahlbauten in der deutschen Schweiz, sagt der älteste gegenwärtige Vertreter des Stein-Schemas,[199] gehören vorherrschend der Steinperiode an. In den folgenden Jahren wurden aber in der französischen Schweiz auch zahlreiche Anlagen aus der Bronzeperiode entdeckt, ja zuletzt zu Neuchatel im Neuenburger See auch ein Pfahlbau aus der Eisenperiode mit ausgezeichnet gearbeiteten und erhaltenen Geräthen, ohne Ausnahme aus Eisen." Daß an verschiedene Perioden nicht zu denken ist, liegt auf der Hand: warum ist man im Bodensee nicht auch auf gleich ausgedehnte Weise wie innerhalb anderer Seen in die Eisenperiode eingetreten, auch nicht einmal in die Bronzeperiode und das an diesem so schön gelegenen See? Das ist doch wunderbar! Es ist aber gar nichts Wunderbares an der Erscheinung, wenn wir unsere Erklärung der Pfahlbauten im Auge behalten und an ihrer Hand eine Lösung versuchen.

Das Verhältniß der Metall- und Steinstationen.

Es ist von Hause aus nämlich sehr wahrscheinlich, daß die Nachfrage nach Metallgeräth im ärmeren Norden viel geringer war, als die nach Steinsachen, und daß wiederum die Nachfrage nach Metall bei den cultivirteren Celten der Schweiz ungleich stärker war, als die nach Steingeräth. Das erklärt den Umstand, daß nur der mittlere und südlichere Theil der Schweiz vorwiegend Metallniederlagen aufweist, der nördliche aber nicht, weil die geringe Nachfrage nach Metall im Norden ja leicht von den mittleren Stationen aus befriedigt werden konnte. Dazu kommt noch, daß die kostbaren Metallniederlagen, die gerade in den versteckten und unzugänglicheren Seen der Südschweiz zu beobachten sind, hier ungleich gesicherter waren, als z. B. in dem ziemlich offen liegenden Bodensee.

Dieselbe Absicht ist im Bodensee selber deutlich nachweisbar geworden, seit man hier neuerdings auch Metallstationen entdeckt hat, die ich hier bei dieser Gelegenheit nachträglich besprechen will. Es wurden, so sagt meine Quelle,*) im Jahre 1865 Funde gemacht, welche beweisen, daß nicht blos die sogenannte Steinperiode, sondern auch das angebliche Bronze- und Eisenzeitalter ihre Ansiedlungen am Bodensee zählen, und zwar waren es die zwei Bronze- und Eisenpfahlbauten Unteruhldingen und Sipplingen, die wir ebenso wie die schon früher entdeckten Steinstationen Nußdorf und Maurach dem Herrn Ullersberger zu Ueberlingen verdanken.

„Während die Steinstationen, so heißt es weiter, mehr oder minder an das Ufer anlehnen und bei niederem Wasserstande großentheils ganz trocken liegen, zeigen die Bronze- und Eisenstationen an unserem Ufer folgende charakteristische Unterschiede: die Entfernung vom Ufer beträgt über 1000 Fuß, es liegen mithin diese Pfahlbaustationen in größerer Tiefe, so daß sie selbst bei niederem Wasserstande nicht zu Tage treten; die senkrecht in den Boden eingeschlagenen Pfähle sind befestigt durch Massen von zusammengetragenen und aufgehäuften Geröllsteinen, wodurch der Boden,

*) Die Leipziger Illustrirte Zeitung vom 2. December 1865. S. 397. Da mir diese Notiz erst während des Druckes zugeht, sind etwanige Hindeutungen auf die reine „Steinzeit" am Bodensee zu modificiren. Das Dorf Wangen bleibt übrigens Steinstation trotz aller Nachforschungen; auch Robenhausen. In dem Robenhausener Torfmoor hat (nach derselben Zeitung S. 394) Herr Messikomer wieder großartige Ausgrabungen vornehmen lassen. „Die interessantesten Fundstücke waren neue Muster von Geflechten und Geweben jener alten (?) Niederlassung, dabei auch eine sogenannte Werpfe, wie sie von der Hand des Zettlers in den Webstuhl kommt. Außerdem fand man Pfeilspitzen von Bergkrystall neben solchen von Feuerstein, sowie einige schöne durchbohrte Steinhämmer, Schüsseln, von Ahornholz, Messer von Eichenholz und ganz neue Formen von Werkzeugen aus Hirschhorn und Knochen. Von den Geflechten und Geweben scheinen einige Stücke sogar unverkohlt zu sein. Von metallnen Gegenständen ist in diesen Pfahlbauten noch nichts entdeckt worden." Von Wangen gilt bis heute noch dasselbe.

künstlich erhöht, sogenannte Steinberge,*) Steinhügel zeigt; nebst dieser Befestigungsart sind noch die einzelnen Pfähle durch Querbalken miteinander verbunden. Solcher vervollkommneten Grundlage der Metallpfahldörfer entspricht auch ihr besserer Inhalt indem sie nicht blos Geräthe aus Stein, Thon und Knochen, sondern auch trefflich gearbeitete Waffen und Werkzeuge aus Bronze, Eisen und Glas enthalten."

Es ist die größere Entfernung der Metallstationen des Bodensees vom Ufer nur von unserem Standpuncte aus erklärbar. Wenn es sich nämlich um Vertheidigung auf Leben und Tod und um lange Belagerungen handelte, dann ist die Nähe der Steinstationen, also der Stationen aus der kriegerischsten Zeit, am Ufer schlechterdings unerklärlich. Es gilt aber von ihnen doch gewiß dasselbe, was von den Metallstationen: sie waren eben nicht Wohnsitze eines Volkes, sondern Werkstätten, und bei Steinwerkzeugstationen konnten wegen ihres geringen Werthes die große Mühe und den Aufwand gespart werden, den ein Bau in größerer Tiefe des Sees verursachte.

Es ist ferner Thatsache, daß Waffen vorwiegend von Stein, selten von Metall sich finden, daß überhaupt die Steinwerkstätten zahlreicher sind, die Steinbearbeitung in ausgedehnterer Weise geschah als die des Metalles. Das hat darin seinen Grund, weil die schweizerischen Pfahlbaustationen vorzugsweise den Handel nach dem Norden im Auge hatten und weil Metallgeräth auch für die nördlicheren Barbaren weit werthvoller als Steingeräth war und nur von den Wohlhabenden gekauft werden konnte.

Die Armuth der deutschen Küstenbewohner.

Wir wollen die Zustände der Küstenbevölkerung noch über hundert Jahre nach dem Ende der Pfahlbauten in das Auge fassen, um einen vollgültigen Beweis dafür zu erhalten. Plinius[200] nämlich berichtet von der Küstenbevölkerung an der Nordsee Folgendes: In Chaukenlande, wo der Ocean beim Sturm mit seinem Wogendrange es oft zweifelhaft macht, ob die Küste stellenweis festes Land oder Seeboden zu nennen ist, wohnt ein Volk elendiglich auf hohen Dünenhügeln oder künstlichen Erhöhungen, welche der Höhe der höchsten Fluth, die man aus Erfahrung kennt, entsprechen. Die darauf stehenden Wohnungen gleichen schwimmenden Schiffen, wenn die andringende Fluth sie rings

---

**) Vgl. auch oben S. 36 u. S. 46 f. über solche Steinberge.

umgiebt; wenn die Fluth zurückweicht, glaubt man wieder in ihnen das Bild von gescheiterten Schiffen vor sich zu haben. Die Bewohner derselben können kein Vieh halten, sich nicht von Milch wie ihre Nachbarn nähren, sie können nicht einmal Wild jagen und erlegen, weil dieses wegen mangelnder Aesung sich hier nicht zu halten vermag. Aus Schilf und Binsen fertigen sie sich ihre Netze zum Fischen. Den Schlamm aus den Mooren trocknen sie mehr durch den Wind als an der Sonne und mit dieser getrockneten Erde kochen sie ihre Speisen und erwärmen sie sich, wenn ihre Glieder vor Frost starren. Ihr einziges Getränk ist das Regenwasser, das sie in Gruben vor ihrem Hause sammeln.

Wenn Plinius noch nach Christus Zeit eine solche Schilderung von Küstenbewohnern der Nordsee giebt, dann ist es gewiß nicht wunderbar, wenn Jahrhunderte vorher hier bei dem gemeinen Manne mindestens ebensolche Armuth herrschte, die sich kaum zur Anschaffung von Steinwaaren und Geräthen emporzuschwingen vermochte, geschweige von metallnen.

Die Metallstationen am Bodensee.

Daß auch Metallstationen für den Norden am Bodensee bestanden, zeigen die neusten Ausgrabungen zu Unteruhldingen und Sipplingen, wo neben Steingeräth auch Metallsachen gefunden worden sind. Das Steingeräth überwiegt merkwürdiger Weise aber auch hier. Es wurden gefunden zu Unteruhldingen (1½ Stunde von Ueberlingen entfernt):

1) Von Bronzegegenständen: 6 Beile mit Schaftlappen, ein Beil mit Schaftgrath, 2 Meißel mit Schaftröhre, 4 Sicheln, 4 Armspangen, worunter eine mit Verzierungen, 6 Lanzenspitzen, 3 Fischangeln, 5 einfache Bronzeringe, 25 meist gut erhaltene Messer, 89 Nadeln aller Art, Gewand-, Strick-, Näh- und Haarnadeln.

2) Von eisernen Gegenständen: 1 Axt (Francisca), 2 Ringe, 5 Pfeil- und eine Lanzenspitze, an Gestalt und Größe denen aus Bronze gearbeiteten gleich, 12 Messer, ein kurzes eisernes Schwert, ein Bruchstück von einer zweischneidigen Klinge, 1 Nadel, 2 Stemmeisen, ein Feuerstahl (wie bei uns Figur 34), einige durchlöcherte Eisenstücke, gabel- und zangenförmige Geräthschaften (in denen sogar der im Schema befangene Finder Hüttenwerkzeuge vermuthet!).

3) Aus Glas: 11 Bodenstücke von Gefäßen mit ringförmigen Verzierungen und Löchern, an deren Wandungen sich Warzen (erhabene Stellen) befanden.

4) An Steingeräth: einige 100 Stück und zwar meistens Beile, Aexte, Meißel u. s. w. aus Serpentin, Diorit, Eklogit; ferner einige Steinhämmer mit Schaftloch, worunter ein zierlich gearbeitetes Exemplar aus Serpentin (wie man sie im Norden oft findet). Auch Feuersteinsägen, Feuersteinlanzen und Pfeilspitzen; außerdem Mahl- und Reibsteine, große Sandsteinschleifplatten u. s. w.

Im Sipplinger Pfahlbau treten zu Tage:

1) Von Bronzeräthen: ein einziges kleines Beil, ohne Schaftlappen, Grath und Röhre, sondern ganz von der Form kleiner Streitäxte.

2) Von Eisengeräthen: 3 Pfeil- und 1 Lanzenspitze, ähnlich denen aus Bronze, 2 Sicheln, 1 einschneidiges Schwert, 2 Hohlcylinder, 1 römischer Schlüssel.

3) Aus Glas: 5 Scherben mit Warzen, ähnlich denen bei Unteruhldingen.

4) Aus Stein: 5 Feuersteinsägen, 1 Pfeil- und 1 Lanzenspitze aus Feuerstein, etwa 200 Beile, Meißel, Keile von verschiedenster Größe und Steinart, sämmtlich ohne Schaftloch, 8 meißelförmige Stücke aus Nephrit, 1 Beil in Hirschhornfassung, 7 Steinhämmer mit Schaftloch, theils vollendet, theils unvollendet, unter letzteren ein Exemplar mit einem zu beiden Seiten angebohrten, aber nicht durchgebohrten Schaftloche.*) —

Ist die Menge des Steingeräthes in diesen sogenannten Metall-Stationen nicht auffallend? Ist eine Bearbeitung von Stein, wo man schon Eisen hat, unter den hier obwaltenden Verhältnissen, ganz besonders in Anbetracht der zahlreichen Gegenstände, nicht geradezu unerklärlich? Wenn das sogenannte Pfahlbautenvolk von der Steinperiode über die tausendjährige Bronzezeit noch so viel Steingeräth, darunter soviel primitives, in die Eisenzeit hinüber rettete, dann muß es eine wahre Steinsucht gehabt haben, und die Zwischenzeit von Stein zu Eisen

*) Die Funde von Thongeräthschaften übergehe ich, von den aus Hirsch- und Reh-Geweih gearbeiteten Gegenständen hebe ich aber hervor: 4 Hämmer, 5 Stechinstrumente und 50 Handhaben für Steinbeile. An sich wären diese Funde nicht so auffallend, und man könnte mir die Steinbeile der Engländer in der Schlacht bei Hastings entgegen halten. Aber im Verein mit den schon angeführten Momenten werden sie gewichtig und für uns beweisend.

könnte nur wenige Jahrzehnte gedauert haben. Prüfen und vergleichen wir dagegen diese Funde an unserer Auffassung, dann wird Alles verständlich und natürlich, bedarf gar nicht neuer Erklärung. —

Der Abzug der Pfahlbaubewohner.

Die Frage nach der Zeit des Abzuges der Pfahlbaubewohner ist im Allgemeinen schon oben bei der Besprechung des Brandes der Pfahlbauansiedlungen erledigt.

Fassen wir noch einmal die durch das Vorstehende gewonnenen Resultate zusammen, so ergiebt es sich, daß die Handelsleute nur vor einer dauernden Gefahr aus ihren Pfahlhütten weichen konnten. So lange die Celten sich noch im Norden bis zur Mainlinie hin ausbreiteten, genossen die celtischen Handelsleute in den schweizerischen Seen, also inmitten ihrer eignen Race, eine Ruhe und Sicherheit des Verkehrs, welche für die nördlichen Stationen von dem Augenblicke an aufhörte, wo die Celten vor den Deutschen über den Rhein und Bodensee zurückwichen. Mit den letzten nach Süden ziehenden Celten schwand den stammverwandten Industriellen auf den Pfahlbauten die Hoffnung, ihren Handel ungefährdet fortsetzen zu können, mußten auch sie von ihren Ansiedlungen auswandern. Wenn diese Einsicht sich ihnen nicht schon damals aufdrängte, dann kam ihnen dieselbe sicherlich nach dem Beginn jener Grenzkriege, welche uns Cäsar geschildert hat, und zwar plötzlich, denn sie ließen, nur auf Rettung des Kostbareren bedacht, einen großen Theil ihrer werthloseren Niederlagen z. B. von Stein und Flachs, die wir jetzt auf dem ehemaligen Seeboden wiederfinden, im Stiche.

Zu allen Zeiten werden dauernde Kriegsunruhen eine Ursache zur Störung des Handels, ganz besonders aber eines solchen Handels, der sich durch barbarische Stämme hindurchwinden muß. Eine solche Handelsstockung trat für ganz Nord- und Mitteldeutschland im zweiten und dritten Jahrhundert n. Chr. in Folge des Vorrückens der Slaven und der damit zusammenhängenden Kriege ein, wie anderswo von mir nachgewiesen worden ist. Ganz denselben Fall haben wir in der Schweiz und auf den schweizerischen Pfahlbauten mehrere Jahrhunderte früher, und zwar in Folge des kriegerischen Vorrückens der Germanen, vor uns.

Die veränderten Handelswege nach Cäsar's Zeit.

Daß die nördlichen schweizerischen Pfahlbauten in der Römerzeit nicht wieder aufgesucht wurden, daß sie also keine Spuren römischen Alterthümer zeigen, ist in keiner Hinsicht auffallend und aus der Veränderung der Handelsverhältnisse sehr wohl erklärbar.

Als Techniker arbeiteten die Celten an den Grenzen zwar auch noch jetzt weiter. Viele gallische Namen wenigstens finden sich z. B. im Badischen auf den Stempeln der römischen Thongefäße, welche bekanntlich selten ohne den Namen der Verfertigers in den Handel kamen. Auch unter den römischen Formenschneidern, welche übrigens dadurch eine allgemeine culturhistorische Bedeutung haben, daß sie auf ihren Stempeln zuerst bewegliche metallne Lettern anwandten, also die Vorläufer Gutenberg's waren, ist ein celtischer Formenschneider nachweisbar.[201] Als Händler jedoch treten die Celten von nun an hinter den Römern naturgemäß zurück.

Die Concurrenz durch die Römer.

Römische Händler machten ihnen mit Erfolg Concurrenz, und an ein Wiederaufbauen der Pfahlbauwohnungen war gar nicht mehr zu denken, seitdem die Bedingung des alten Handels mit der Veränderung der Nordgrenzen des celtischen Gebietes aufgehört hatte. Mit dem bald eintretenden Vordringen der Römer bis zur Donau wurden die Lagerstädte der Grenzlegionen die viel bequemeren und gesicherteren Brennpuncte des Verkehrs nach dem Norden. Schon Drusus legte eine bequeme Heerstraße von Verona aus durch Tirol bis zur Donau hin an, welche ihre Ausgangspuncte in Augsburg und Günzburg an der Donau fand. Diese Straße hatte nicht bloß eine militärische Bedeutung, sondern wurde auch die Hauptverbindung für den Verkehr zwischen Oberdeutschland und Italien und gab der Handelsstraße von Marseille und Südostgallien aus über die Schweiz nach dem Norden den Todesstoß. Sie behielt bis zur Entdeckung des Seeweges nach Ostindien und Amerika ihre Wichtigkeit, und durch sie wurde Augsburg groß. Noch aus dem fünften Jahrhundert n. Chr., als das Römerthum an der Donau in jähem Absterben begriffen war, erfahren wir durch einen der letzten römischen Dichter[202] von regem Verkehre der Römer mit den Barbaren, dessen Mittelpunct Augsburg ist. Auch die militärische Verwendung blieb für die angedeutete Straße im Mittelalter dieselbe: die Römerzüge der deutschen Kaiser folgten ihr fast durchweg und nur mit geringen Abweichungen.[203]

Die Ausgrabungen römischer Alterthümer beweisen es übrigens ebenfalls, daß römische Kaufleute in allen Branchen vom Rheine aus nach Deutschland Geschäfte machten. Zahlreiche Denkmäler sprechen noch zu uns. Ich erwähne das Denkmal des römischen Großhändlers zu Rottenburg in Baden, der mit Töpfererde, Geschirren und Mänteln handelte. Ferner sind von Mainz bis Cleve zahlreiche Spuren nachweisbar: von Handelsleuten in Töpferwaaren, von Eisenhändlern, Fruchthändlern, Waffenhändlern und Bijouteriehändlern.[204] Tragen ja doch drei Städte am Rhein, die drei Zabern[205], ihren Namen von den tabernae, den Kramläden römischer Kaufleute. —

Zehnter Abschnitt.

Schluß.

Die Bedeutung der Pfahlbauten.

Die wissenschaftliche Bedeutung der Pfahlbauten.

Die Bedeutung der Pfahlbauten ist eine ungemein große. Wir brauchen, um das zu erweisen, nur den Gang des bisher Gesagten in das Auge zu fassen und die eingestreuten kritischen Bemerkungen in ihren Consequenzen zu verfolgen.*) Ich deute einzelne der letzteren hier zum Schlusse deshalb noch an, weil der Leser dadurch gewissermaßen das wichtigere kritische Resultat der vorhergehenden Darstellung erhält und weil jede wissenschaftliche Arbeit nur unter solchen Verhältnissen auf die Beachtung kenntnißreicher Männer und wahrer Freunde der Wissenschaft einigen Anspruch machen kann.

Ihre besondere Wichtigkeit haben die Pfahlbauten einestheils dadurch, daß sie das oft erwähnte Stein-, Bronze- und Eisen-System endgültig über den Haufen werfen, anderntheils dadurch, daß sie ein Mittel in die Hand geben, um zu zeigen, wie die Alterthümer, wenn sie gleich den historischen Quellen auf kritisch-vergleichendem Wege und mit unbefangenem, selbstständigem Sinne behandelt werden, sogar für historische Verhältnisse der Vorzeit noch sichere Resultate zu gewähren vermögen.

Das Stein- Bronze- und Eisen-Schema.

Daß das Stein-Schema durch die Pfahlbauten haltlos geworden ist, haben wir im Verlaufe des Buches oft anzudeuten Gelegenheit gehabt. Wir wollen hier nur noch den Ursprung dieses jetzt so landläufigen Schema's in das Auge fassen.

---

*) Ich hoffe bald eine specielle Darlegung des hier nur Angedeuteten veröffentlichen zu können.

Dasselbe tauchte fast gleichzeitig in Dänemark und in Mecklenburg auf.

Die kopenhagener Forscher, voran Thomsen, wollten durch seine Anwendung vornehmlich die „Uebersichten erleichtern" und den verschiedenen, nur als wahrscheinlich gesetzten Perioden besondere Benennungen geben. Diese so besonders benannten Perioden waren das Stein-, Bronze- und Eisen-Zeitalter, welche zum ersten Male deutlich im Jahre 1837 in dem Leitfaden zur nordischen Alterthumskunde S. 57 ff. von Thomsen (der sich aber auf dem Titel nicht nennt) ausgesprochen wurden und bald allgemeinere Verbreitung fanden.[206] Was das Stein-Zeitalter betrifft, so ist es nach dem Leitfaden ein solches, in welchem „die Waffen und Geräthschaften aus Stein, Holz, Knochen und dergleichen waren, und in welchem man Metalle entweder sehr wenig oder gar nicht gekannt hat." Das Bronze-Zeitalter ist dasjenige „in welchem die Waffen und schneidenden Geräthschaften von Kupfer oder Bronze waren, und man entweder gar nicht oder nur sehr wenig mit Eisen und Silber bekannt gewesen ist." Was das Eisen-Zeitalter sein sollte, kann man sich hiernach leicht denken. Das letztere übrigens wurde den Germanen, die Bronze-Periode den Celten, die Stein-Periode den Finnen zugewiesen. Es ist nicht zu leugnen, daß da, wo alle Uebersicht bis dahin fehlte, eine solche, zumal wenn sie von so anerkannten Fachforschern wie den dänischen vorgetragen wurde, Anklang finden mußte. Man folgte freilich dabei nur dem augenblicklichen Bedürfnisse und des eigentlichen Ziels der Alterthumswissenschaft, welches doch immer nur die Bereicherung der älteren Ethnographie und Chronologie und in zweiter Reihe erst die der allgemeinen Culturgeschichte sein kann, war dabei kaum in das Auge gefaßt.

Schon die dänischen Archäologen deuteten an, daß die Grenzen der Perioden nicht genau angegeben werden könnten, und der mecklenburger Forscher Lisch, der schon vor den Dänen auf ein ähnliches System gekommen war, trat in diese Lücke ein. Dieser hat als Alterthumsforscher das unbestreitbare Verdienst, einen gewaltigen Stoff gesammelt und viel zur Aufhellung einzelner Fragen beigetragen zu haben. Er gerieth aber leider schon frühzeitig durch das Stein-, Bronze-, Eisen-Schema auf Abwege und hat den zweifelhaften Ruhm, dies Schema in sofern weiter ausgeführt zu haben, als er gewisse Uebergänge als stehend annahm

Fortbildungsversuch.

und das Schema zugleich auf andere Zeiten und Völker anwendete. Er sonderte,[207] von diesem Systeme ausgehend, die Begräbnisse im nördlichen Deutschland nämlich in drei Hauptclassen:

1) in die steinernen Hünengräber eines unbekannten vorgeschichtlichen Volkes mit Steinwerkzeugen ohne Kenntniß der Metalle;

2) in die Kegelhügel der Germanen mit Geräthen aus Bronze und mit Schmuck aus Gold;

3) in die Begräbnißplätze der Wenden mit den in den natürlichen Erdboden eingegrabenen Urnen, welche Werkzeuge aus Stein und Schmuck aus Silber enthalten.

Diese Scheidung bewährte sich ihm als unzweifelhaft richtig. Um Abweichungen zu erklären, wurden von ihm „Uebergangsperioden" angenommen, bei welchen es sich um weiter nichts handelte, als zu constatiren, daß z. B. in gewissen Hünengräbern, abweichend von der gewöhnlichen Art der Beisetzung, sich auch Leichenbrand und Spuren von Metall fanden; daß ferner in den germanischen Kegelgräbern die am tiefsten bestatteten Leichen zuweilen nicht verbrannt, sondern beigesetzt seien. Die letzteren Gräber stammen nach ihm aus der Zeit des Ueberganges von der unbekannten Hünenzeit zum ehernen (bronzenen) Zeitalter. Man begreift aber schlechterdings nicht, wie solche Uebergangsperioden Licht schaffen sollen, da durch sie nur eine Thatsache constatirt wird, die jeder Arbeitsmann, der bei Ausgrabungen öfter Hand angelegt hat, bemerken kann, die aber durch das leere Wort Uebergangsperiode allein nicht erklärt wird: und auf das innere Moment, das in der Thatsache liegt, kommt es doch hauptsächlich an. Die Consequenzen des Systems trieben diese Richtung des Forschens selbst aber bald in die Enge und zwangen sie zu seltsamen Widersprüchen oder gewagten Hypothesen, wenn das Schema festgehalten werden sollte. Lisch fand z. B. auf einem Wendenkirchhofe aus der „älteren" Eisenzeit zwei bronzene Hefteln,[208] in denen das Zeichen des Thor und ganz deutlich und sauber die Yr-Rune (vielleicht als Handgemal?) eingegraben war. Die Hefteln sind unzweifelhaft germanisch-nordischen Ursprunges;[209] wie sie in den Wendenkirchhof kamen, ist auf verschiedene Weise erklärbar. Das ist für Lisch aber ohne Bedeutung und die beiden Zeichen haben nach ihm, weil sie öfter in der „älteren und mittleren Eisenzeit" vorkommen, für dieselbe eine gewisse heilige Bedeutung, die er aber nicht genauer erklären kann. Aehnliche Fälle lassen sich viele anführen.

Bequem ist das genannte Schema allerdings für denjenigen, welcher ein Alterthumsmuseum auf leichte Weise übersichtlich ordnen will. Derjenige aber, welcher auf die Erklärung der ethnographischen Zugehörigkeit solcher Gegenstände ausgeht, wird den Zweck jener Eintheilung schwerlich würdigen können.

Nachdenkende Gelehrte traten zwar gegen das Schema auf und bekämpften es auf das lebhafteste, besonders hinsichtlich der ethnographischen Consequenzen. So zuerst und eindringlich L. Giesebrecht,[210] dem die nach Lisch erst so spät, im 6. bis 8. Jahrhundert und bei den Slaven eintretende Anwendung an sich unwahrscheinlich und nach den classischen Quellon unmöglich erschien, da die letzteren schon bei den äitesten germanischen Stämmen eisernes Geräth nennen. J. Grimm[211] sprach sich ebenfalls voll Zweifel gegen das Schema aus, wenn er in seiner Geschichte der deutschen Sprache Folgendes bemerkt: „Als oberste Frage erhebt sich aber nur hierbei, in wiefern die gewonnene Unterscheidung auf bestimmte Völker der Geschichte Anwendung leide, ob sie Stufen eines und desselben Stammes zusage, oder bei dem unablässigen Wechsel vieler hintereinander von verschiedenen gelten müsse? Jene mythischen Zeitalter (das goldene, silberne, eherne und eiserne) gründeten sich auf wiederholte Schöpfung und die goldenen Menschen waren nicht einer Abkunft mit den eisernen; Riesen, Zwerge, Menschen jede für sich besonders entsprossen. Wenn aber auch, und dafür streitet manches, das historische Steinalter einem eigenen Volksschlage überwiesen werden darf, scheint es desto bedenklicher, Erzalter und Eisenalter auf ungleiche Volksstämme zu beziehen und nicht nach dem Fortschritt eines und desselben auszulegen. Mag man immer befugt sein zu der Annahme, daß Gebrauch des Erzes und Goldes dem des Silbers und Eisens vorausgehe und nach dieser Folge die Waffenschmiedekunst sich ausgebildet habe; es wird schwer bleiben zu erhärten, daß in einzelnen Ländern das Erz nicht länger gedauert, das Eisen nicht früher begonnen haben könne.“ Opposition dagegen.

„So lange diese Zweifel dauern, so lange nicht sichere Merkmale aus der Form der Waffen, des Schmuckes und aller Geräthe gewonnen werden, die den Ausschlag gäben, scheint die alteste Geschichte der europäischen Völker hier keine eigentliche

Aufklärung zu erlangen, wie manches Willkommene für Sitten und Gebräuche daraus hervorgehen mag."

Dennoch verhallten diese und andere wichtige Stimmen. Erst die Pfahlbauten scheinen dazu bestimmt zu sein, das verderbliche Schema, wir hoffen endgültig, zu beseitigen.

Die vergleichende Methode.

Die positive methodologische Bedeutsamkeit der Pfahlbauten, zu welcher wir uns jetzt wenden, liegt darin, daß grade die Pfahlbautenfrage zu einer weitgreifenden Anwendung der comparativen Methode nöthigt und zur Entscheidung über den Werth derselben drängen wird.

Während der vergleichende Gesichtspunct als ein durchaus berechtigter für viele Alterthümer zum Theil schon anerkannt ist, scheint man nämlich über die Grenzen der Vergleichung und deren Ausdehnung noch nicht einig zu sein. Auch der würdige Nilsson bleibt hinter dem Ziele, welches jede comparative Methode sich stecken muß, zurück und beschränkt sich viel zu sehr sowohl ethnographisch und als chronologisch.

Der Kreis der Vergleichung muß so weit als möglich gezogen werden. Denn es ist nicht zu leugnen: je mehr Material man auf diesem Wege und als Vorarbeit sammelt, um so leichter wird sich daraus eine Auswahl des Guten treffen lassen, um so leichter wird man zu einem festen Resultate gelangen können. Das lehren alle Wissenschaften.

Die Kunstfertigkeit der Neu-Seeländer.

Es führt der vergleichende Weg den Forscher zugleich aber auch zu größerer Vorsicht.

Wenn z. B. die Neu-Seeländer Glas, welches ihnen Cook gegeben hatte, ohne Anwendung von Metall durchbohrten, dann macht das gewiß darauf aufmerksam, das man aus scheinbar gut bearbeiteten steinernen Alterthümern nicht immer auf die Kenntniß oder Anwendung des Metalles mit Sicherheit zurückschließen kann, da zumal nicht, wo Metall sonst nicht gefunden worden ist.[213]

Das Kreuzeszeichen und der Donnerkeil.

Das schon auf S. 33 erwähnte Kreuzeszeichen fällt unter denselben Gesichtspunkt. Wie ich schon bemerkte, wird dasselbe gewöhnlich als Zeichen des Thor (Donar) gedeutet. Dann ist aber sein Vorkommen in Hünengräbern auffallend und kann leicht zu falschen Schlüssen verführen.[214] Der Werth dieses Kreuzeszeichens als ethnographischen Unterscheidungsmittels wird sicherlich noch geringer, wenn wir lesen, daß es auch in nubischen und egyptischen Gräbern auf Ringen gefunden wird.[215] Auch der Donnerkeil selbst, den bekanntlich der Däne Thorlacius zuerst bestimmt auf den germanischen Donnergott Thor deutete, wird unter diesem Gesichtspunkte ziemlich bedeutungslos, wenn wir erfahren,[216] daß man solche alterthümlichen Keile, die den nordischen ganz ähnlich sind, auch in Japan findet und daß in Brasilien an Steinäxte derselbe Aberglaube, wie im europäischen Norden*) an die Donnerkeile, geknüpft wird. Dazu kommt noch, daß auch die Finnen den Thor als Gott des Blitzes verehrten und ihn auf Holzidolen mit dem Hammer als Attribut darstellten.[217]

Sogar die vergleichende Sagenforschung kann zur Erklärung bedeutsamer Erscheinungen in der eigentlichen Alterthumswissenschaft beitragen.

Die Dido-Sage in Nieder-Sachsen und auf Gothland.

Die Sage von der Dido, welche durch listige Verwendung einer Kuhhaut den Platz zur Gründung ihrer Residenz Carthago erwirkt, ist bekannt. Mit ihr könnte leicht eine Erzählung in der Sachsengeschichte Widukinds von Corvey[218] im Zusammenhange stehen. Ein scheinbar dummer Krieger aus dem Sachsenvolke, welches von der See kommend im Lande Hadeln, am Ausfluß der Elbe, Wohnsitze sucht, gebraucht einem sich klug dünkenden einheimischen Thüringer gegenüber nämlich dieselbe List wie ehemals Dido, nur handelt er für sein Gold nicht eine Ochsenhaut ein, sondern sandigen Erdboden, den er dünn ausstreut, um von dem damit bedeckten Lande sodann mit einem Schein des Rechtes Besitz ergreifen zu können. Noch deutlichere Anklänge an die Dido-Sage finden wir zu Wisby auf Gothland. In dieser alten Handelsmetropole des Nordens knüpft sich folgende Sage an die Gründung der ehemaligen Börse, die bis zum Jahre 1777 stand: Als einst König Birger nach Wisby kam und um ein Stück Land in der Stadt bat, welches nur so groß wäre, daß eine Kalbshaut es umspannen könnte, wurde ihn die geringfügige Bitte gern gewährt. Birger aber schnitt eine Kalbshaut in dünne Streifen und umspannte so den Platz, auf welchem er nachher die Residenz der schwedischen Könige in Wisby, die spätere Börse, erbaute.

Wenn diese Sage alt[219] ist, dann könnte sie leicht mit der aus anderen Gründen nicht unwahrscheinlichen Thatsache, daß

*) Vergl. oben S. 32.

Phönizier in der Vorzeit auch auf der östlichen Küste Schwedens Colonien besaßen, in lebendigem Zusammenhange stehen. —

Die gleiche Ornamentik.

Ein wichtiges Moment in der vergleichenden Alterthumskunde ist die Ornamentik an den Gegenständen des Luxus und des Hausbedarfes. Jedoch darf man allein aus der gleichen oder ähnlichen Verzierungsweise nicht zu weittragende Schlüsse machen. Auf Gegenständen germanischer Gräber, z. B. auf Kämmen,[220] finden sich ähnliche Verzierungen, wie die von Nilsson als charakteristisch phönizisch erklärten. Auch in den Gräbern Frankreichs und in denen zu Selzen, also aus spätgermanischer Zeit, auf Urnen.[221] Die Vorsicht wird noch größer werden, wenn man in Erwägung zieht, daß sich sogar bei tätowirten afrikanischen Negern die von Nilsson hervorgehobenen Verzierungen nachweisen lassen.[222] In den Pfahlbauten tritt ebenfalls die im Norden an „phönizischen" Geräthen bepbachtete Ornamentik auf. Wenn daher Nilsson*) von sich sagt, daß die von ihm angeführten Facta zum ersten Male als Beweise benutzt worden seien, so hätte er sich nicht auf das Bronzealter und nicht auf einen bestimmten ethnographischen Kreis beschränken sollen — er berücksichtigt die Pfahlbauten z. B. ja gar nicht —, wenn er durchschlagende Beweise geben und eine vergleichende Methode durchschlagend zur Anwendung bringen wollte. Wie sehr wird sich der Gesichtskreis noch erweitern, wenn man z. B. liest,[223] daß ein japanesischer Prinz über die Aehnlichkeit, welche einzelne aus livischen Gräbern geförderte Metallgeräthe hinsichtlich ihrer Ornamentik mit alten indischen Bronzesachen auf Java in den Buddhaistentempeln hatten, sehr erstaunt war! —

So läßt sich noch an verschiedenen anderen Verhältnissen und Fällen die Wichtigkeit der vergleichenden Methode und eines dabei recht weit gesteckten Gesichtskreises erweisen.

Der vergleichende Methode und die Pfahlbauten.

Auch die vorstehende Darstellung von den Pfahlbauten und ihren Bewohnern kann ein Beleg dafür sein; wir wünschen wenigstens lebhaft, einen solchen durch den Gang der Untersuchung gegeben zu haben.

Daß in so kalten und rauhen Gegenden wie in der Schweiz und in den ganzen Pfahlbautenbezirke Europas ein Volk nicht blos Jahrhunderte sondern Jahrtausende lang auf Pfahlhütten gewohnt haben soll, ist von Hause aus etwas ungemein Auffallen-

---

*) Vergl. sein: Bronzealter S. XI.

des, ist, auch abgesehen davon, daß schon Aerzte des Alterthums das Wohnen auf Pfahlbauten für ungesund erklärten,[224] bei dem schweizerischen Klima gradezu unglaublich. Dieser Umstand bewog uns, den Blick vergleichend nach anderen Himmelsgegenden, in denen ebenfalls Pfahlbauten auftraten, zu richten. Wir beschrieben die Pfahlwohnungen der Dajaks und Magandschas in Borneo und Afrika nur deshalb, um ein Bild von dem lebendigen Treiben auf Pfahlbauten der Gegenwart zu geben. Das warme Klima der tropischen Gegenden, der sumpfige Boden und Anderes fordert in Borneo und Afrika gewissermaßen dazu auf, erhöhte Häuser zu bauen und auf ihnen zu wohnen. In der Schweiz ist aber das gerade Gegentheil der Fall, und es liegt etwas Analoges in jenen Pfahlansiedelungen für die schweizerischen gar nicht vor. Lenken wir den Blick auf andere derartige Bauten, so waren die syrischen schon nicht mehr allein wegen der persönlichen Sicherheit ihrer Bewohner, sondern zugleich mit Rücksicht auf die erleichterte Ausübung des Fischerhandwerkes angelegt, was mit den Fischerhütten, welche*) noch am Ende des vorigen Jahrhunderts in der Limmat standen und die mit denen von Neu-Guinea vergleichbar sein sollen, noch mehr der Fall ist. Die Pfahlbauten im malayischen Indien endlich haben vorwiegend den besonderen Zweck, ihre Bewohner bei Ueberschwemmungen zu schützen und dasselbe ist in Afrika mit Pfahlbauten an der Grenze des Zambesi-Deltas der Fall, wie Livingstone neuerdings bemerkt hat.**)

Können unter diesen Verhältnissen nicht auch die schweizerischen Pfahlbauten einem besonderen Zwecke gedient haben, mußte diese Ansicht nicht von selbst sich uns aufdrängen, sobald wir vergleichend erst festgestellt hatten, daß nicht alle Pfahlbauten in denselben Topf geworfen werden dürfen, daß nicht alle wesentlich gleichen Ursprung, wesentlich gleiche Verwendung gehabt haben? Wie seltsam, wie unbegreiflich erscheint das Bestreben***)

*) Vergl. Keller I. S. 81.

**) Vergl. das „Ausland" vom 18. December 1865, No. 51, S. 1201. Die Wohnungen der Chauken am Nordseestrande, welche wir oben S. 168 nach Plinius schilderten, fallen unter denselben Gesichtspunct.

***) Es scheint, als ob die leidige, schon oben, S. 77, besprochene Sucht, Alterthumsgegenstände, die man besitzt, recht alt und dadurch werthvoll zu machen, auch hierbei wirksam gewesen ist.

der heutigen Schweizer, wenn sie ihre angeblichen Vorfahren auf den Pfahlbauten zu schwachen feigen Menschen stempeln, wenn sie einen ganzen Stamm Jahrtausende hindurch auf Wohnungen in den Seen ihrer rauhen Landschaft drängen!

Die vergleichende Methode und die Pfahlbautenfunde.

Dieser allgemeinere vergleichende Gesichtspunkt war es jedoch nicht allein, welcher uns bewegen mußte, nach einer besonderen Ursache bei der Erbauung der schweizerischen Pfahlansiedlungen zu suchen. Auch die Vergleichung der unter den Seewohnungen gemachten Funde mit ähnlichen der nördlichen Gegenden Europas führte dazu und gab gleichzeitig den Schlüssel zur Lösung der Frage in die Hand.

Die palaeontologisch-vergleichende Zoologie z. B. erwies, daß das Torfschwein in den Pfahlbauten von dem indischen (Siam-) Schweine herstammen müsse, und dies Resultat stand der von uns nachgewiesenen historischen Bedeutung keineswegs entgegen, wurde vielmehr grade nur durch diesen Nachweis verständlich. — Die vergleichende Ornamentik ferner brachte die gefundenen Broncesachen in Verbindung mit den alten phönizischen und etruskischen, wie sie die classische Welt und besonders der europäische Norden aufweist. Aus handelspolitischen Gründen wurde es andrerseits sehr erklärlich, wenn auch die Massalioten dieselben Waaren nach dem Norden lieferten, wie ihre Vorgänger. Die Celten ferner, welche das vom Jura herstammende Feuersteinmaterial am Bodensee bearbeiteten, erwiesen sich dadurch leichter als gallische Celten, traten überhaupt bestimmter als die Kleinhändler der Massalioten hervor. Daß Phönizier vor den Massalioten oder Etruskern die Pfahlbauten der Schweiz bewohnt haben müssen, brauchte also wegen der gleichen Ornamentik keineswegs angenommen zu werden, war für die Phönizier wenigstens sehr unwahrscheinlich. — Der allgemeine Charakter der Pfahlbauten blieb unter allen Verhältnissen derselbe; aus tausendjährigen Wohnsitzen eines Volkes wurden sie die Wohnungen emsiger fahrender Kaufleute und Handwerker.

Die culturhistorische Bedeutung der westeuropäischen Pfahlbauten.

Es haben darnach die europäischen Pfahlbauten im Bereiche der adriatischen und westlichen Handelsstraße nach dem Norden, neben dem Zwecke größerer Sicherheit für Menschen und Eigenthum, der schließlich ja allen Pfahlbauten und allen Gebäudearten eigenthümlich ist, vorwiegend einen bedeutsamen handelspolitischen und culturhistorischen Hintergrund, und wie ein Blitz zerreißt ihre Aufhellung das Dunkel über einer schon vermutheten, bisher aber nicht nachweisbaren Landhandelsstraße nach dem Bernsteinlande. Ihr Verständniß gewährt ferner einen Einblick in die Maschinerie des alten Landhandels in Barbarenländern, zeigt uns wichtige Knotenpuncte in demselben und deckt die nachweisbar ältesten Werkstätten reisender Kaufleute und fahrender Handwerker aus langer Vorborgenheit auf.

Die Pfahlbauten lehren uns also nicht blos allerhand Merkwürdiges, allerhand Neues über die Lebensweise alter Barbarenvölker, sondern eröffnen zugleich einen Einblick in große sociale und politische Verhältnisse der Vorzeit und füllen eine Lücke in den Berichten der Alten, welche bei der vorwiegend volkswirthschaftlichen Richtung der Gegenwart immer fühlbarer wird. Die Wege, auf denen in späterer Zeit, nach den Phöniziern, die kunstvollsten Broncegeräthe in den Norden gelangten, erhellen sich. Ueberhaupt wird es klar, daß an Dänemark als Fabrikationsland solcher Gegenstände, wie ehemals dänische Forscher glauben zu machen suchten, gar nicht zu denken ist, daß nicht einmal das Steingeräth des Nordens in Dänemark gefertigt wurde, sondern auf den schweizerischen Pfahlbauten massenhaft zur Verarbeitung kam und erst durch Handel und Wandel nach dem Norden gelangte. Die übrigen Handelsstraßen nach Holstein und nach anderen Ländern der bernsteinreichen Ostseeküste erhalten durch die Pfahlbautenstraße ebenfalls größeres Licht und vermögen dadurch ihrerseits wieder Parallelen zu geben, die an den Pfahlbauten erst jetzt recht verständlich werden: ich erinnere an die Werkstätten auf der Gehmlitz in der Niederlausitz und an Anderes, was seines Ortes zur Sprache kam. Weitere Funde werden das oben Ausgeführte nur bestätigen, und weitere Entdeckungen von Werkstätten oder Pfahlbautenresten die schweizerische Landstraße nach dem Norden immer deutlicher hervortreten lassen.

So sind die Pfahlbauten nach allen Seiten hin, für die Geschichte sowohl, wie für die Alterthümer und für die Feststellung einer kritischen Methode, die wichtigste Entdeckung, die seit Jahrhunderten auf dem Gebiete der Alterthumskunde gemacht worden ist.

Anmerkungen.

Zum ersten Abschnitte.

1) Die dieser Skizze über die älteste Bevölkerung Europas zu Grunde liegenden Schriften sind besonders die von: K. Zeuß, Die Deutschen und die Nachbarstämme. München 1837. Forbiger, Handbuch der alten Geographie. Bd. III. Leipzig 1848. K. Neumann, Die Hellenen im Skythenlande. I. Berlin 1855. Chr. Brandes, Das ethnographische Verhältniß der Celten und Germanen. Leipzig 1857. — Für die historischen Verhältnisse kann man Weiteres noch lesen bei: L. Contzen, Die Wanderungen der Celten. Leipzig 1861 und bei R. Pallmann, Geschichte der Völkerwanderung. Bd. I. u. II. Gotha und Weimar 1863 u. 1864.

2) K. Neumann a. a. O. S. 213.

3) Der Name Aborīgines wird oft von ab orīgine abgeleitet und für eine Collectivbezeichnung der Urbevölkerung Italiens gehalten. Dem widerspricht aber schon das Quantitätsverhältniß, da wir im Griechischen Ἀβοριγῖνες finden.

4) Man findet diese Sprachreste, die erst nach dem 14. Jahrhundert schriftlich fixirt worden sind, bei A. Ellisen, Versuch einer Polyglotte der europäischen Poesie. Bd. I. Leipzig 1846. S. 1 ff.

5) Dieser Grund ist freilich allein nicht ganz schlagend. Bei den Erbauern der Hünenbetten könnte die Kenntniß des Eisens oder doch harten Metalles vorausgesetzt werden, weil gewisse Steinsachen feinerer Arbeit nur durch Metallwerkzeug hergestellt werden konnten, vgl. Keller, Pfahlbauten, erster Bericht, S. 74.

6) Karl Weinhold, welcher früher in seinem altnordischen Leben die Hünenbetten den Finnen zuschrieb, weist sie jetzt entschieden den Iberern zu, vgl. seine Abhandlung: „Die heidnische Todtenbestattung in Deutschland" in den Sitzungsberichten der Wiener Akademie vom Jahre 1859, Bd. 29 der philosphisch-historischen Classe S. 117 ff. — Die neueste kritische Arbeit über den vor-

liegenden Gegenstand von A. v. Bonstetten, Essai sur les Dolmens. Génève 1865. 4. bestätigt Weinholds Ansicht, der wir uns anschlossen, entschieden, wenngleich v. Bonstetten selber nicht die Iberer, sondern ein andres uraltes, den Finnen oder den Scythen verwandtes Volk für die Erbauer hält. Ich verweise besonders auf die Karte in v. Bonstetten's Buche, auf welcher die geoprapische Verbreitung der Hünenbetten durch farbigen Druck angegeben; auch in Griechenland und auf der Krimm weist v. Bonstetten Hünengräber nach. Desor, welcher die schon durch Weinholds Arbeit abgethane Meinung, welche die Steinbetten den Celten zuweist, indirect noch bekämpfen zu müssen glaubt, weist Dolmen (d. h. Hünenbetten) sehr zahlreich in Nord-Afrika u. s. w. nach, vgl. Kölnische Zeitung vom 16. August 1865 und Aus Sahara und Atlas. Vier Briefe an J. Liebig von Desor. Wiesbaden 1865. S. 54 ff. Dann könnten, was gar nicht so unwahrscheinlich ist, die Iberer über Afrika nach Europa gewissermaßen als die Vorläufer der Araber gekommen sein. Die Frage über die Hünenbetten wird demnach zu neuer Untersuchung reif. Ueberhaupt ist der Begriff Hünenbetten wohl noch schärfer zu begrenzen.

7) von Maack, Das urgeschichtliche Schleswig-Holsteinsche Land. Berlin 1860 (steht auch in der Zeitschrift für allgem. Erdkunde), liefert den Nachweis dafür, und zwar nicht aus dem Material allein, welches die Geologie bietet. Südschweden zeigt übrigens durch den Wener- nnd Wettersee und die von ihnen auslaufenden Wasserstraßen in kleinen Verhältnissen noch jetzt deutlich die Meeresstraße, welche Schonen ehemals von Schweden getrennt haben muß.

8) Vgl. L. Diefenbach, Vorschule der Völkerkunde und der Bildungsgeschichte. Frankfurt a. M. 1864. S. 160 ff. Die Ansichten hierüber weichen freilich sehr ab, müssen es aber auch, da man mehr nach den Köpfen der jetzigen Basken und nach den Münzen die Schädel reconstruirt, statt sich in erster Reihe an das urkundliche Material, also an die Schädel der Gräber zu halten. — Weinhold bringt S. 124 und öfter Angaben über Schädel der Hünenbetten.

9) Aus dem Osten, wie man auch aus etymologischen Gründen annehmen muß, vgl. die eigenthümliche Ansicht Hitzigs bei Keller, Bericht 3 S. 109, nach welcher Celten und Chaldäer einen identischen Namen haben und die ursprünglichere Form in dem Namen der Kurden (an der westlichen Grenze Persiens) erhalten ist.

10) Die Streitfrage über den Ursprung des Namens der Germanen hat bekanntlich eine eigne Literatur. Die neueste Schrift hierüber ist die von Mahn: „Ueber den Ursprung und die Bedeutung

des Namens Germanen." Berlin 1864. Mahn bekämpft mit der Mehrzahl tüchtiger Forscher die Ansicht Holtzmanns, welcher den Namen aus dem Lateinischen ableitet, und giebt, von älteren Etymologien, besonders Leo's, ausgehend und dieselben im Einzelnen berichtigend, der Frage endlich den genügenden Aufschluß. „Germane" ist ein celtisches Wort, heißt auf deutsch Nachbar und stammt aus dem kymrischen ger = vicinus und dem kymr. maon = Volk, wie Mone zuerst bemerkte; oder aus dem kymr. ger = vicinus und man = locus (welches aus altceltischem magen entstand) nach Pott; oder aus dem kymr. ger = vicinus und der celtischen Ableitungssilbe man, die bei Völkernamen oft auftritt, nach Zeuß. Die erste und die letzte Etymologie schienen die besten zu sein. Der Hauptsache nach kommen alle auf dasselbe hinaus. Sie sind besonders auch deshalb begründeter, als die entgegenstehende von Holtzmann, weil sie mit einem leicht nachweisbaren allgemeineren Gesetze der Namengebung im Einklange stehen. Die Frage scheint mir keine offene mehr zu sein, obgleich Holtzmann seine Ansicht neuerdings von neuem vertheidigt hat. — Die älteren Etymologien des Germanen-Namens findet man besten bei Forbiger a. a. O. S. 314 f. zusammengestellt.

11) Ausführlicheres vgl. bei Contzen a. a. O. S. 74 ff., aus dem ich hier vorzugsweise schöpfe.

12) Das Familienleben der Gallier war anerkannt unsolide. Die Frauen waren durch ihre Schönheit zwar berühmt, aber leichtsinnig und kokett, in ihrer ehelichen Treue also sehr gefährdet und dadurch das Gegentheil der deutschen Frauen. Die Männer ihrerseits entschädigten sich auf andre Weise und waren der Knabenliebe ergeben. Zu einem gesunden Staatsleben fehlte so jedenfalls eine der wichtigsten Grundlagen.

13) Keller, Antiquar. Mittheil. der Zür. Gesellsch. Bd. 7, S. 191 in dem Aufsatze: Celtische Vesten an den Ufern des Rheins unterhalb Schaffhausen.

14) Vgl. auch H. Schreiber, „Das Kriegswesen der Celten" in seinem Taschenbuch für Geschichte und Alterthum von Süddeutschland. 3. Jahrgang. 1841. S. 169 f.

15) Vgl. Contzen S. 88 ff. — Sollten sich vielleicht auf diese Verhältnisse die halb lateinischen, halb gallischen Inschriften beziehen, durch welche Jemandem eine Seewohnung gewidmet wird? Vgl. diese interessanten Inschriften aus Autun und Volney nach ihrem Herausgeber Pictet bei Keller III. (d. h. dritter Pfahlbautenbericht) S. 115.

16) Das Volk in Frankreich versetzt die Druidinnen übrigens auch in die Hünenbetten und in andre Stätten der Vorzeit, vgl. Schreiber, Die Feen (in seinem Taschenbuche, 5. Jahrgang. 1846.) S. 39 ff.

17) Ausführlicheres vgl. bei K. Haupt, Sagenbuch der Lausitz. Bd. I. 1862. No. 13, 14 u. 16; Bd. II. 1863. S. 6. Vgl. im Allgemeinen auch Pallmann a. a. O. II. S. 16. — Daß celtische Niederlassungen bis Schlesien hin waren, nahm auch Preusker an, vgl. Schreibers Taschenbuch. 5. Jahrgang. S. 42.

18) „Pellen" in Wales genannt, doch wird das erste l guttural gesprochen. Auch in den Gesetzen des König Howel von Wales († 948) kommt das Wort (pellenew) vor, vgl. die Leges Wallice tit. 34, 18 in den Ancient Laws and institutes of Wales (ed. Owen) 1841. fol. S. 804. Ich verdanke diese Notizen der Gelehrsamkeit der Herrn Dr. Fürstenberg in Eldena bei Greifswald. — Einige celtische Rechtsbräuche weist Quitzmann, Die älteste Rechtsverfassung der Baiwaren (Nürnberg 1866) für Baiern nach. Für Frankreich und Baden ist der Nachweis des Celtischen noch leichter.

19) Vgl. hierüber die neueste Abhandlung von Chr. W. Glück, Rênos, Moinos und Mogontiâcum, die gallischen Namen der Flüsse Rhein rc. München 1865. Ueber das Fortleben celtischer Ortsnamen im Allgemeinen vgl. F. J. Mone, Urgeschichte des badischen Landes. Bd. II. Karlsruhe 1945. S. 78 ff.

20) Vgl. Maßmann, Gothica minora in Haupt's Zeitschrift für Alterthumswissenschaft. Bd. I. S. 378.

21) Vgl. Lisch in den Jahrbüchern des Vereins für mecklenbg. Alterthumskunde. Bd. 27. S. 181.

22) Die Farbe ist jedoch nicht scharf unterscheidend, da auch die Urnen germanisch-celtischer Gräber zuweilen eine bräunliche und schwärzliche Farbe haben, vgl. Weinhold S. 196. Schwärzliche Urnen sind neuerdings z. B. auch im Kreise Minden, wo Slaven doch nie wohnten, ausgegraben worden. (Kölnische Zeitung vom 22. Juni 1865 No. 71).

23) Vgl. S. Nilsson, Die Ureinwohner des skandinavischen Nordens. Bd. I. Das Bronzealter. A. d. Schwed. übersetzt. Hamburg 1863. Dazu ein Nachtrag. Hamburg 1865. Man kann dies Buch, ohne allen seinen Resultaten beizutreten, doch vorzüglich nennen, weil es zum ersten Male mit Erfolg, wenn auch nicht in allen Consequenzen, die vergleichende Methode in der Alterthumsforschung anwendet. Den Methodiker verweise ich auf eine Abhandlung von mir, welche im Anschluß an das Nilssonsche Buch geschrieben wurde, in Glasers Jahrbüchern für Staats- und Gesellschaftswissenschaften v. J. 1866 S. 366 ff. — Den Fund von Peccatel machte Lisch. Auch Weinhold bespricht ihn S. 183 f. u. S. 192.

24) Vgl. Nilsson a. a. O. Nachtrag S. 44 ff. — Die Notizen über die Fanken rc. verdanke ich A. Henne von Sargans, Manethos. Gotha 1865. S. 30.

Zum zweiten Abschnitte.

25) Ueber die Pfahlbauten hat ihr Entdecker F. Keller in den Mittheilungen der antiquarischen Gesellschaft zu Zürich eingehend gehandelt. Zuerst im Jahre 1854 (in Bd. IX. der Mittheilungen) unter dem Titel: „Die celtischen Pfahlbauten in den Schweizer Seen." Neue veränderte Auflage davon erschien im Jahre 1865; nach dieser citire ich. Im Jahre 1858 (Bd. XII.) folgte ein zweiter Bericht; 1860 (Bd. XIII.) ein dritter; 1861 (Bd. XIV. Heft 1) ein vierter; 1863 (Bd. XIV. Heft 6) ein fünfter. Die sonstige Literatur ist sehr reichhaltig, aber wenig gehaltvoll. Eigne Werke über die Pfahlbauten kenne ich zwei: 1) von Fr. Troyon, Habitations lacustres des temps anciens et modernes. Lausanne 1860, dessen Verfasser sich dem Stein-, B rnze- und Eisensystem leider eng anschließt und ohne Berücksichtigung der Geschichte neue Völker in der Schweiz entdeckt oder in die Schweiz führt, wogegen auch Keller in seinem fünften Bericht auftrat; 2) von J. Staub, Die Pfahlbauten in den Schweizer-Seen. Fluntern bei Zürich 1954, ein Werk, welches, die tabellarische Uebersicht ausgenommen, die Beachtung eines gebildeten Lesers kaum verdient. Aus der Zeitschriften- und Broschüren-Literatur scheinen mir nur die Abhandlungen von Franz Maurer, über die Pfahlbauten im „Ausland" vom Jahre 1864|65, und von Haßler in der Deutschen Vierteljahrsschrift, 1865, 1. Abtheil. hervorhebenswerth. — Die Literatur über die Pfahlbauten außerhalb der Schweiz werde ich an ihrem Orte anführen.

26) Das, was in Deutschland und England Celt genannt wird, nannten die Dänen Palstab, indem sie ihrerseits zum Theil den Namen Celt für die bronzene Waffe, welche der framea des Tacitus (Germ. c. 6) entsprechen soll, gebrauchten. Die framea ist dadurch mit dem Keil vermischt worden und wurde eben so räthselhaft, wie der letztere. Einige erklärten sie sogar für ein Abhäutungswerkzeug und machten die Germanen damit zu einer großen Fleischer- und Gerberzunft, vgl. Klemm, S. 238 ff. — Andre verstanden unter Palstab wieder nur die Waffe, das Beil. So ist eine heillose Verwirrung in diese Fragen gekommen. Wocel, Grundzüge der böhmischen Alterthumskunde, S. 11 unterscheidet Celt (Fig. 8) und Palstab (Fig. 9), und schreibt ihnen beiden trotzdem dieselbe Bestimmung zu.

27) Vgl. G. Klemm, Handbuch der germanischen Alterthumskunde. Dresden 1836, S. 160. — Die Bauern in einzelnen Theilen

Italiens, z. B. bei Ancona, tragen noch jetzt kleine Steinwaffen, die sie finden, am Leibe, als Talisman gegen den Blitz, vgl. Keller, 3. Bericht, S. 14; Aehnliches in Mecklenburg vgl. bei Beyer in den Meckl. Jahrb. Bd. 20, S. 188.

28) Klemm S. 249. Eine klare, erschöpfende Definition des Thorhammers, nach dem Sprachgebrauche der verschiedenen Gelehrten, ist nicht zu finden. Die eigentlich für symbolisch erklärten Thorhämmer sind die aus Letten bestehenden und zu keinem practischen Gebrauche bestimmten, pyramidenförmigen, meist wagegerecht durchbohrten Hämmer mit einem Kreuze, welche oft neben den Todtenurnen gefunden werden, vgl. z. B. Lisch, Mecklenbg. Jahrb., Bd. 16 S. 283 f. und Gött. Gel. Nachrichten 1862 S. 41. Wagener, Wörterbuch der Alterthümer. Weimar 1842. S. 203 f. versteht unter Thorhämmern wieder eine Waffe von 1—8 Pfund Schwere aus Stein. — Klemm, Handbuch Taf. VI. bildet auch runde Thorhämmer ab; der Umstand, daß sie durchbohrt sind, scheint ihm dabei maaßgebend zu sein. —

29) Vgl. über die practische Anwendung des Celts Weiteres bei Keller I. S. 73 f. und S. 90. Vgl. auch Weinhold, Altnord. Leben S. 163. — Die Notiz über Hakon und das Kreuzeszeichen entnehme ich aus Wilda, das Gildenwesen im Mittelalter. Halle 1831. S. 8 f.

30) Vgl. Keller II., S. 121. Daß hier übrigens mehr als ein Bronzebeil existirt haben muß, geht unwiderleglich daraus hervor, daß sich im Jahre 1858 bei Meilen herausstellte, es seien Pfähle auch durch scharf geschliffene Bronzebeile zugespitzt worden.

31) Auf den Ebersberg komme ich im letzten Abschnitt zu sprechen. — Aehnlich wie in vorliegendem Falle werden dieselben eigenthümlichen Töpfe, welche in den Pfahlbauten der Provinz Parma zu Tage kamen, noch jetzt nahe bei diesen Pfahlbauten in einem Dorfe der Apenninen aus freier Hand und zum Verkauf gefertigt. Vgl. Keller, vierter Bericht S. 133.

32) Keller (I. S. 97) fährt dann so fort: „Die Erörterung der Frage, ob sich auf diese Verschiedenheit der Stoffe die Ansicht begründen lasse, daß die eine Ansiedlung einer viel späteren Zeitepoche, einer vorgeschrittenen Civilisation angehöre, oder ob diese Erscheinung nur als eine zufällige durch Culturverhältnisse bedingte zu betrachten sei, Andern überlassend, halte ich es jedoch nicht für überflüssig, mit ein paar Worten auf die muthmaßliche Nationalität der einstigen Inhaber der Bielersee-Pfahlbauten und der Schwester-Colonie am Zürichersee zurückzukommen." Wir glauben nicht, daß dies der sicher zum rechten Ziele führende Weg ist, sondern meinen, daß wir, nachdem schon im Jahre 1854

so seltsame Thatsachen aus den Quellen, d. h. den Pfahlbautenfunden, hervorgingen, die Quellen in ihrer Eigenthümlichkeit weiter untersuchen und vergleichen müssen, ehe wir auf die Nationalität der Pfahlbaubewohner, d. h. mit anderen Worten auf den ganzen Kern der Pfahlbautenfrage eingehen.

33) Das durch ganz besonders wichtige Pfahlbauten berühmte Wangen am Untersee (Bodensee) ist ein Dorf und mit Wangen bei Solothurn nicht zu verwechseln.

Zum dritten Abschnitte.

34) Keller II. S. 134 ff. giebt ebenfalls eine solche Skizze, ich habe sie aber vervollständigen und überhaupt den Stoff nach dieser Seite hin concentriren zu müssen geglaubt. — Das Bildniß eines neu-guineischen Pfahldorfes findet man nach Dumont d'Urville bei Keller I., Tafel I. Fig. 4.

35) Keller II., S. 135.

36) Keller II., 127 u. IV., 25.

37) Vgl. Mone, Urgeschichte des badischen Landes. II., S. 141.

38) Keller III. S. II. u. V, 154 u. 168.

39) Keller II., 127.

40) Keller III., S. II.

41) Lisch macht im 30. Jahresbericht auf die Aehnlichkeit der zweiten Urne mit einem Pfahlbautenhause aufmerksam. Und die Sache hat allerdings etwas für sich, obgleich Weinhold (Wiener Sitzungsberichte, Bd. 29, S. 198 f.) hinsichtlich der Hausurnen andrer Ansicht als Lisch ist. Die Beschreibung und die Abbildung sowohl der Hausurnen als der Pfahlhausurnen entnehme ich aus Lindenschmitt, Die Alterthümer unserer heidnischen Vorzeit. Bd. I. Mainz 1864. 4. Heft 10, Tafel 3. — Ueber die Abbildung des germanischen Hauses auf der Antoninssäule zu Rom vgl. J. Grimm, Kleinere Schriften. Bd. II. Berlin 1865. S. 142.

42) Keller II., 125 f.

43) Keller V., 153 ff.

44) Keller V., 178.

45) Keller III., 75.

46) Keller II., 144. — Nur bei Lattringen im Bielersee meinte Keller I., 95 schon, daß hier ein ganz niedriger mit Pfählen besetzter Damm Ufer und Ansiedlung verbunden zu haben scheine.

47) Keller II., 123 u. 134.

48) Vgl. Lisch in den Jahrbüchern des Mecklenburgischen Alterthumsvereins. Bd. 30 vom Jahre 1865 S. 2.

Zum vierten Abschnitte.

49) Herodot V., 16. Die Erzählung fällt in die Zeit, wo Megabazus nach dem verunglückten Feldzuge des Darius gegen die Scythen vom Jahre 513 in Thracien mit einem persischen Heere stand.

50) Ich folge der Schilderung, welche Keller nach Wilde, dem Entdecker der Crannoges, in Bericht II. S. 130 ff. giebt, an einzelnen Stellen wörtlich.

51) „Aus frühester Zeit" wie Keller II. S. 131 hinzufügt. Was soll aber dieser Zusatz? Er ist bei fast jedem Alterthumsstücke verkehrt, weil bei dem verworrenen Zustande der Alterthumsforschung das Alter eines Gegenstandes nie als bekannt vorauszusetzen, sondern immer erst noch zu bestimmen ist. Steingeräth, welches Alterthumsgegenständen ähnlich ist, wird noch in der Gegenwart benutzt. Wie viel Sensenschleifsteine neuester Arbeit mögen wohl in Alterthumssammlungen stecken! Wenn ein solches Geräth, ich will sagen in einen Fluß fällt und aufgefischt wird — ist dies Geräth dann auch aus frühester Zeit? Dazu kommt ferner die Thatsache, daß z. B. die Engländer noch im Jahre 1066 in der Schlacht bei Hastings Waffen von Stein gebrauchten.

52) Vgl. Annales IV. magistrorum (welche bis zum Jahre 1771 reichen) in C. O'Connor, Rerum hibernicarum scriptores. Bd. III. 1826. 4. S. 352: Cenetus (Cinaedh) — vastavit Insulam Lacus Gabhariae et combussit eam postea, ita ut eam aequaret solo. Ich gebe statt des irischen Originaltextes hier die lateinische Uebersetzung. — S. 521 u. 523 zum Jahre 989 u. 991 findet ein domus im lacus Annin Erwähnung, welches vergeblich belagert wird. — Recht deutlich heißt es zum Jahre 990 von einem Crannoge im See Cimbe S. 522: Ingens tempestas submersit Insulam lacus Cimbei inopinato in una hora, cum suis propugnaculis et muris. — Und so finden sich Crannoges zum Jahre 997, wie es scheint auch zum Jahre 1000 S. 533, wo das via strata — usque ad medium fluminis mir auffällt, ferner ganz deutlich zum Jahre 1012, 1016 und 1022 u. s. w. — Wilde ist der Ansicht, daß die Crannogės als Zufluchtsörter betrachtet werden müssen, oder als Festungen von Räubern, welche Vieh und andere Beute hier in Sicherheit brachten, vgl. Keller II. S. 131.

53) Vgl. Keller IV. S. 3 ff. u. Lyell, Das Alter des Menschengeschlechts S. 247. Ueber den Garda-See im besonderen handelt die kleine Schrift von E. v. Osten-Sacken, Der Pfahlbau im Garda-See. Wien 1865 (aus den Wiener Sitzungsberichten).

54) Vgl. den Bericht von Pigorini u. Strobel bei Keller V., S. 131 ff. Marna heißt Mergel, Terramara also Mergelerde.

55) Der Entdecker war der Gymnasiallehrer Jeitteles zu Olmütz. Vgl. den Bericht hierüber in der Köln. Zeitung vom 16. Juli 1864, No. 196, zweites Blatt, und Ausführlicheres bei Lyell S. 455 ff. Nach dem Anzeiger des germanischen Museums wurden zwar auch zwei horizontal liegende 9—11 Fuß lange Balken gefunden (vgl. 1864. August. S. 310), doch wird ein besonnener Mensch darin keinen Pfahlbau finden können. — Von anderen Pfahlbauten in Oesterreich weiß ich bisher Genaueres nicht, auch über die vom Gymnasial-Director Orgler in der Gegend von Montigl (Tirol) entdeckten nicht, von denen ich in der Illustrirten Zeitung, Nr. 1159 vom Jahre 1865 lese.

56) W. Zimmermann, Der Mensch ꝛc. 1864. Erstes Heft.

57) Vgl. Mone, Urgeschichte des badischen Landes. I. S. 305.

58) An diese Ansiedlungen schließen sich vielleicht andre derartige Entdeckungen, welche ich aus der Kölnischen Zeitung No. 90 vom Jahre 1864 kennen lerne und bei denen das Vorkommen von Goldmünzen aus dem 2. Jahrhundert n. Chr. wichtig ist an.

59) Vgl. Köln. Zeitung No. 192 vom 12. Juli 1864. — Die Notiz über den Staffelsee verdanke ich der Augsb. Allg. Zeitung, Beilage zu No. 189 vom 7. Juli 1864.

60) Vgl. Lyell-Büchner S. 454 f. nach der Bair. Zeitung No. 150 ff. vom Jahre 1864. —

61) Vgl. Lisch in den mecklenb. Jahrbüchern, Jahrg. 30. 1865. S. 1 ff. — Im Ganzen sind bis jetzt an vier Stellen Spuren von Pfahlbauten in Mecklenburg gefunden worden. Es ist zu beachten, daß im Wismarer Pfahlbau wilde Thiere gar nicht bemerkt sind, dagegen höchst seltsame Schafe mit vier Hörnern, wie sie sonst nirgends gefunden worden sind, vgl. Lisch a. a. O. S. 75. — Nachträglich bemerke ich an dieser Stelle, daß (nach der Rostocker Zeitung vom 10. Februar 1866 No. 35) „von Herrn Dr. Wiechmann-Kadow auf dem Dobbertiner Klostergute Bimsow, 1½ Meilen von Goldberg, an der Goldberg-Crivitzer Landstraße belegen, mehrere Pfahlbauten aufgefunden sind, auf welche er durch die Nachricht, daß daselbst beim Moderausfahren in bedeutender Tiefe ein altes „Grab" mit vielen Urnen und eichenen Pfählen aufgedeckt worden, aufmerksam geworden war. Die ausgegrabenen Alterthümer sind von dem Pächter von Bimsow, Herrn Jürgens, der Sammlung des Vereins für Mecklenburgische

Geschichte und Alterthumskunde in Schwerin übermittelt worden." — Uebrigens bemerke ich hier noch, daß Bedenken gegen einzelne Funde in den Mecklenburger Pfahlbauten berechtigt sind, wenn auch nicht gegen alle mecklenburgischen Pfahlbauten selber. Schon Morlot erhob, wie ich lese, Zweifel gegen das Alter und die Aechtheit eines in den Pfahlbauten angeblich gefundenen Hornkammes. Ganz neuerdings ist ferner Sergeant Büsch, der Entdecker der mecklenburgischen Pfahlbauten, mit einer Kasse von 28,000 Thaler durchgegangen, und die Zweifel, welche viele Bewohner von Wismar gegen ihre eigenen Pfahlbauten schon früher hegten, erhalten dadurch nicht geringe Nahrung.

62) In Lischs Jahrbüchern, Jahrg. 30, S. 72 ff. Ueber die Spuren des Pfahlbaues von Bützow vgl. ebenda Jahrg. 29, S. 131.

63) Den Bericht des verstorb. Friedr. v. Hagenow über die Greifswalder Pfahlbauten ist in verschiedene Zeitschriften übergegangen; man findet ihn auch in Lisch, Jahrb. Bd. 30. Meine Ungläubigkeit gegen diese Pfahlbauten wird von den meisten einsichtigen Männern hierselbst getheilt; der hiesige Stadtbaumeister Becherer kann sogar noch genau nach älteren Zeichnungen und Darstellungen den jungen Ursprung der Pfähle nachweisen, die Fr. v. Hagenow, der übrigens neuerdings erblindete, mit Pfahlhütten in Verbindung bringt. — Die Nachricht über die Demminer Pfahlbautenspuren verdanke ich dem Herrn Ladewig, Kaufmann zu Demmin; die Nachricht über die Spuren auf der Insel Rügen dem Herrn Kruse, Stadtkassen-Controlleur hierselbst.

64) Ueber die Lübtower Pfahlbauten vgl. des Herrn Prof. Hering Bericht in der N. Stett. Zeitung, Morgenblatt vom 8. August 1865. — Ueber die Neustettiner den Bericht des Herrn Major Kasiski in derselben Zeitung, Morgenblatt vom 26. October 1865. — Höchst eigenthümliche Entdeckungen, von denen ich erst während des Druckes Kunde erhalte, sind in den letzten Jahren in Wollin gemacht worden. Wenn wir keine Pfahlbauten vor uns haben, dann ist die Entdeckung gewiß deshalb wichtig, weil durch sie der Umfang von Vineta (Julin), jener alten slavischen Handelsstadt, auf deren Trümmern das jetzige Wollin steht, sich genau wird nachweisen lassen. Den Bericht verdanke ich dem Herrn Stud. Zöller. Weitere Nachforschungen und Nachfragen sind jedoch noch nöthig, ehe Bestimmtes behauptet werden kann.

65) Der Leser findet Ausführlicheres darüber bei Fr. Troyon, Habitations lacustres des temps anciens et modernes. Lausanne 1860, S. 223 ff. — Dumont d'Urville giebt nach Keller I. S. 81 folgende Beschreibung von Pfahldörfern in der Bucht des Dorfes Doreï in Neu-Guinea: „Les habitants de Doreï sont distribués en quatre villages au bord de l'eau. Chaque

village renferme de huit à quinze maisons établies sur de pieux; mais chaque maison se compose d'une rangée de cellules séparées par un couloir qui règne dans toute leur étendue. Ces édifices, entièrement construits en bois grossièrement travaillé, sont percés de toutes parts à jour et branlent souvent sour les pas du voyageur." — Ueber die Pfahlwohnungen der Dajakstämme auf Borneo vgl. „Neuere Geschichte der evangelischen Missions-Anstalten zur Bekehrung der Heiden in Ostindien, aus den eigenhändigen Aufsätzen und Briefen der Missionarien herausgegeben von A. Niemeyer, 95. Stück oder 8. Bandes 11. Stück. Halle 1848. 4. S. 1088 ff., eine Schrift, auf die der Herr Prof. Münter hierselbst mich aufmerksam zu machen die Güte gehabt hat. — Die Mittheilung Livingstone's über die seltsamen Schilfhütten entnehme ich aus dem „Auslande" vom Jahre 1865 (18. Decbr. No. 51) S. 1207.

Zum fünften Abschnitte.

66) Vgl. Ch. Lyell, Das Alter des Menschengeschlechts. Aus dem Engl. nach der dritten Auflage übersetzt von L. Büchner. Leipzig 1864, S. 12.

67) Der Mecklenburger Alterthumsforscher Lisch, der es gleichzeitig mit den Dänen aufstellte und anwandte und noch jetzt festhält, hat es noch weiter ausgeführt. Die Opposition gegen dasselbe war zeitig thätig, aber nicht energisch genug; vgl. hierüber Weiteres im letzten Abschnitte. Dies Stein-Schema hat daher verheerender, wie je ein falsches Princip für die Wissenschaft gewirkt.

68) Vgl. Nilsson S. 107.

69) Nilsson S. 157. Wir haben es hier natürlich nur mit einer Phantasie Nilssons zu thun.

70) Vgl. Anmerkung 14.

71) Es lassen sich dafür viele Beispiele anführen. Wie die Schweizer mit dem angeblichen Alter der Pfahlbauten, so operiren die Dänen sehr gern mit ihren Kjökkenmöddingers. Selbst Männer wie Steenstrup lassen sich — es betrifft einen Fund auf dem Warteberge bei Fritzlar, vgl. Rud. Müller, Ueber einige menschliche Ueberreste aus der Steinperiode. Inaug. Diss. Marburg 1864, S. 10 — zu folgenden für unseren Gesichtspunct charakteristischen Bemerkungen verführen: „Sie (die Thonscherben und Steinäxte

des Warteberges) weichen in Form und Bearbeitung ziemlich (!) von den in den dänischen Kjökkenmöddings vorkommenden ab, was jedoch nicht hindert (!) daß sie völlig von demselben Alter sein können."

72) Mit dem Falle bei Wismar (vgl. oben S. 64) ist es natürlich etwas andres. Der Celt lag hier in der Moderschicht, unter der Dammerde und dem Torf. Einen anderen Fall, wo aus der Lagerung kein Schluß auf das Alter eines Menschenknochens sich ziehen läßt, hat Schaafhausen besprochen, vgl. Giebel's und Siewert's Zeitschrift für die gesammten Naturwissenschaften. Bd. 26 1864, S. 197 f.

73) Ich meine die beiden eisernen Spaten in der germanischen Abtheilung des Berliner neuen Museums. Dieselben sind bei Schlieben, dem bekannten reichen Fundorte an der Schwarzen Elster (Regierungsbezirk Merseburg) gefunden worden. Das und etwas Zerfressenheit vom Rost scheint aber das Einzige zu sein, wodurch sie Alterthümer geworden sind. Sie sehen sonst ganz modern aus. Unzweifelhaft sind sie erst spät zufällig in die Erde gekommen und nur der Fundort stempelt sie zu „Alterthümern." Es wäre, weil durch diese beiden Spaten in dem ungelehrten Publikum falsche Anschauungen erweckt werden könnten, gut, sie zu entfernen. Ich kann ihre Nummer nicht angeben; sie liegen, wenn man eintritt, in einem Schranke der rechten Seite, ich glaube im vorletzten. — Aehnlich ist es, wenn Waffenstücke aus den Torfmooren bei Fehrbellin in Alterthumsmuseen aufgestellt würden. In großer Tiefe werden bei Fehrbellin zuweilen Rüstungsstücke gefunden, und doch sind sie nicht älter als das Jahr 1675, denn sie stammen von der Schlacht bei Fehrbellin her.

74) Vgl. Diefenbach, Vorschule der Völkerkunde. S. 179.

75) Oder man muß Zweifel an der Richtigkeit der geologischen Zeitbestimmung hegen. Ein solcher Zweifel ist nach R. Wagener „Ueber einige Sendungen von Schädeln" ꝛc. in den Gött. Gelehrt. Nachrichten vom J. 1864 S. 95 berechtigt.

76) Das thut auch Lyell S. 13 f. hinsichtlich der dänischen Kjökkenmöddinger in einer auffallenden Weise. Ehe nicht nachgewiesen ist, bis zu welcher Zeit des Mittelalters eine Thierart in der betreffenden Gegend sich findet, kann man daraus, daß jetzt gewisse Thiere nicht mehr existiren, schlechterdings doch keine Schlüsse auf ein Alterthum der Fundorte machen. Jener Nachweis ist übrigens schwer zu liefern, und für die wenigsten Gegenden geliefert; für Pommern führe ich Th. Schmidt, Zur Statistik der in Pommern ausgerotteten Säugethiere, Stettin 1856, an.

77) Vgl. die neuerdings von F. Keller herausgegebenen Benedictiones ad mensas des Mönches Ekkehard des Vierten (um 1036) von

St. Gallen in den Mittheilungen der Züricher Antiqu. Gesellsch. Bd. III., Heft 6, S. 106 ff.

78) Paulus, Historia Langobardorum. II., 8.

79) Jahn, Der Canton Bern. Zürich 1850. S. 504.

80) Die Steinzeit der Schweiz im Allgemeinen von Morlot (nach den Ausgrabungen bei Villeneuve) auf ein Alter von 5000 bis 7000 Jahren berechnet. Troyon berechnet die Pfahlbauten von Chamblon am Neuenburger See, welche aus der Bronzeperiode stammen, auf wenigstens 3300 Jahre. Ein anderer Gelehrter, Victor Gilliéron, giebt das Alter einer Ansiedlung zwischen dem Neuenburger und Bieler-See, die früher im Wasser stand, auf 6750 Jahre an, vgl. Lyell S. 19 f. Ein andrer Gelehrter, Oskar Schmidt, geht gar noch weiter und meint, die Steinzeit der Pfahlbauten sei älter als 11,000 Jahre, vgl. Lor. Diefenbach, Vorschule der Völkerkunde; Frankfurt a. M. 1864 S. 174. — Auch R. Wagner, sonst so besonnen in seinen Voraussetzungen, ist, obgleich er die Pfahlbauten höchstens 3000 Jahre v. Chr. setzt, ihnen also ein Alter von höchstens 4800 Jahren giebt, doch von den Nachwehen der herrschenden Ansicht ergriffen, wenn er in den Gött. gelehrten Nachrichten vom Jahre 1864 S. 96 die Pfahlbauten vor den Finnen und Iberern eingruppirt.

81) Das ist ohne Zweifel, daß das Volk, welches die Pfahlbauten bewohnt hat, von einer Sucht nach ungesunden Wasserwohnungen — Rütimeyer, S. 160, nennt mit Recht die Lebensweise desselben wunderbar — befallen gewesen sein muß. Man hat deshalb die Finnen unter diesem Gesichtspuncte der „Wassersucht" nicht mit Unrecht zu den Bewohnern der Pfahlbauten gemacht. Speculative Köpfe mache ich auf folgende Thatsache, die sogar beweisendes Material enthalten könnte, aufmersam: die Finnen (Tschuden) nennen sich selbst Suomalaiset d. h. Morastmänner; auch spielt ihr National-Epos Kalewala zum großen Theil in Sümpfen. Für die Finnen wäre also das Wohnen im See ein Fortschritt gewesen. — Keller III. S. IX. ist übrigens gegen die Finnen als Bewohner der Schweizer Pfahlbauten und gewiß mit Recht. — Es ist übrigens an dieser Stelle beachtenswerth, was Hippocrates in seiner Schrift: Ueber Luft, Wasser und Orte, wo er die Lebensweise der Anwohner des Phasis an der Ostküste des Schwarzen Meeres schildert, bemerkt, vgl. Virchow, Pfahlbauten S. 30. Diese Leute lebten in Sümpfen auf Häusern, die aus Holz und Rohr über dem Wasser errichtet waren, und unterhielten den gegenseitigen Verkehr auf Kähnen (Einbäumen). Da Hippocrates meint, daß ihre Gesundheit durch diese Lebensweise sehr beeinträchtigt worden sei, dann ist es allerdings auffallend, daß heutigen Tages in dieser Gegend dieselbe Bauart

besteht, wie ein neuerer Reisender bemerkt hat. Terrainverhältnisse, die Aussicht auf Handel und Andres mag dazu vermocht haben; eine Entscheidung hierüber ist mir nicht möglich. Im Grunde thut es nichts zur Sache, da wir in der Schweiz ein weit rauheres Klima, als am Schwarzen Meere vor uns haben, und da jene Pfahlbauten mit den schweizerischen schon deshalb nicht recht zu vergleichen sind, weil sie nicht im Wasser und in Seen, sondern in Sümpfen stehen, und weil dort Landansiedlungen in weitem Umkreise nicht möglich waren, während die Schweiz dazu die beste Gelegenheit bot.

82) Es ist das an vielen Stellen deutlich, vgl. besonders im Anfange die Abtheilung, welche mit „Geschichte" überschrieben ist z. B. S. 159 f. Ob dieser Umstand auf die wichtigen naturhistorischen Resultate Rütimeyers eingewirkt hat, kann ich nicht beurtheilen. Ist es der Fall, dann hat das dänisch-mecklenburgische Schema also auch seine Nachwehen auf die Naturwissenschaft ausgeübt.

83) Vgl. Frédéric Troyon, Habitations lacustres des temps anciens et modernes. Lausanne 1860. Den Inhalt der Ansicht Troyons gebe ich nach Keller V. S. 180 ff., der auf das Einzelne genau eingeht und die Widersprüche Troyons aufdeckt und verschiedene Flüchtigkeiten mit Recht rügt.

84) Es ist unbegreiflich, daß auch v. Sacken (nach Keller freilich) einen Unterschied zwischen östlichen und westlichen Pfahlbauten macht. Der Züricher-See und der Sempacher-See liegen ebenso östlich als der Bodensee und gehören doch nicht in die Steinzeit! Charakteristisches liegt also in der geographischen Vertheilung nicht; dann ist aber eine Eintheilung darnach eigentlich doch wohl nichts werth.

85) Haßler, Ueber die Pfahlbauten in der deutschen Vierteljahrsschrift 1865, I. S. 72.

86) Keller II., S. 141, Anmerk. 2.

87) Keller I., 71.

88) Keller I., 74.

Zum sechsten Abschnitte.

88) Vgl. nach Kellers letzten Bericht (V.) S. 169. Ueber die Geflechte und Gewebe vgl. besonders den 4. Bericht.

89) Ueber die Inschriften vgl. den Anzeiger des nordischen Museums vom Juni 1865. — Die Mondhörner finden auch durch die celtischen Münzen ihre Erklärung. Ich erinnere an die sogenannten

Asterisken, welche das Bild der Sonne und des Mondes zeigen, und daran, daß auf anderen Münzen sogar dreifach aneinandergefügte Mondhörner erscheinen. Vgl. J. H. Müller, Deutsche Münzgeschichte. Bd. I. 1860. S. 17 u. 18.

91) Hier ist Rütimeyers bekanntes Buch: Die Fauna der Pfahlbauten der Schweiz. 1863. 4. die Grundlage.

92) Haben diese Torfthiere nachweislich im Torfe gelebt? — Herr Prof. Münter in Greifswald macht mich darauf aufmerksam, daß Herr Nathusius-Hundesburg in seiner Schrift über die Schweineracen die eigentlich specifische Differenz und Zusammengehörigkeit des Torfschweins mit einer asiatischen (indischen) Race nachgewiesen hat. Daß Phönizier dies Schwein einführten, wäre die natürlichste Annahme; es konnten aber auch Massalioten und Südgallier eine orientalische Schweineart durch Vermittlung der phönizisch-carthagischen Colonien kennen gelernt haben. — Nach Rütimeyer, Fauna der Pfahlbauten S. 174 ff. stellen sich auf comparativem Wege folgende Thatsachen, die auch für einen weiteren Leserkreis Interesse haben dürften, über das sogenannte Torfschwein heraus.

Reste des Torfschweins kommen in den Pfahlbauten häufig vor. Daß es in der Pfahlbautenzeit nur wild existirt habe, ist eine sehr unwahrscheinliche Annahme Rütimeyers, die ihn S. 52 zu dem widerspruchsvollen Resultate führt, daß „das Torfschwein als wildes Thier vor der historischen Periode erlosch, dagegen in zahmen Racen sich bis auf den heutigen Tag forterhalten hat." Ohne irgendwie Naturforscher zu sein, kann ich das hervorheben, weil der objective Thatbestand, den Rütimeyer selbst giebt, auf etwas Anderes hinführt. — Es steht fest, daß das Torfschwein, welches sich durch seine geringe Größe, durch feineres, schlankeres Gepräge und auffallend große Augenhöhlen besonders vor dem Wildschwein auszeichnet, eine ganz entschiedene Aehnlichkeit mit dem zahmen (wie Rütimeyer S. 176 sich ausdrückt „im wilden Zustande nicht bekannten") Siamschwein, also mit einer ostasiatischen Race hat. Pallas nannte dies Schwein das „indische." Rütimeyer bemerkt dann: „Eine geographische und historische Verbindung zwischen unserem zahmen Torfschwein und dem Hausthier des östlichen Asiens ist indeß von geologischee Seite nahe gelegt." Unsere Untersuchung legt diese Verbindung auch von historisch-antiquarischer Seite nahe, denn wie leicht ist es möglich, daß Massalioten oder vor ihnen Phönizier, sofern sie schon Pfahlbauten in der Schweiz hatten, aus Asien stammend das indische Schwein mit sich gebracht haben. Und das um so mehr, als gerade dies indische Schwein nur in der Schweiz auftritt. In der Schweiz hat sich dies Schwein vielleicht in dem „Bündtnerschwein" (im Oberland von Graubündten, Uri und Wallis noch vorkommend) erhalten, wenngleich es einige Abweichungen vom Torfschwein zeigt. Dieses Schwein ist von einer sehr eigenthümlichen Race und sehr klein. Das Torfschwein ist ebenfalls sehr klein und unterscheidet sich vorzugsweise durch die Bildung des Hinterkopfes und durch dessen Stellung zur Schnauze vom Torfschwein. In dieser Hinsicht aber ist es wieder dem Berkshire-Schwein ähnlich. Dies ist wichtig, denn das Berkshire-Schwein soll eine Abzweigung vom Siamschwein sein. Die Engländer nämlich haben nach ihren Eroberungen in Asien dies Schwein auch nach England gebracht. Vgl. hierüber Rütimeyer S. 177 ff., der S. 189 übrigens „das Torfschein, das indische (Siam-) und das Bündtnerschwein" als eine Gruppe aufstellt. — Wir sind überzeugt, daß Rütimeyer, wäre er nicht in der herrschenden Meinung von den Bewohnern der Pfahlbauten befangen gewesen, diese Thatsachen anders gewürdigt hätte, als indem er gegen sie gewissermaßen auftritt und ein wildes Thier in den Pfahlbauten annimmt, dessen verwandte Exemplare bisher nur als in zahmem Zustande nachweisbar sind. — Ferner macht Rütimeyer S. 208 über eine Ochsenart (bos frontosus) folgende Bemerkung: Der Umstand, daß dieselbe Species, in früherer Periode in Schweden fossil, heute in der Schweiz reichlich vertreten, in den Pfahlbauten gänzlich fehlt, ist also ein evidenter Beleg für ihre Einwanderung in die Schweiz." Dieser Beleg ist nicht evident, wenn wir bedenken, daß die einheimische schweizerische Bevölkerung sehr wohl gleichzeitig mit den Pfahlbauten jene Ochsenart haben konnte, ohne daß sie in den Pfahlbauten vorkommt. Mit dem Torfschwein ist es umgekehrt der Fall.

93) Bei Keller IV. S. 31.

94) Staub, Die Pfahlbauten. S. 70.

95) Vgl. Mone, Urgeschichte des badischen Landes. II. S. 141.

96) Vgl. Rütimeyer S. 116 ff.

97) Vgl. hierüber Lisch's 30. Jahresbericht S. 76 f.

98) Vgl. Rütimeyer S. 149 ff.

99) Ueber diesen Schädel hat Prof. His in Rütimeyers Buch S. 151 ff. gehandelt. — Den Vergleich der Steinzeitschädel mit denen der Höhlenfunde und Neger macht Schaafhausen in der Zeitschrift für die gesammten Naturwissenschaften, Bd. 26. 1865. S. 198. — Die Schädelkunde der Alterthümer und Ausgrabungen liegt überhaupt noch sehr im Argen und wird schwerlich je auf einen grünen Zweig kommen und dem Historiker ein gesichertes Material liefern. Haben doch Einige einen sehr großen Knochen dem Cimbernkönige Teutobod, Andre denselben einem vorweltlichen Elephanten zugeschrieben (vgl. Schaafhausen a. a. O., S. 117), so daß also auch die Bestimmung der Knochen mit einem höchst bedenklichen Auseinandergehen der Meinungen verbunden ist.

100) Vgl. Heer bei Keller III. S. 111 ff. und Rütimeyers Fauna.
101) Keller III. S. V.
102) Keller III. S. 105 f.
103) Keller II. S. 149.
104) Vgl. Keller IV. S. 15 u. dazu V. S. 167 und den dazu gehörigen Plan.
105) Keller IV., 27.
106) V. S. 163. Der Hinweis, der schon II. S. 137 auf die Indianer gemacht wird, ist nicht zutreffend.
107) Vgl. über diesen Punct Einiges im letzten Abschnitte.
108) II. S. 149.
109) V. 160.
110) V. 151.
111) Keller V., 143. — Lyell, der sich den Resultaten Kellers durchweg anschließt, thut das in einer viel feineren Weise, wenn er S. 16 f. bemerkt: In einem Pfahlbau „in der Nähe von Bern fand sich eine solche Menge von Feuersteinstücken, daß, obgleich dieser Stein von fernher, wahrscheinlich aus dem südlichen Frankreich gekommen sein muß, doch an dieser Stelle eine Fabrik dieser Werkzeuge bestanden haben mag."

Er würde also eher eine Werkstatt annehmen, wenn das Material aus der Nähe wäre. Und mit Recht. Es liegt darin unbewußt der Gedanke, daß es schon viel zugegeben ist, wenn der Stoff von fernher kommt, bei einem Urvolke Werkstätten anzunehmen; daß das das Schweizer Stein-Schema scharf anfaßt; daß es eine ausgedehntere Industrie voraussetzt, als wenn nur eine Werkstatt mit einheimischem Material da wäre.
112) Daß Gußformen weniger vorkommen, ist kaum auffallend, wenn man an die zum Metallguß nöthigen Vorrichtungen denkt, welche schon der Feuersgefahr wegen besser auf festem Lande angelegt werden mußten. Zu Wülflingen bei Winterthur hat man wirklich eine tief im Boden liegende Gußstätte entdeckt, vgl. Keller I. S. 97. An 30 Centner Bronze sollen hier gefunden worden sein. Die im Pfahlbau von Morges (im Genfer-See) gefundene Gußform z. B. giebt noch keinen Beweis dafür, daß die Pfahlbauer auf den Pfahlbauten selber den Erzguß ausübten, wie Keller II. S. 141 meint. Die Pfahlbauer mögen die Gußstätten weit eher auf dem festen Lande gehabt haben. Die große Zahl der mannigfaltigen gegossenen Erzgegenstände und die sehr geringe Zahl der Gußformen in den Pfahlbauten weisen auch darauf hin. — In Italien dagegen übte man auf den Ansiedlungen selbst den Bronzeguß, wie es nach V. S. 135 u. S. 162 f. scheint.
113) V., S. 135.
114) V., S. 186.

115) I. S. 75 u. 71.

116) IV. S. 6.

117) Und zwar bemerkt das letztere Keller V. S. 143 selber, wenn er sagt: „In der Charakteristik der einzelnen Niederlassungen ist die Beobachtung sehr bemerkenswerth, nach welcher im Pfahlbau zu Bodmann (im Untersee) eine Niederlage von Feuersteingeräthschaften, oder vielmehr, da auch angefangene Stücke sammt dem Abfall bei der Vorarbeitung massenhaft vorkommen, eine eigentliche große Werkstätte dieser Art Waare bestanden haben muß. Die Thatsache, daß der Feuerstein, aus welcher diese Dinge gefertigt sind, nicht aus den nahen Juraformation, sondern aus Frankreich hergeholt wurde, ferner der Umstand, daß ohne Zweifel andre Ansiedlungen theils auf dem Lande ihre Feuersteinwerkzeuge (und was K. hinzufügen vergißt, ihr Feuersteinmaterial zu dem Werkzeugen) von hier bezogen, mithin eine Vertheilung der Arbeit nicht nur unter Individuen, sondern ganzen Dörfern und ein Tausch ihrer Producte stattfand, giebt zu mancherlei Betrachtungen über Wege, Verkehrsmitteln und gegenseitiger Verbindung zwischen Ländern und einzelnen Ansiedlungspuncten Anlaß." Wie ist solcher Handel aber von Steinmenschen denkbar? Prof. Deicke in St. Gallen kommt viel weiter, wenn er, ganz mit Recht aus dem Material schließend, bemerkt, „daß alle Orte, wo Feuersteine gefunden werden, ehemalige celtische Ansiedlungen gewesen sind" vgl. V., S. 179.

Zum siebenten Abschnitte.

118) Vgl. Keller IV. S. 4. Keller läßt die Sache unentschieden. Die Lindenschmittsche Anschauung hierüber vgl. oben S. 85. — Ganz neuerdings schreibt nach dieser Seite hin F. Wibel (die Cultur der Bronzezeit Nord- und Mittel-Europas. Kiel 1865) dem barbarischen Norden eine originelle Technik, welche von den Barbaren Englands ausgegangen sein soll, zu.

119) Meine Quelle hierfür ist Movers, Die Phönizier. Zweiten Bandes dritter Theil. Berlin 1856, S. 109 ff.

120) Movers a. a. O. S. 111 ff.

122) Vgl. Chr. K. Barth, Teuschlands Urgeschichte, Baireuth 1847. Bd. I. S. 9 f. Vgl. auch Brandes S. 3. — Die Hyperboreer andrer Mythen, welche auf dem „Atlas, wo die Donau und der Rhein entspringen," wohnten und hier als die einäugigen (cyclopischen) Arismaspen mit den Greifen um das Gold kämpften, wurden für Pelasger gehalten.

123) Absehend von dem Kern bekannterer anderer Sagen über Wanderung der Götter und Heroen erwähne ich nur, daß auch der Sagenkreis von den Wanderungen des Menelaos zur Aufsuchung der Helena überall dem Verkehre der Phönizier folgte und daß sogar im Homer phönizische Mythen durchblicken, vgl. Movers a. a. O. S. 285. Die Elemente jenes Sagenkreises der phönizischen Culte an fremden Handelsplätzen und die daraus hervorgegangenen Mythen von den Wanderungen der Götter dahin, finden sich nach Movers sogar auch bei den zwischen Palästina, Aegypten und dem rothen Meere angesiedelten Arabern.

124) Keller IV., S. 4.

125) Lisch, Mecklenb. Jahrb. IV., S. 28 u. X. S. 277.

126) Weinhold a. a. O. S. 192 f. — Ueber die Bronzewaaren im Mecklenburgischen und Brandenburgischen vgl. Lisch in den mecklenburg. Jahrbüchern Bd. 16. S. 261 f.

127) Vgl. Urlichs in der Chrestomathia Pliniana, S. 343, Anmerk.

128) Vgl. Nilsson V. S. 31, Keller IV. S. 4; vgl. auch weiter unten bei Massilia. Für das Einzelne ist der Nachweis des phönizischen Einflusses in religiöser und industrieller Beziehung auf die Etrusker die Aufgabe einer noch fehlenden und sehr wünschenswerthen archäologischen Untersuchung.

129) Vgl. Pallmann, Geschichte der Völkerwanderung, Bd. II. S. 93 ff.

130) So interpretire ich den Bericht des Tacitus, vgl. die Geschichte der Völkerwanderung. II. S. 93 f.

131) Eine Ansicht, die E. Kästner („Ueber einige Alterthümer, welche in der Gegend von Guben gefunden worden sind") im N. Laus. Magazin Bd. VIII. 1830. S. 38 aussprach.

132) Vgl. C. R. Schumann „Ueber Alterthümer von der Gehmlitz bei Golssen in der Nieder-Lausitz, insbesondere über eine dort entdeckte Werkstätte von Feuerstein-Werkzeugen" in den neuen Mittheilungen aus dem Gebiet historisch-antiquarischer Forschungen, im Namen des thüringisch-sächsisch. Vereins herausgegeben von K. Ed. Förstemann, Bd. VIII., Heft 2. 1848. S. 21 ff. Vgl. dazu auch das N. Laus. Magazin, Bd. 22 (N. F. 9) 1844. S. 378 ff. — An eine sogenannte Wendenburg aus dem Mittelalter ist bei der Gehmlitz augenscheinlich nicht zu denken.

133) Vgl. Schumann im N. Laus. Magazin a. a. O. S. 379.

134) Obgleich die slavische Zeit hier schon um 200 n. Chr., wie ich Geschichte der Völkerwanderung II. S. 77 ff. nachgewiesen habe, beginnt, so ist schon deshalb nicht an Slaven als Fabrikanten zu denken, weil, als erst nach und nach der Handel mit dem Norden wieder in Gang kam, Nachfrage nach Steingeräth auch im Norden kaum mehr denkbar ist. Und wie sollten Slaven grade bei Golssen dazu gekommen sein, Material aus ferner Gegend herbeizuschleppen, um es wieder zu verkaufen? Das spricht eben durchaus für Kaufleute.

135) Lisch, Mecklenb. Jahrb. X. S. 262. Ueber die „Feuerstein-Manufactur" bei Raben-Steinfeld vgl. ebenda Bd. XI. S. 345, wo noch weitere Nachweise gegeben sind. Ueber die „Feuersteinmesser-Manufactur" zu Klink bei Waren, vgl. Bd. III. S. 41 f., wo auch eine ähnliche beim Dorfe Semper auf Jasmund (Insel Rügen) beschrieben ist. Es liegt in diesen Werkstätten jedenfalls ein wichtiges Material für spätere Forschungen vor.

136) Dr. B. Kühne. Vgl. überhaupt über den Fund selbst Lisch in den Mecklenb. Jahrb. X. (1845). S. 297 f.

137) Vgl. Weinhold a. a. O. S. 200.

138) Mommsen, Die nordetruskischen Alphabete im 7. Bande der antiquarischen Züricher Mittheilungen. 1853. S. 235. — Es liegt darin entschieden der Sieg des massaliotischen Handels über den etruskischen ausgesprochen, auch wenn wir wissen, daß die Etrusker noch zu Cäsars Zeit (vgl. de bello Gott. V., 12) nach England hin Handel trieben.

139) Mommsen a. a. O. S. 228.

140) Movers II., 3. S. 67.

141) Nilsson S. 83 f.

142) Nilsson S. 73.

143) Redslob, Thule. Leipzig. 1855. S. 23 ff. Wir kommen weiter unten ausführlicher darauf zu sprechen.

144) Auf den britischen Inseln verfolge ich diese Spuren nicht, weil sie für uns nicht dasselbe Interesse haben. Nilsson, dessen werthvolles Buch hier meine Quelle ist, giebt auch darüber Auskunft. Es ist übrigens noch von Rühs, Erläuterung der zehn ersten Capitel des Tacitus über Deutschland. Berlin 1821. S. 14 ff. entschiedener Widerspruch gegen einen Handelsverkehr der Phönizier bis Skandinavien hin erhoben worden. Nilsson hat ihn für immer widerlegt.

145) In dieser Hinsicht möchte ich Nilsson nicht beipflichten, weil mir die Beweise zu wenig schlagend sind.

146) Ueber das Bier rc. vgl. Nilsson S. 156; über das Salzen und Fangen der Fische S. 65 u. S. 75 f.

147) Redslob in seiner scharfsinnigen Schrift: Thule. Leipzig 1855 hob das zuerst bestimmt hervor.

148) Das meint auch Nilsson S. 66. Redslob scheint mir aber die Sache so scharf bewiesen zu haben, daß ich mich ihm anschließen zu können glaube.

149) Nilsson S. 111.

150) Vgl. Redslob S. 13 ff. über diese Landstraßen des phönizischen Handels.

151) Für Marseille vgl. auch Nilsson S. 105 ff.

152) Das nimmt Redslob S. 19 mit Recht an. Nilsson S. 105 ff., nach welchem die Phocäer reine Phönizier gewesen sein müssen, befriedigt hier nicht; die Sagen der Alten über die Gründung sind nicht maßgebend, noch weniger kann mit einem Phöniziertum der Jonier in solchen Fragen etwas bewiesen werden. Man begreift auch nicht, wie Nilsson dann vorher S. 68 die Annahme Redslobs, daß vor der griechischen eine phönizische Colonie in Marseille bestanden habe, acceptiren kann; der Leser weiß nicht aus noch ein. Für uns ist die Sache, ob Phönicier vor den Phocäern an der Stelle das spätere Massilia eine Colonie hatten, nicht die wichtigste, da es uns nur darauf ankommt, ihre alten Landhandelsstraßen als Vorläufer des Pfahlbautenhandels kennen zu lernen.

Zum achten Abschnitte.

153) Vgl. Redslob S. 20 f.

154) Vgl. Redslob S. 15.

155) Vgl. zu der Stelle in der Germania besonders Redslob S. 21 und Nilsson S. 71 f.

156) Vgl. Plinius, Historia naturalis XIV., 1, 5 u. 6. Ich benutze die Chrestomathia Pliniana von Urlichs. 1857. S. 201 f.' — Wenn auch alle Schilderungen von der Rauhigkeit Deutschlands etwas übertrieben sind, so bleibt für den Verkehr in der Vorzeit doch immer nur die Flußstraße übrig; vgl. auch J. H. Müller, Deutsche Münzgeschichte. I. S. 4 f.

157) Ich folge hier Wappäus, Handbuch der Geographie und Statistik. Erster Band erste Abtheilung. Leipzig 1855. S. 318.

158) Wappäus a. a. O. S. 357.

159) Wappäus a. a. O. S. 342 f. — Ueber den Pelzhandel der alten Germanen vgl. Tac. Germ. c. 17. und Wilh. Wackernagel „Ge-

werbe, Handel und Schifffahrt der Germanen" in Haupts Zeitschrift. Bd. 9. 1853. S. 563 f.

160) Redslob S. 5, wobei er verschiedene Säulen des Herkules und die geographischen Irrthümer der Griechen, welche Alles auf die Säulen des Herkules bei Gibraltar übertragen, nachweist.

161) Hierin weiche ich von den Ansichten Andrer ab. Wo Annahmen zur Geltung kommen sollen, kann man in erster Reihe darnach fragen, ob sie auch die innere Wahrscheinlichkeit für sich haben.

162) Vgl. Pytheae Massiliensis quae supersunt fragmenta ed. A. Schmekel. Merseburger Gymnasialprogramm von 1848. 4. S. 4.

163) Unter diesem gewiß berechtigten Gesichtspuncte verlieren allgemeine Bemerkungen, z. B. von Fauriel, Hist. de la poésie provenç. I., 72 (vgl. Brandes S. 8), wonach die Massalioten erst um 280 v. Chr. Gallien in seinen nördlichsten Theilen vielfach bereist hätten, ihren Werth.

164) Daß Pytheas im Auftrage der massilischen Regierung oder einiger massilischen Kaufleute ausgesandt wurde, meint auch Nilsson S. 109. Seinen sonstigen Ausführungen über des Pytheas Verhältniß zu den Phöniziern kann ich mich nicht anschließen, weil ihnen alle und jede Wahrscheinlichkeit fehlt und weil sie auf reiner Annahme beruhen.

165) Vgl. Nilsson S. 109 f. — Die Reise des Carthagers Himilco, die nicht genau bestimmbar ist und in die Blüthezeit Carthagos, also zwischen 400—264 fällt, vgl. Schmekel S. 4, ist auch erklärlich, weil es vielleicht für Carthago nöthig wurde, den massilischen Einfluß im Norden zu bekämpfen und sichere Originalkunde über die sich verändernde Lage der Dinge zu erhalten. Wenn nämlich die Dinge im Norden sich nicht verändert hatten und nicht gefährdet waren, dann scheint mir eine solche Reise von Staatswegen unnöthig gewesen zu sein.

166) Vgl. Brandes a. a. O. S. 2.

167) Mommsen, Röm. Gesch. Bd. I. 3 Aufl. S. 569 geht auf diese Verhältnisse nicht ein. Bringt man sie aber in Anschlag, dann gewähren sie einen wünschenswerthen Gesichtspunct für die Beurtheilung Hannibals auf seinem Marsche durch Gallien.

168) Redslob, Thule S. 29 f. erörtert den Bericht, den Strabo Lib. IV. § 8 (Cas. 185) giebt.

169) Vgl. Nilsson S. 107.

170) Von der bekannten Blüthe der Gelehrsamkeit zu Massilia kann ich ganz absehen. Ueber die Bedeutung Massilias im 6. Jahrh. n. Chr. und über seinen lebhaften Verkehr mit Byzanz vgl. Agathias I., 2 ed. Bonn S. 17.

171) Vgl. A. Jahn, Der Kanton Bern. Bern und Zürich 1850. S. 189.

172) Lelewel, welcher in seinen Etudes numismatiques et archéologiques. Bruxelles 1841. S. 26 ff. u. S. 113 ff. die massilischen Münzen bespricht.

173) Jahn a. a. O. S. 190.

174) Und zwar um so mehr, als Mommsen, der auch darin für eine beachtenswerthe Auctorität gelten könnte, seinerseits (vgl. die nordetruskischen Alphabete in den Mittheilungen der antiquar. Gesellschaft zu Zürich Bd. VII. S. 236) meint: „der massaliotische Handelszug ging keineswegs die Rhone hinauf, sondern über die See- und die grajischen Alpen." Mommsen hat dabei übrigens nur den Handel nach Oberitalien im Auge und in Hinsicht darauf gewiß Recht.

175) Vgl. Mommsen a. a. O. S. 235. Massilia verlor übrigens das Münzrecht durch Cäsar im Jahre 49 v. Chr., vgl. Mommsen a. a. O.

176) Vgl. Mommsen a. a. O. S. 234. — Ueber die außerhalb Frankreichs gefundenen gallischen Münzen vgl. Müller, Deutsche Münzgeschichte I. S. 36 ff., und über den allgemeinen Gesichtspunct, daß da, wo Tauschhandel stattgefunden haben kann, nicht immer Münzen gefunden werden müssen, vgl. Müller a. a. O. S. 60.

177) Vgl. Jahn a. a. O. S. 504.

178) Vgl. auch Weinhold a. a. O. S. 200.

179) Nilsson S. 68 Anmerk. — Wenn wir auf die phönizisch-carthagische Colonie in Marseille aufmerksam machen, dann dürfte in dieser Aehnlichkeit nichts besonders Auffallendes liegen. Massilia war frühzeitig auch von den religiösen Einflüssen der Phönizier durchzogen, vgl. Nilsson S. 106 ff., der jedoch zuweilen zu viel anzunehmen scheint.

180) Vgl. Kenner in den Wiener Sitzungsberichten vom Jahre 1863, histor.-philos. Classe Band 43 S. 489 f.

181) Pecuniam probant veterem et diu notam, serratos bigatosque. Tac. Germ. c. 5. Vgl. dazu auch Roscher, Nationalökonomie I. S. 207 über den allgemeinen Gesichtspunct.

182) Nilsson S. 107.

183) Nilsson S. 98.

184) Contzen S. 70.

185) Redslob S. 20 und W. Wackernagel in Haupt's Zeitschrift Bd. 9 S. 568 f. Der letztere berücksichtigt die Celten gar nicht und schreibt Vieles den Germanen zu, was schon längst vorher von Celten geübt war. In dieser Hinsicht kann man sich dem berühmten Alterthumsforscher nicht anschließen.

186) Vgl. hierüber vortreffliche Bemerkungen bei Redslob, S. 23 ff.; Daß Preußen und überhaupt die südlichen Ostseeküsten für die adriatische und die östliche Straße das Bezugsland waren, wird

natürlich nicht zu leugnen sein. — Hinsichtlich der Schifffahrt von Westen her machen die vereinzelten Reisen des Pytheas und Anderer, die ja übrigens auch nicht durchweg lediglich zu Schiffe geschahen, keine Ausnahme. — Ueber den Bernsteinverbrauch bei den Alten vgl. Weiteres in Pauly's Realencyclopädie, Bd. III. s. v. Electrum. — Ueber die Ausfuhr des Bernsteins vgl. auch K. H. Hagen in den: Beiträgen zur Kunde Preußens. Bd. 6. Königsberg 1824 an verschiedenen Stellen, besonders Interessantes S. 177 ff. über die Geschichte der Verwaltung des Bernsteins in Preußen. — Die Notizen über den gegenwärtigen Ertrag und Vertrieb in Preußen verdanke ich der Freundlichkeit des Herrn A. F. Jantzen, Bernsteinfabrikanten in Danzig, dem ich hiermit meinen besonderen Dank sage. —

Wenn übrigens auf der Ostküste der cimbrischen Halbinsel der Markt für den Bernstein von Osten her und von der ganzen Küste der Halbinsel selber war, müßte ein solcher Punct nicht bloß als Handelsplatz, sondern auch als religiöser Mittelpunct nicht zu Bedeutung haben gelangen sollen? Könnte mit ihm nicht der von Tacitus in der Germania c. 40 beschriebene Nerthus-Cult und mit dem Handel nicht die seltsame Friedensliebe in dessen Nähe zusammenhängen? Können und müssen nicht gerade in noch barbarischerer Zeit, als in der des Mittelalters (für welche es Wilda, das Gildenwesen des Mittelalters. Halle 1831. S. 8 ff. so wahrscheinlich macht), die großen Märkte mit den großen Opferfesten verbunden gewesen sein?! — Das über die ehemaligen und jetzigen geologischen Verhältnisse der Ost- und Nordsee-Gegenden Angegebene schöpfe ich aus v. Maack, das urgeschichtliche Schleswig-Holsteinische Land 1860, der auch (S. 28. ff.) die Lage der Nerthus-Insel nach unsrer Ansicht zuerst richtig bestimmt haben dürfte; Nilsson schließt sich ihm ebenfalls an.

187) Strabo ist hierüber am ausführlichsten, wenigstens über die galli- Straßen, vgl. Redslob S. 15.

188) Movers II., 3 S. 104 ff.

189) Pytheae fragmenta ed. Schmekel S. 36.

190) Die Ansichten, welche auch Movers der Erfindung der „Handelslügen" unterlegt, sind übrigens nicht durchweg zutreffend. Gute Bemerkungen nach dieser Seite hin findet man bei Redslob S. 13 ff.

Zum neunten Abschnitte.

191) Keller II. 123.
192) Keller II. 119 ff.
193) Vgl. O. Heer, Die Urwelt der Schweiz. Zürich 1865. S. 26.
195) Vgl. Keller I., 87 über den Bieler See; Keller II., 115 über den Neuenburger See, und anderswo öfter. Es liegt übrigens darin ein wichtiger Beweis dafür, daß nicht die Germanen die Bewohner der Schweizer Pfahlbauten gewesen sind.
195) Vgl. Keller IV., 27; V., 155; V. 182.
196) Vgl. hierüber Keller's Aufsatz: Celtische Vesten u. s. w. in den Mittheilungen der antiquarischen Gesellschaft zu Zürich. Bd. VII. S. 175 ff.
197) Vgl. von Escher von Berg „die celtischen Ansiedlung von Ebersberg unweit Berg am Irchel" in den Züricher Antiquar. Mitth. Bd. 7 1853. S. 103 ff.
198) Vgl. Pallmann, Geschichte der Völkerwanderung. II. S. 89 ff.
199) Lisch in den Mecklenb. Jahrb. Bd. 30 S. 2 f.
200) Plinius, Hist. nat. XVI., 1 3 f.
201) Vgl. Mone, Urgeschichte ꝛc. I. S. 253 u. 286 ff.
202) Mone a. a. O. I. S. 303 f.
202) Sidonius Apollinaris, Bischof von Clermont. Vgl. eine Charakteristik dieses politischen und schönrednerischen Bischofs in der Geschichte der Völkerwanderung Bd. II. S. 281 ff. — Augsburg hatte für Rätien mindestens dieselbe Bedeutung, wie Mainz für das Grenzgebiet des römischen Galliens. Augsburg besaß zudem noch die Würde einer römischen Colonie, vgl. Stälin, Würtemb. Geschichte. I. S. 89. Schon Tacitus, Germania c. 41, weiß von regem Verkehr der Thüringer nach Augsburg, der splendidissima Raetiae provinciae colonia, zu erzählen.
203) Vgl. Mone a. a. O. I. S. 303 f.
204) Vgl. Mone a. a. O. I. S. 237 ff.
205) Elsaß-, Berg- und Rheinzabern.

Zum zehnten Abschnitte.

206) Noch ein Jahr vorher kennt Klemm in seinem Handbuche der germanischen Alterthumskunde eine solche Eintheilung nicht. — Ich

bemerke übrigens, daß ein Theil des Folgenden in Glasers Jahrbüchern der Gesellschafts- und Staats-Wissenschaften vom Jahre 1866, Heft 4, in einer Abhandlung: „die Alterthumswissenschaft und die vergleichende Culturgeschichte" bei Besprechung des Nilsson'schen Werkes weiter ausgeführt ist. Im Interesse der Sache und zur Orientirung des Lesers, dem jene Jahrbücher nicht zur Hand sind, glaubte ich hier die Sache kurz behandeln zu müssen.

207) Vgl. Jahrbücher des mecklenb. Vereins. Zehnter Jahrgang vom Jahre 1815. S. 237 f.

208) Vgl. Jahrbücher des mecklenb. Vereins 1862. Bd. 27 S. 178 ff.

209) Die Yr-Rune ist nämlich nur nordisch, vgl. J. Zacher, Das goth. Alphabet Ulfila's. 1856. Die Taf. u. S. 11, 20. u. 31. Vgl. auch Glasers Jahrbücher vom Jahre 1866. Heft 4, S. 350 Anmerkung 13.

210) In Schmidts Zeitschrift für Geschichtswissenschaft Bd. I. S. 178 ff. und öfter in den baltischen Studien, vgl. z. B. Bd. 12 vom Jahre 1846, erste Abtheilung, S. 59.

211) Geschichte der deutschen Sprache. Bd. I. S. 4.

213) Ich hebe das auch als einen Beitrag zu Weinholds Ansicht (a. a. O. S. 126) über die fein gearbeiteten Sachen der Hünengräber hervor.

214) Vgl. Klemm a. a. O. S. 107 f. Anm.

215) Vgl. Fr. Maurer in dem Aufsatze über die Pfahlbauten im „Auslande" vom Jahre 1864, No. 41.

216) Vgl. L. Giesebrecht, Baltische Studien. Bd. 10. S. 136.

217) Vgl. Bähr, Die Gräber der Liven. S. 25.

218) Res gestae Saxonicae. I, 5.

219) Ich kann das leider nicht nachweisen, da mir die Sage von Birger nur aus der Lectüre des Romans „der Jungfernthurm" von Frau Flygare-Carlen erinnerlich ist.

220) Vgl. Lindenschmitt, Vaterländ. Alterthümer. I., Heft 9, Tafel 6.

221) Vgl. Cochet, La Normandie souterraine, 2. Aufl. Paris 1855. S. 23, der sie merkwürdiger Weise für roh erklärt.

222) Vgl. Globus Bd. 7 vom Jahre 1864 S. 19 und dazu Nilsson S. 4 ff.

223) Vgl. Bähr, Gräber der Liven, S. 16. Bähr verlangt deshalb mit Recht, daß bald gründliche Vergleichungen zwischen den Ueberresten altindischer Cultur nnd den nordischen Alterthümern angestellt werden sollen. Wenn auch nicht directe Abhängigkeit nachweisbar sein wird, so könnte doch der Ursprung der phönizischen Verzierungsweise dadurch leicht in ein helleres Licht treten.

224) Hippocrates. Vgl. oben Anmerkung 81.

Erste Beilage.

Alphabetisches Verzeichniß der schweizerischen Seen und Torfmoore mit Pfahlbauten.

1) Baldeggersee.
Noch wenig untersucht.

2) Bielersee, nordöstlich vom Neuenburgersee, im Canton Bern.
Pfahlbauten bei: Nidau, Biel, Sutz, Lattringen, Möringen, Hageneck bei Täuffeln, Luscherz, Graseren, Petersinsel, Kleine Insel (Kanincheninsel), An der Zihl, Landeron, Ligerz, Vingelz.

3) Bodensee, den ich mit seinen westlichen Ausläufern, dem Untersee und Ueberlingersee, hier wohl zu den schweizerischen Seen stellen darf.
Pfahlbauten bei: Rorschach (Heidenländli), Petershausen, Constanz, Sipplingen, Unteruhldingen. Außerdem an noch vielen nicht näher beschriebenen Puncten.

4) Genfersee.
Pfahlbauten bei: Cully, Lutry, Pully, Vidy, Cour, St. Sulpice, Morges (Morsee), St. Prex, Rolle, Nyon, Versois, Pâquis, Rive, Genf, La Rolette, La Gabiul, Bassy, Hermance, Beau Regard, Nernier, Ivoire, Thonon, Evian, Amphion.

5) Greifensee, östlich von der Stadt Zürich, im Canton Zürich.

6) Inkwylersee, bei den Städten Wangen und Solothurn, im Canton Solothurn.

7) Luisselsee, beim Dorfe Bex im Canton Waadt, nahe bei der Mündung der Grionne in die Rhone.

8) Mauensee, im Canton Luzern, Bezirk Sursee.

9) Moosseedorfsee, bei Bern, im Canton Bern.
Die Fundgegenstände liegen hier nicht im Schlamm des ehemaligen Seebeckens, sondern in der darauf gewachsenen Torfschicht.

10) Murtensee, bei Murten, im Canton Freiburg, nördlich von Freiburg, an der Hauptstraße von Bern nach Lausanne.
Pfahlbauten bei: Motier, am Ostende des Sees, Montellier, Murten-Denkmal, Greing, Kleine Bauten, Guévaux, Pruz, Nant.

11) Neuenburgersee (Neuchatellersee).
Pfahlbauten bei: Pré, Fargier, A la Tène, Hauterive, Crêt, Auvernier, Colombier, Cortaillod, Bevaix, Chex les Moines, St. Aubin, Concise, Onnens, Corcelettes, Grandson, Yverdon, Chamblon, Clendi, Camp Pittet, Yvonand, Cheire, Font, Estavayer, Corbière, Forel, Port Chevron, Port Alban, Gletterons, Champmartin, Chabrey, Cudrefin, A la Sauge, Zihlbrücke.

12) Niederwyl, Torfmoor bei Frauenfeld, im Canton Thurgau.
13) Nußbaumersee, bei Frauenfeld im Canton Thurgau.
14) Pfäffikersee, östlich vom Greifensee, im Canton Zürich.
Pfahlbauten bei: Himmerich (Torfmoor), Robenhausen, Irgenhausen, Riedbühl.
15) Sempachersee, nordwestlich vom Vierwaldstädtersee, im Canton Luzern.
Pfahlbauten bei: Sempach, Nottwyl, Eich, Schenken, Mariazell.
16) Ueberlingersee, vgl. Bodensee.
Pfahlbauten bei: Ueberlingen, Litzelstetten, Dingelsdorf, Wallhausen, Nußdorf, Maurach.
17) Untersee, vgl. Bodensee.
Pfahlbauten bei: Rudolfzell, Stein, Oberstaad, Wangen (Dorf), Hemmenhofen, Gaienhofen, Hornsted, Iznang, Markelfingen, Hegen, Allensbach, Neuenburger-Horn, Feldbach, Steckborn, Berlingen, Ermatingen.
18) Walenstadersee, östlich von Zürichersee, im Canton St. Gallen.
19) Wauwylersee, beim Dorfe Wauwyl, im Canton Luzern, Bezirk Willisau
20) Zürichersee.
Pfahlbauten bei: Obermeilen, Mänedorf, Zürich.
21) Zugersee, nördlich vom Vierwaldstädtersee, im Canton Zug.

Zweite Beilage.

Erklärung der Abbildungen:

Zu Figur 1 u. 2: vgl. S. 44 ff.
„ 3 vgl. S. 71.
„ 4 „ 28.
„ 5, 6, 7, 8 u. 9 vgl. S. 32.
„ 10, 11, 12 u. 13 vgl. S. 33.
„ 14, 15 u. 16 vgl. S. 34.

Bemerkung: Figur 15 ist durch ein Versehen des Zeichners im Verhältniß zu Figur 14 zu groß gerathen.

Zu Figur 17 vgl. S. 35.
„ 18, 19 u. 20 vgl. S. 36.
„ 21, 22 u. 23 „ 93.
„ 24 bis Figur 40 vgl. S. 94.

Geographisches Register.

NB. Die in der ersten Beilage angegebenen Puncte sind hier nicht besonders vermerkt. — Die Zahl bedeutet jedesmal die Seite. Durch den gesperrten Druck sind Puncte und Seen hervorgehoben, wo man Pfahlbauten, echte sowohl wie unechte, oder Crannoges fand.

Nachtrag.

Zu Seite 99 vgl. noch O. Heer, Die Pflanzen der Pfahlbauten. Zürich 1865, besonders S. 8 f., wo wir z. B. lesen, daß die Pfahlbauer drei Arten Brot gebacken haben! ferner S. 12 die für unsere Auffassung schlagende Stelle: „Da wir in den Pfahlbauten der Steinzeit nicht nur Gerste und Weizen, sondern diese schon in verschiedenen Sorten entfaltet treffen, beweist dies, daß diesem Volke schon eine lange Kulturgeschichte vorausgegangen oder daß es wenigstens mit Völkern in Verbindung stand, bei denen dies der Fall war!“

Verzeichniß der Druckfehler.

Seite 9 Zeile 1 von unten lies: Sarmaten statt Samnaten.
„ 20 „ 17 „ oben „ Arminius „ Arminus.
„ 59 „ 18 „ „ „ Pfahlbauten statt Pfahlbruten.
„ 163 „ 1 „ unten ergänze nach Andenken: auf dem festen Lande.
„ 175 „ 15 „ „ lies: das eigentliche Ziel statt des eigentlichen Zieles.
„ 176 „ 12 „ oben „ aus Eisen statt aus Stein.
„ 177 „ 13 „ „ „ Quellen statt Quellon.